珍藏本·增订本

纪念版

汉译世界学术名著丛书

# 大众福利

〔德〕路德维希·艾哈德 著

〔德〕沃尔夫拉姆·朗格 校注

祝世康 穆家骥 译

商务印书馆
SINCE 1897
The Commercial Press

Ludwig Erhard

**Wohlstand für Alle**

The original German edition was prepared in collaboration with Wolfram Langer and first published by Econ-Verlag, Düsseldorf 1957

# 汉译世界学术名著丛书
# (120 年纪念版·珍藏本)
# 增订本出版说明

2017 年 10 月,为纪念商务印书馆创立 120 周年,本馆推出“汉译世界学术名著丛书”(120 年纪念版·珍藏本),计七百种。近五六年来,仰赖学界同人倾力支持,订正旧译,增补新译,拓展新著,积累日多。为满足读者需要,本馆在七百种的基础上,继续推出“汉译世界学术名著丛书”(120 年纪念版·珍藏本·增订本)三百种。至此,“汉译世界学术名著丛书”累计出版已达千种。

今后,本馆将继续推进丛书的翻译出版工作,在积累单本名著的基础上陆续分辑刊行,汇印出版。为促进中外文明互鉴、推动我国学术发展,使“汉译世界学术名著丛书”这项对我国学术文化有基本建设意义的重大工程发挥更大作用,诚望海内外学术界、翻译界继续给予支持,帮助我们把这套丛书出得更好。

商务印书馆编辑部

2024 年 2 月

# 汉译世界学术名著丛书
# （120年纪念版·珍藏本）
# 出版说明

2017年2月11日，商务印书馆迎来120岁的生日。120年前，商务印书馆前贤怀揣文化救国的理想，抱持“昌明教育，开启民智”的使命，立足本土，放眼寰宇，以出版为津梁，沟通中西，为中国、为世界提供最富智慧的思想文化成果。无论世事白云苍狗，潮流左右激荡，甚至战火硝烟弥漫，始终践行学术报国之志，无改初心。

迻译世界各国学术名著，即其一端。早在20世纪初年便出版《原富》《天演论》等影响至今的代表性著作，1950年代后更致力于外国哲学和社会科学经典的译介，及至1980年代，辑为“汉译世界学术名著丛书”，汇涓为流，蔚为大观。丛书自1981年开始出版，历时三十余年，迄今已推出七百种，是我国现代出版史上规模最大、最为重要的学术翻译工程。

丛书所选之书，立场观点不囿于一派，学科领域不限于一门，皆为文明开启以来，各时代、各国家、各民族的思想与文化精粹，代表着人类已经到达过的精神境界。丛书系统译介世界学术经典，引领时代思想，为本土原创学术的发展提供丰富的文化滋养，为推动中国现代学术和现代化进程做出了突出的贡献。

为纪念商务印书馆成立120周年，我们整体推出“汉译世界学术名著丛书”120年纪念版的珍藏本，寄望既利于文化积累，又便于研读查考，同时向长期支持丛书出版的译者、编者和读者致以敬意。

两甲子后的今天，商务印书馆又站在了一个新的历史时间节点上。我们不仅要铭记先辈的身影和足迹，更须让我们的步伐充满新的时代精神。这是商务人代代相传的事业，更是与国家和民族的命运始终紧密相连的事业。我们责无旁贷，必须做好我们这代人的传承与创造，让我们的努力和成果不仅凝聚成民族文化的记忆，还能成为后来人可以接续的事业。唯此，才能不负前贤，无愧来者。

商务印书馆编辑部

2017年10月

# 序　言

社会市场经济是一个矛盾综合体，它将开放市场的自由竞争机制与社会福利目标和谐地结合起来。就德语而言，“和谐”一词等于“矛盾斗争的消解”。事实上从印度日耳曼语系语言的角度来看，“对立”的归宿是“统一”，而发展到后来的希腊语族时，人们才开始将“和谐”的焦点对准“均衡”、“对称”和“消除两极分化”等。

“社会”与“市场”看起来风马牛不相及；但如果没有充满效率的市场，那根本就不会有各种“社会福利”。市场看似与社会福利背道而驰，但假设企业家与劳动者知道什么是最后的“存活底线”，那么他们在生产或经营中就会拒绝承担任何风险。市场与社会的关系显然涉及“平衡”，这与中国道家学说中的“阴阳相调”十分类似。光明与阴暗相辅相成，同时相伴而生不可分割，此之谓“和谐”。这一点后文中还将提及。



阿尔弗雷德·米勒－阿玛克（Alfred Müller-Armack）曾说，社会市场经济是“一种和平相处模式”（即创造和平的模式），因为社会市场经济使相互矛盾的事物共同为社会所用。在这一点上，德国社会市场经济体制与中国传统对经济秩序的理解相近。路德维希·艾哈德对社会市场经济有如下描述：“社会市场经济的深层含义在于，将市场自由原则同社会公平原则相联系、将个人承担的责任同与之相对立的社会责任相联系。”艾哈德认为，社会福利与市场经济两者其实是个统一体，即共同道德价值的不同表述。这一观点与亚当·斯密关于经济行为道德的代表作《道德情操论》异曲同工，也与康德《纯粹理性批判》中的道德原则不谋而合。

中国市场经济的崛起之路与德国二战后的经济道路颇为相似：战争灾难过后的经济复兴、初期的经济飞速增长、向“常态”的过渡、对社会体制的维护、经济发展依赖于杰出领袖的个性、经济体制与文化观念及经济思想的融合等等，都对当时的德国发展具有决定性作用，而对现在的中国也同样如此。国家作为框架制定者需要促进民族团结与互助，但同时也需加强民众的自力更生及主人翁精神。

将本书引入中国的目的在于使大家更好地了解德国经济学家、政治家路德维希·艾哈德——其在中国同样名声显赫——及其所处的时代，并对他推动“大众福利”时面临的社会环境进行介绍与评价。除此之外，本书也将研究相关的文化因素——正是这些文化因素让中国能够借鉴德国的经验，同时，也要明确中国对德国的借鉴不等于全盘照搬。

德国著名政治经济学家路德维希·艾哈德的这本著作名为《大众福利》。大众福利正是作者对社会市场经济这一人类伟大经济制度所表达的明确诉求与期望。路德维希·艾哈德曾指出，他致力于建立一种覆盖民众范围尽可能广泛的经济制度，以期实现大众福利。为何首要目标是提升广大民众的购买力？因为只有这样才能最终消灭老旧的保守社会结构，消解贫富之间的互相憎恶。“经济与国家经济政策应当首先致力于扩大国民经济的成果，之后才能讨论如何分配成果。”

路德维希·艾哈德于1897年2月4日出生在菲尔特(Fürth)的一个小资产阶级家庭,他经历过当时平静的市民生活,也经历过第一次世界大战的浩劫。艾哈德的职业目标本是商人,然而一战末期作为炮兵的艾哈德受了重伤,这使得他几乎无法成为商人。于是他在康复期间开始参加纽伦堡新建的商业学校所开设的经济学与社会经济学课程,这些课程激发了他对学术研究的好奇心,因此开始从学术视角及显而易见的社会现实中观察国内战争经济的内爆如何发生,通货膨胀又怎样摧毁社会的内部统一。艾哈德看到,辛勤的工作因为腐败而变得一文不值,人类的价值观就此丧失意义并将国家权威拖向深渊。一战中胜利的协约国滥用经济作为武器惩罚对手,从而最终让战败国的经济体制彻底崩溃。货币稳定性政策与1924年的货币改革并未带来经济政策新观念,却使老旧的卡特尔组织更加坚挺,现代化经济制度亦付诸阙如。因此后来美国的“黑色星期五”引发了经济危机,德国却无法找到对应的经济体制来应对危机,更缺乏创新性的经济政策手段,所以这场危机肆虐德国,导致了德意志第三帝国这样的人类浩劫。在这段时期,艾哈德在纽伦堡经济观察学院的所学使他能犀利地分析经济发展,也让他公开宣布反对占领当局的经济政策,他也因此开始寻求战后经济秩序的新规划。二战后德国分崩离析,因此美国人最后确认艾哈德才是能力出众且忠诚的经济专家,也就放心让他在战后的德国建立新的经济秩序。克莱将军(General Clay)后来成为路德维希·艾哈德平等的伙伴,他首先委任艾哈德为巴伐利亚州经济部长,然后让他成为战后德国经济重建的伟大总指挥。

1949—1963年，路德维希·艾哈德任德意志联邦经济部长，此后至1966年出任德国总理。1977年5月5日，路德维希·艾哈德逝世于波恩。

在艾哈德的众多重要信念中有一点，就是对经济体制的抗争必须从内、外两个方向进行。由于“福利”可能“无节制发展”并使国家不堪重负，因此宏观秩序框架中需要反复强调：造福于个别利益集团特别是院外集团或小团体的社会政策与经济政策只会带来巨大弊端。对艾哈德来说，个人权利与经济效率同样重要，它们也是衡量秩序行为的标准。开放的市场、阻止经济权力集中、全球视野的思维方式对路德维希·艾哈德来说均不言自明。参与父母的企业经营让他深知何为企业式管理；20世纪二三十年代的通胀危机及其后果让他看到民众对货币稳定的渴望；中央计划的专断让他认识到建立经济主体自主计划的经济制度是多么重要——只有它才能保证竞争，并解决各经济阶层之间以及供需之间的协调问题。

《大众福利》一书可看作德国建立新经济秩序那场斗争的全程报告——某些地方甚至就是一本日记，特别是书中还记录了为实行市场经济制度所进行的充满人性光辉的论战。这是一部举足轻重的历史著作，因为今天我们常常忘记，自由经济制度在德国或西方并非与生俱来，当时的反对声其实震耳欲聋。同盟国虽然在西方经济体系中摧毁了卡特尔并削弱了各个企业的权力集团，但却根本没人赞同实行开放型经济。我们不妨回忆一下当时的“摩根索计划”——按照该计划，德国应转为农业国，至少不是工业国。虽然德国作为农业国的模式很快被证明很荒谬，但所有党派、利益集团尤其是同盟国都希望推行计划经济。今天德国的两大主要政党社民党和基民盟当时就明确反对自由经济。社民党当时奉行社会主义计划经济,并期望借此让德国重新统一,避免苏占区(即之后的德意志民主共和国)分治情绪高涨。当时的东德在两德分裂后由于苏联占领军及随之而来的国有化和强制计划经济而走入经济死胡同。在柏林墙倒塌25年之后的今天,计划经济的恶劣后果依然没有完全消除。1959年的哥德斯堡纲领是社民党走向市场经济的转折点。基民盟则在1947年的阿伦纲领中明文要求将重点工业国有化,足见其支持者阵营如何迷恋和缅怀已经随风逝去的掌握生产自主权、企业家单方面规定市场形态的那个时代。不过,从1948年起,以路德维希·艾哈德为首的政治家开始成功地为市场经济打响名头。

1948年6月同盟国通过秘密准备突然进行货币改革,从而在经济上导致两德分裂。紧接而来的开放价格犹如盘古开天地般带来社会市场经济,德国经济奇迹史由此发端。其实,这次胜利从头到尾违背了同盟国指挥官克莱将军的意志。据说他曾当面指责艾哈德未经他同意就实行了货币改革,而艾哈德则回答:"将军先生,当时事态严重,我们需要当机立断,可您当时在高尔夫球场,我们找不到您。"对于"未经批准擅自更改同盟国规定"的指责,艾哈德说:"我没有更改规定,我直接废除了它们。"这是一段充满荣耀的历史篇章,我们翻过它,就会看到其后同盟国全盘接受了路德维希·艾哈德大踏步的改革,并赋予他促进经济发展的权力。

艾哈德作为美、英、法货币区全权代表被委托建立全新的经济秩序,对他来说,完成这项任务的驱动力来自他对自由社会的愿景及其背后充满苦难的历史：战争及与之而来的卡特尔集团——1897年帝国最高法院那次著名的审判要求市场的竞争自由必须礼让企业的契约自由。此外，当时民众的思想基本定位还是基督教式的社会观念，因此，艾哈德的改革措施易于为民众理解。愿景、使命、受难、接受——从历史上来看，这部四重奏一直都是改革成功的根本条件，后来，它们同样为中国所用。路德维希·艾哈德改革所贯彻的内容很长时间内成为德国经济部秉持的精神：一个由制度经济学指导的深知“规则”意义的经济部应当视具有个人意志的消费者为经济运行体系的根本要素。在实施货币改革与开放价格的时候，艾哈德面临着守旧、庞大且权势滔天的各个集团的巨大阻力，它们是工会、各种工业协会、教会，甚至包括那些心存疑虑观望德国经济发展的国外合作伙伴。对艾哈德来说，国家必须首先强大，它才有能力作为仲裁者在遵守秩序框架的前提下去着手解决各个利益集团之间以及个人与社会之间因对立而产生的种种冲突。



因此，《大众福利》一书既记录了艾哈德对原则问题的坚持不动摇，也记录了他对事态发展的密切关注和灵活应对。路德维希·艾哈德并非天生擅长政治雄辩，但在这里他却是掌控经济话语的雄辩家。每个单独的章节都可以看作一个时期经济政策的中心内容，而且读者也很明白他指的是哪个时期。因此，这部著作也可看作各种经济理论及其实践的集大成者。

在德国，社会市场经济的思路其实充满德国哲学传统。柯尼斯堡（今俄罗斯加里宁格勒）的大哲学家伊曼努尔·康德对人类存在提出过四个伟大的问题：“我能知道什么？”“我应当做什么？”“我可以期盼什么?”“人类是什么?”

康德对第二个问题的答案是伦理学的基础,即“什么是善”;他对第四个问题的答案构建了人类学的基础。第二个答案与第四个答案的联系即“心怀道德的我”,这并不是说将第二个问题的“行为”推向第三个问题,但第二个问题的答案却处于第三个问题的绝对命令式中:“行事必依同时能够成为普遍立法原则的个人意志为准则”[①]。这并不关乎该行为本身,而是关乎“准则(Maxime)”。当代德国法律中关于私有财产的社会责任条款即是康德这个“准则”的具体实践,该社会责任是指:私有财产的使用应对社会大众的利益产生积极作用。同时康德也指出,所有合乎人性的制度想要成功就必须予人一定的自由空间;而他说的另一番话几乎可看作对现代社会的先知先觉,或者对过度经济化的预言:“在目的王国中,事物要么有价格,要么有尊严。”那么,尊严在何处?如果我们要求所有东西都按经济原则计算,那么这还能算“社会福利”吗?路德维希·艾哈德创立的社会市场经济中,“社会”以人类尊严为优先,而非导致民众丧失自主精神的纯救济思想。针对第一个问题,伊曼努尔·康德说:“启蒙才能让人类摆脱自身过错造成的不成熟状态。”“不成熟”源自不愿或不能运用自己的理解力,而“自身过错”则是缺乏使用自己理解力的意志。

伊曼努尔·康德在第一命令式中要求人类追求道德律令,它——这是第二命令式——应当来自纯粹理性,而非经验。康德在这里道出了法治与德治之间发生冲突的可能性。这听起来似乎

① 此句源于康德。

可疑，然而德国的路德维希·艾哈德改革一开始便来自其经历过的种种灾难。事实上我们可以说，规则并非上帝的指示或人类本能的结果，而是区分人类与动物的标准，即理性与自由。行为的道德性恰恰反映出人类的美好意志。正因为如此，路德维希·艾哈德不仅与那些所谓的实干家，特别是院外集团中的实干家背道而驰，也与那些只愿用模型推导出经济行为建议的纯理论家截然不同。

正是德国经济建设的历史性发展——特别是工业化、19世纪的德国统一、政治势力与市场及自由主义之间的斗争——使得经济对哲学基础的回溯及对价值的重新认知成为德国制度经济学的显著标志。在德国制度经济学的历史长河中有众多的思想先驱，没有他们，路德维希·艾哈德也无法去践行和实现经济改革。他们包括我们无法避开的、在19世纪初做出革命性贡献的弗里德里希·李斯特(Friedrich List)，他第一次将国民经济当作创新制度并引入组织框架的含义，这与英国经济学派明显不同。从社会政治学的角度来说，教皇利奥十三世(Leo XIII)于1891年发布名为《新通谕》(Rerum Novarum)的社会通谕，提出改善劳动者待遇，并与美因茨大主教凯特勒(Wilhelm Emanuel von Ketteler)共同发起天主教劳动者运动。施莫勒(Gustav von Schmoller)是社会政治学协会之父，同时也是德国新历史学派的重要代表；这个学派认定其任务是——用现代话语来说——强调“经验”对经济政策咨询的重要性，但同时，他们也因此被指责“忽视基础规范”。布伦塔诺(Ludwig von Brentano)与施莫勒的思想其实属于自由社会民主经济制度中所谓的教条社会主义。1931年教皇皮乌斯十一世(Pius XI)发布《四十年通谕》(Quadrigesimo Anno)，将次级贷款

问题以及私人财产的社会责任原则提高到现代经济法的第一基础层面。最后，教皇约翰·保罗二世（Johannes Paul Ⅱ）1991年发布名为《百年献辞》（Centesimus Annus）的第三社会通谕，天主教的社会观念与市场经济制度就此达成和解。因此需要强调很重要的一点：社会公共保险制度的存在并非社会市场经济最根本的基础。福利社会并非维持公正的工具，而更多是致力于政治团结的一个公共活动，它没有义务为市场之外的生活方式埋单。

社会市场经济明确参考了以下德国经济学家的思想，他们奠定了对从实证研究以及实践方法方面进行比较分析的经济学传统。

欧本海默（Franz Oppenheimer）：路德维希·艾哈德的博导，他批判经济强权，作为自由社会主义者，他认为法治国家的形成即经济的发展过程。

鲁斯多夫（Alexander von Rüstow）：为新自由主义概念打下了极深的烙印。与今天的使用方式截然不同，他认为新自由主义即贯彻于强大国家中的制度规则，因此他与奥地利学派的庞巴维克（Eugen von Böhm-Bawerk）、哈耶克（Friedrich August von Hayek）及米塞斯（Ludwig von Mises）的主张也截然相反。

欧根（Walter Eucken）：我们下面再说。

伯姆（Franz Böhm）：特别强调对自由经济制度进行法律保护的重要性。对于上文中提到的1897年帝国最高法院进行的卡特尔审判，他认为对拓宽国家社会主义的经济道路具有重要意义。

罗普克（Wilhelm Röpke）：认为良好的经济制度需要开放的人格，而开放的人格则需要具有文化适应力以及对价值的估算能力，以便应对任何专制体系。

阿玛克（Alfred Müller-Armack）：对社会市场经济[①]的概念有极大影响，他将“市场”与“社会福利”之间的和解称作一种“创造和平的模式”，因为这种和解意味着教条主义与现实主义相互妥协，并且为市场和社会找到共同基础，而非一味地消灭这两者之间的不同。

上文提到过，这些德国经济学家的观点与奥地利学派存在冲突。虽然路德维希·艾哈德的主张实际上与奥地利学派对立，但他一直强调理论适用现实的重要性，因此他对奥地利学派的观点也抱着开放的心态，或者说，他至少对此也予以关注。这首先就符合约瑟夫·熊彼特（Joseph Schumpeter）经典著作中对于“企业管理者”的定义。熊彼特认为，企业管理者要完成一项最基本的任务，即视竞争为机会：“如果企业管理者不再相信自由市场的作用，在我看来就是举手投降。”路德维希·艾哈德一直强调投资资本对国家繁荣的重要性，这也完全符合庞巴维克与米塞斯的经典学说：社会福利制度与政府部门不能过分要求企业盈利为此做出贡献。早在 1953 年艾哈德就认识到：“我们的问题不是‘国家控制’太少了，而是太多了。”至于他是否知道米塞斯、哈耶克两人与兰格（Oskar Lange）之间关于中央集权经济体系可行性的那场争论，我们不得而知。无论如何，艾哈德肯定反对“临时秩序”——在哈耶克看来，“临时秩序”可以自我进化为道德机制。恰恰在这一点上，艾哈德十分怀疑现代社会体系能否进行组织管理，并从经济角



① 有传言说，路德维希·艾哈德的一位秘书在艾哈德搬出菲尔特时将其经济政策稿件都装在一个纸箱中，并在纸箱上写上了“社会市场经济”几个字。

度维持人类的尊严。因此，艾哈德看到强大的国家有项任务必须完成，即制定规则框架。强大的实力同样重要，唯有强大才能应对失败的打击，而对路德维希·艾哈德来说，强大从不意味着万能，更不意味着大包大揽。他深知强大的规则框架极可能演变为中央集权，同时他也看到，欧洲计划中已经蕴藏着支持中央集权经济的教条主义者将其变成游乐场的危险，这种危险甚至已经部分成为了现实。

社会制度与经济制度中，如何统一个人利益与集体利益、两者发生冲突时如何和谐化解，是永恒的争论话题，这时我们就需要在经济政策的讨论中关注现有的文化基础与学术准则，而这一点正是政治哲学的核心。它同时也对“责任、分配、担保”提出疑问——“各负其责”在经济学中的意义指的就是个人应当承担自己的机会成本，与“应向他人伸出援手”针锋相对。这三者的紧张关系涉及秩序的核心问题，余波绵延至今的2007年世界经济危机使这三者间的剧烈斗争大白于天下。因此欧根在其“竞争秩序建立原则”中要求废除担保限制以便破除市场的封锁原则。在这些原则中，他不仅将市场准入自由与缔结契约自由看作长期且可预见的经济政策，同时也看作私人财产，因为这样才能进行担保；除此之外，他还要求建立稳定的价格体系。这些原则反映了康德的规则建立逻辑，并就此创立游戏规则。所有人都应愿意遵守规则——如果有人要破坏规则，就应当有遵守“调控原则”的仲裁者介入。此处他还特别考虑了阻止市场的权力以及外部性的内在化。二战后，路德维希·艾哈德正是将这样的核心思想作为经济政策的高效催化剂付诸实践：经济必须要在一个制度框架中运行，这样才能区分游

戏规则与游戏步骤，正如社会游戏或体育竞技总是需要规则，同样也需要裁判以防规则被破坏。当然，设立这些规则，就应当让遵守规则具有吸引力，因为只有这样，一项制度才可能在制度竞争中屹立不倒。竞争会优化制度，但这并不意味着国家可以就此认为事不关己；事实正好相反，从制度的层面来说，社会市场经济要求背靠强大的国家。康德描绘的“善良意志”是尊重经济秩序的社会基础，它反映在游戏规则中，而非游戏步骤中。与康德相同，路德维希·艾哈德一直以来着重强调自由与责任的统一不无道理：所以，国家不应当强行规定个人的自由界限，自由界限应当源自个人对全体责任意识的觉醒。

一涉及担保，“社会”就有了一层新的含义，正如许多“星期天演说家”所认为的那样：如果熊彼特描述的传统企业家中的那些勇者与创新者在竞争中失败和被打倒后依然能生存下去，那么，对艾哈德而言，这就是“社会福利”。社会福利之网的意义也在于此，但它不能变质为社会疗养院。除此之外，竞争会压低价格，因此企业经营者在二战后开始攻击社会市场经济为“消费者共产主义”——事实上，这也不算无的放矢：“我们的经济政策服务于消费者；消费者是一切经济行为的衡量标准与裁判员。”最后：社会公共保险是社会市场经济的补充，但并非其根本特征。社会公共保险制度日益庞大虽然能带来数量可观的选票，但路德维希·艾哈德对其却始终抱持怀疑态度，因为他看到，个人承担的风险因此转移给国家，这会使国家在财政上不堪重负并最终丧失其存在的合理性。

上文提到的集体主义与个人主义的社会萌芽并非西方国家专利，正如文章开始所说，它在中国政治哲学中同样能找到。这共同的思想文化遗产中包括老子的道家学说里关于竞争的见解——老子强调在竞争中相互学习。根据《道德经》,万事万物都有阴影面,即"阴",这也是弱小的一面;同时"阴"致力于转化为"阳",即光明面,或说强大的一面。反之亦然。这一循环过程造就了"道",也造就了宇宙轮转的法则。因此任何事物看起来都处于矛盾之中,但同时又能和谐共生,因为阴阳之力持续处于变化之中。世界的基本进化法则正是从弱到强或由强变弱,最后实现万事万物的大和谐。如果我们把老子的思想放到经济领域去解读,那么竞争与对抗也是如此。和谐对中华文化来说不是通常的"异口同声",而是充斥着各种对抗与组合,这是最高法则,也是世界的归宿。因此在中国的哲学背景下,经济秩序的发展能够更好地加入道德的考量。中国领导人现今对于价值体系的重新考量值得外界关注,这种价值体系符合儒家、道家与佛家经典学说,可以为中国特色社会主义市场经济发挥作用。

中国在诸多方面可以向德国学习,因为中国目前同样具备"愿景、使命、受难、接受"这四个条件,关于法治与德治的讨论也方兴未艾。愿景——中国实现成为世界领先国家的伟大复兴;使命——只有经济繁荣才能实现复兴;受难——列强入侵、饥荒、文化基础的毁灭,这些苦难绵延超过百年,最终促成了邓小平的改革蓝图,并为现代中国打下基础;中国哲学,特别是道家与儒家学说为改革提供了"接受"的基础。邓小平从未教条地遵循马克思主义,他更多是将中国哲学应用于实践。

"大众福利"对中国来说并非陌生概念,在中国的许多朝代中它都是美好的社会蓝图,然而却常常被理解为"全民平分繁荣"而非全民生产繁荣，因此常常导致“全民贫困”。站在今天的角度，对“全民平分繁荣”可以这样补充：分配公平，起码要让全民觉得公平。艾哈德会说：这种分配应当以效率为标准，而且为社会所能承受。因此，他也强调：“至于国家有多少百万富翁，对我来说既不重要也并非衡量社会良心的标准，只有这个国家越来越多的人走向富裕并拥有社会安全感才行。”对于“中国特色社会主义的设计师”邓小平来说，共同富裕作为改革的最终目的是社会主义市场经济制度的基本特征，并且建立在生产力提升与经济增长的基础上。他先知先觉地指出，贫穷不是社会主义，社会主义需要消灭贫穷。为了实现这一前提条件，邓小平指出要不断推进四个现代化（农业、工业、军事与科技现代化）。因此，实现现代化的第一个步骤应该是改变生产方式，特别需要强化个体的责任。新加坡的国父李光耀——或者说“教父”李光耀——的历史经验与1979年邓小平访问美国时留下的强烈印象都有助于邓小平形成这一思想。

改革开放始于1978年中国共产党的十一届三中全会。在这次会议上，邓小平发表演讲指出，走向共同富裕需要考虑中国的基本国情：我们的经济政策需要允许一部分地区、企业和个人通过自身努力率先改善他们的生活条件；相对贫困的地区（比如中西部）和相对贫困的个人也应当为发展做出贡献，一方面以期早日实现共同富裕，另一方面也证明改革措施在落后地区亦行之有效。1992年中共十四大通过决议，勾画出社会主义市场经济的基本框架。与对内改革相呼应，中国以邓小平1992年南巡武汉、深圳、珠海、上海为标志开始对外开放。早前，中国已于1984年宣布14个城市为沿海开放城市，自此中国开始构建一个多层次的经济体系，加强对外经济联系，特别是与国外的经济竞争以及技术合作，从而保证中国特色的社会主义经济不断向前深入发展。在这方面，按照外国经济观察家的说法，中国推行的是“选妃经济”[①]，也就是说利用国外投资者的相互竞争来实现中国急需的技术转移。

随着改革开放的推进，中国经济进入飞速发展时期。深圳——1979 年中国设立的第一个经济特区——发生的翻天覆地的变化便是这种飞速发展的缩影。深圳这个最初只有 2 万人口的小镇改革开放后迅速发展成为人口超过 1,000 万的国际性大都会。在今天，改革开放 36 年后，深圳已经成为中国对外贸易第一城和最具创新精神的城市。作为改革开放的窗口，深圳在发展对外贸易的同时也不断引进外资与国外先进技术，一方面使中国市场经济有了根本性增长并开始急速向外扩展，另一方面也增加了就业岗位，改善了居民的生存条件并最终造福于全民。

中国市场经济的历史与德国如出一辙。在这段历史中怀疑与反对一直不断，因为崭新而大胆的经济制度不仅带来了财富与动力，同时也带来了一个大问题：社会主义的本质会不会受到损害？对此，邓小平的著名回答是：不管黑猫白猫，抓住老鼠就是好猫。如果中国在 20 世纪 80 年代的社会巨变前只敢踩着前人的脚步前行，中国就可能错过这次史无前例的崛起时机。城市与农村的显著变化、上升的平均收入水平以及中国的国际经济实力，统统归功

① 这个概念是国际经济观察家使用的一个概念，在中国并不常用，在中国经常被翻译为“后宫经济”。它指的是外国企业进入中国市场时被中国政府要求必须与中国企业合作建立子公司方可参加竞争；于是，中国企业此时就可以在众多竞争者中随心所欲地挑选合作伙伴（妃子）。

于一点：中国走在市场经济的正确道路上。在体制竞争的框架中，今天的中国模式变成传统市场经济的巨大挑战并非出自偶然，而德国同样也需反躬自省哪些地方可以向中国学习。

除此之外，路德维希·艾哈德的改革与邓小平改革还有其他相似之处：他们的改革都始于以理服人，而并非威胁恫吓。要知道，他们俩所处的都是一个人人听到“改革”二字都会觉得吃惊的时代，当时社会并不存在呼吁改革的压力。然而，正如法国历史学家托克维尔（Alexis de Tocqueville）的《旧制度与大革命》一书中关于法国大革命的内容所说：滞后的改革通常到最后都会反作用于政府，而其后政府通常就会解体。事实上，从普鲁士启蒙时期的弗里德里希大帝的专制制度，到俾斯麦，再到路德维希·艾哈德，预防性改革都对德国的发展起到了极大的推动作用。王岐山曾在公开场合数次推荐这本书，由此不难看出，持续深化改革在今天的中国依旧有着重要意义。

在此，我们要感谢北京的商务印书馆，特别是范海燕女士和李彬先生在重新出版该书中文版时提供的支持。该书在 20 世纪 80 年代首次于中国出版时是根据英文版第一版 *Prosperity through Competition* 翻译而成的。此次重新出版，我们依旧以该中文版本为蓝本，并参照经典的德语第一版对内容进行了修补。对外经济贸易大学德语系的同学们通读了 80 年代的版本并按照当代习惯更新了译本中的语言，还补译出英文版中缺失的部分。感谢费谷女士（Stephanie Figur）对比检查英德两个版本，同时也十分感谢赵越女士、钟佳睿女士、周冰女士、朱雪晴女士以及王紫东先生对中文版进行的校对与补充。感谢寇蔻先生在汉语使用模式上提供的诸多建议，感谢穆勒先生（Andreas Müller）和欧尔曼先生（Nils Ole Oermann）对哲学部分的审阅和修改建议。

该书的德语第一版中有许多在当时看来具有时代先锋性的漫画，为了从今天的视角更好地理解这些漫画，卜玉洗（Ulrich Blum）教授、佛格先生（Lars Vogel）及希尔墨先生（Andreas Schirmer）为这些漫画配上了说明，否则我们便无从理解它们的历史背景。同时，我们十分感谢史唯梓先生（Carl-Christoph Schweitzer）将这些漫画看作不可或缺的时代见证，是他一一查阅核对了这些漫画。最后，赵越女士将漫画与对应说明译成中文，并由冯晓虎教授完成校对。

我们希望中国读者通过阅读这本德国经典名著对德国经济政策以及“经济奇迹”的历史有一个基本的了解。我们想证明，建立一个开放社会，使全民享有所有机会，建立符合效率和公平要求的原则及为之进行社会争论，特别是经济政策上的争论，都是一项长期的任务。这项任务只能通过良好的规则，尤其是法治才可能完成；同时，它也要求国家首先是仲裁者，而非市场的参与者。

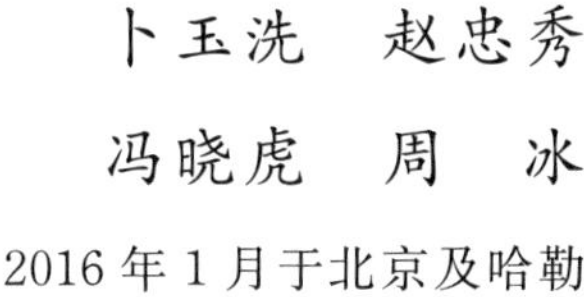


2016年1月于北京及哈勒

# 目　　录

# 第一章　一贯的主张

1948年8月底在基督教民主联盟于英国占领区雷克林豪森举行的党代会上，即我担任德意志联邦共和国开国第一任经济部长以前，我曾对当时甚嚣尘上的有关国民收入分配的各种意见，约略表明了自己的态度。我曾解释了我为什么要拒绝这些意见，其原因在于它们是错误的。我希望大家对我消除怀疑，我的目的是要建立一种经济结构，使愈来愈多的西德人民有走向繁荣的可能。我的出发点是基于这样一种愿望：超越各阶层购买力的差异，彻底打破旧的保守的社会结构。

旧的阶级组织显然划分为两个阶层：一方面是人数很少、什么都买得起的上层社会，一方面是购买力不足的广大下层社会。我们要改造经济秩序是为了给打破这种阻碍向前发展的阶级界限，从而消除贫富之间的敌意打下基础。我并不掩饰我这番努力的物质基础或道德基础。它们在当时和现在都决定着我的思想和行为。

竞争是获致繁荣和保证繁荣最有效的手段。只有竞争才能使作为消费者的人们从经济发展中受到实惠。它保证随着生产力的提高而俱来的种种利益最终归人们享受。

循着竞争的道路，经济发展与企业利润的社会化（这也是“竞争”一词能带来的最美好意义）能得以实现。此外，个人的生产积极性将能得到保持。让所有劳动人民能从提高生产力中得到日益增多的工资，这是通过竞争来有效地促进繁荣这一信念的一个内在组成部分。要实现这一目标，就需要满足一些重要的前提条件。我们在追求消费量不断增加时，绝不能忽视生产力的提高。因此，在这项经济政策制定之初，就要着重于经济上的增长，尤其是货物供应总额的增加，以刺激竞争。最重要的一点是，必须使越来越多的求职者有就业的机会。

## 打破商业循环

由于情况的改变，一向公认的经济周期性发展的规律一定会被推翻。以前大家认为，经济的发展是波浪式的。据说经济的发展过程以七年为一周期，经过复苏、繁荣、衰退，直到发生危机为止；接着便是恢复时期，在这一时期，元气逐渐恢复，逐渐积累，从而开始第二个周期。可是从我负责西德的经济政策以来，到现在差不多有九年了；在此期间，那顽强的周期被打破了，从而使经济有了稳步上升的趋势，同时实现了充分就业和消费商品量的不断增加。

必须从这个背景出发才能理解我的努力和希望，那就是要使经济政策和经济理论能为经济周期这个问题寻求系统的解决办法。然而，只有在竞争没有受到人为的或法律的措施的阻挠或排除时，这种努力才能获得成功。

限制竞争的威胁经常来自许多方面。因而在一个以自由社会制度为基础的国家里，最重要的工作之一是保证自由竞争。我曾公开声明，一项反垄断的法案是非常重要的，应当把它看作一条不可缺少的"经济原则"。我说这句话并不是夸张。如果国家做不到这一点，"社会市场经济"就会中途夭折。这条原则的意思是，任何个人不应当有足以压倒别人自由那么大的权力，或者以假自由为借口来限制真自由。"全民繁荣"和"来自竞争的繁荣"两者是不可分割的。前者所指的是目标，后者所指的是达到目标的途径。

上面几句话已能显示出社会市场经济和以往自由经济之间的基本区别。工商界认为，由于现代经济的发展，他们可以要求成立卡特尔；这种看法跟社会民主党人认为由于自动机械的发展，经济形式必然会导向国家计划经济的看法是相同的。上面这种说法可以阐明我的主张，与其对改变国民收入的分配方法空谈一番，倒不如通过经济增长来促进繁荣。

我并不是说，目前国民收入的分配方法是唯一值得拥护的，或者说，可以永远一成不变。只要举一个实例就能简单地说明我的意思：在 1949 年西德实行社会市场经济和 1955 年期间，我们成功地把国民收入总额从 470 亿马克步步提高到 850 亿马克，而 1956 年又增加了 7%—8%。

**1936—1956 年的国民收入总额**

（按 1936 年物价计算，单位：十亿马克）

| 1936 年 | 1949 年 | 1950 年 | 1951 年 | 1952 年 | 1953 年 | 1954 年 | 1955 年 | 1956 年 |
|---|---|---|---|---|---|---|---|---|
| 47.9 | 47.1 | 54.8 | 62.7 | 66.7 | 71.6 | 77.5 | 85.8 | 92* |

* 估计数

这种政策取得了无可争辩的成就，这就可以证明，与其喋喋不休地争辩国民财富的分配，倒不如集中所有的人力来增加国民财富；何况争辩不休往往会走入歧途，耽误国民收入的增加。让参与者分享不断增大的蛋糕要远远好过让他们争夺一份小蛋糕，因为这样一方利益增多，必然有某一方利益减少。

## 竞争与利己主义

由于不赞同这种没有实效的想法，我曾一再遭到人们的诟骂；但已经获得的成就可以证明我是正确的。西德的经济政策使全国的生产量稳步上升，使每一个人每年都不断获得实惠。从1950年到1955年，私人消费量从290亿马克上升到510亿马克——按1936年的物价计算。如果和其他国家做比较，这样的显著上升应该占第一位。根据欧洲经济合作组织的报告，西德的私人消费指数，从1949年的77上升到1955年的126（根据等价指数计算，1952年为100）。同期，美国的指数从96上升到107，法国的从86上升到113，英国的从100上升到110，瑞典的从96上升到110。即使以战前作为比较的基础，西德的成就还是远远超过欧洲经济合作组织各国的平均数。即使我们的社会制度来一次最彻底的改革，各个集团的私人消费增长量也难以企及我们如今实现的增长的一小部分。何况任何一种彻底改革都很可能会使我们的经济陷于瘫痪与停滞。

我对于国民收入“公平”分配的争辩抱有的怀疑，是从这种信念产生的，即想通过公平分配这种办法增加工资，那就无异于某一部分的人设法牺牲别人来为自己谋利益。此外，每增加一分消费

必先以增加一分生产为前提，这种道理是不容易使人完全理解的。这些人的态度简直可以说是幼稚得很，足以危害我们进步的基础。在这方面，公众对竞争的支持可以说是对一切利己主义者最有效的防御，正像在健全的竞争经济中那样，个人不允许要求特权，同样也绝不能允许任何集团利用特权来为自己谋利。

我始终致力于经济的增长，而避免危及经济与通货的健全基础，因为我相信，只有这样，才能使那些并不是由于自己的过错，而是因年老、疾病，或者在两次世界大战中不幸残疾，再也不能直接参加生产的人们，都有适当的生活保障。

近年来社会福利费用的上升，已经证实了这种主张的正确性。国家在这方面的支出，从 1949 年的 96 亿马克，上升到 1955 年的 210 亿马克。这样大幅度的上涨，像养老金制度的改革那样，没有经济发展是不可能实现的。只有经济增长，才能保证即便是贫困阶层也能越来越多地从社会发展中受益。正如现在所说的那样，如果西德今后进一步扩大社会福利费用支出的话，也只有在我们经济政策容许将来的国民收入增长以后，才有可能。

## 低税的关键

从其他角度来看，这种对经济增长政策的信心也是重要的。政治观察家不得不承认，现代国家面临着不少重大的任务。尽管想尽了办法来限制国家对经济的影响作用（我废止国家计划经济和撤销物价控制正是基于这一点），但在 20 世纪中叶，国家的职能不会缩减。尽管如此，我们必须承认，减轻赋税压力是全体公民乃至整个经济的合理需求。

要达到这个目的，必须把政府的开支限制在目前的水平上，然而这个水平已经不算小了。如果限制得住的话，那么随着国民收入的增加，一定能够减轻全体公民和整个经济的负担。过了十年，假如国民经济收入增长到2,500亿马克以上，那么与1949年的900亿马克、1956年的1,920亿马克相比较，就可以看出税负究竟减轻了多少。

最近几年来的显著事实可以证明我的这种见解。谁都不能说从1949年以来，个人的税负有所增加。但国家财政收入（联邦政府、州政府、市政府的收入）已从1949年的237亿马克上升到1955—1956财政年度的544.5亿马克，这完全是我们的国民收入直线上升的结果。

如果对于政府的开支能够规定一个最高限度，像我所要求的那样，同时国民收入如果像近来那样继续增长，那么税负的降低是可以办到的，而且也不难估计出降低的程度。只有这样，一直压抑着我们的税收问题才能有真正且可行的解决方案。

由于繁荣普遍增进，经济政策对西德的民主化做出了宝贵的贡献。在联邦议院的两次选举中，西德的绝大多数选民都表示反对阶级斗争。

经过多年努力之后，当“提升整体生活水平”这一愿望已经延伸为一根“红线”，成为我一贯的主张，而实现这一目标的唯一途径是发展经济竞争时，这项经济政策势必也丰富了传统自由精神的内容。

## 基本经济权利

首先必须考虑到每一个公民有按照自己的经济条件、个人愿望和个人设想而消费与规划生活的自由。这是一条关于消费者的自由的基本原则，逻辑上必须与生产者的自由相对应，使生产者也有自由从事制造或销售他能在市场出卖的商品的权利，也就是说，生产者在调查了人们的需要以后，生产他认为可以获利的东西。每个公民都必须意识到，消费的自由与工作的自由是任何人不得侵犯的基本权利。侵犯了这两种自由，应当算是一种反社会的暴行。民主和自由经济两者必然是结合在一起的，正如独裁政治与国家统制结合在一起一样。

要促进繁荣，必须摒弃任何只顾表面上的成就，而不求实际上的真正进步的政策。重视这一点的人，必须做好准备，坚决反对一切有关通货稳定的攻击。没有相应的通货稳定，社会市场经济是不可想象的。只有实行这样一种政策，才能防止一部分人为了自己的利益而损害别人的利益。

最近就有过几次这样的企图。我们在这里可以举出联合管理机构中所签订的协议作为例子。这些协议使工资的增加超过了生产力的增长，这就违反了物价稳定的原则。雇主们由于这一类的理由，或者出于自私自利的目的，而提高商品价格，我们对这类行为都应该加以谴责。如果有人为了易于清偿债务，故意采取通货膨胀性的政策，那就成为真正的祸根。我绝不会提出这样一种政策；只要有了这样的企图，其后患更大，会导致一场政治上的灾难。

因此，各工会应当抚躬自问，如果因追求更高的工资而引起物价上涨，难道不是跟兴风作浪的投机商人相同吗！最近西德人对物价的反应非常敏感。物价稍有上涨，存款率立即下降。例如，1955 年 7 月，新的存款超额是 188，100，000 马克，而 1956 年 7 月却一变而为 109，000，000 马克的提款超额。后来联邦政府采取了许多有力的措施，才扭转了这个严重的趋势。

这样一股逆流不但使我们的经济陷于困境，而且能引起社会上与政治上的危机。我们从这些回顾中，可以得出一个合乎逻辑的结论，即通货的稳定应该说是基本人权之一，每一个公民都可以向政府提出这个要求。

## 皮洛士的胜利*



只要公众舆论重视上述这些原则，而不把自私的局部利益放在第一位，那么这些原则是可以付诸实施的。强权集团的操纵和控制对民主的危害是不言自明的。不一定是悲观的人才认识到许多民主国家都因此而面临着严重的危机。有组织的压力集团还是社会和政治结构中的一部分，这个问题始终没有解决。由于这个问题还是存在，最近愈来愈多的集团要求获得整个经济所不胜负担的东西。用这样的方式取得的成就显然是一种皮洛士的胜利。只要物价稍微上涨，每一个公民就会毫无例外地每日每时都要为

* 古希腊国王皮洛士在公元前 280 年，虽然打败了罗马的军队，但是牺牲极大，他说：“再有一次这样的胜利，我们势必全军覆没。”——译者注

此而付出相当的代价。这些大有问题的成就严重地损害了那些因社会原因而不能保护自己利益的人；因此，这些成就，与其用来安慰自己，毋宁说是一件遗憾的事情。最近物价的上涨，差不多完全是这些事实所造成，尽管大家都在要求克制行事，可是有些人却明知故犯，违背自己的良知，不顾任何呼吁与警告，而把物价抬高。

如果要保证我们这个年轻民主国家的光明前途，现在正是回到道德的康庄大道上来的时候。在这条大道上，经济与社会政策已结合成一种力量。在20世纪的中叶，经济繁荣是与一国的命运紧密地联系在一起的；一国的经济政策如果失败了，这个国家和政府便会立刻受到影响。这种经济与政治相互依存的关系，不容许人们抱有任何偏狭的见解。经济学家固然要对一个民主国家有责任感；同样，每一个政治家也要认识到人民经济福利的重要性，从而采取适当的行动。

在西德施行的社会市场经济政策需要被政治家们认可为我们这一民主国家复兴的重要促成因素。在一个短短的时期内，这种经济政策在复兴过程中取得的成就，应该说是史无前例的。这种经济政策不但在人口增加了1/4以后，为民众提供了充足的工作与面包，而且提高了全国人民的繁荣水平，使其超过大战以前最好的岁月。社会市场经济循着艰巨而正直的坦途，大踏步地朝着国家复兴而前进，因而重新赢得了全世界的信任。

# 第二章　市场经济的诞生

1948年3月2日我被选为英美经济区经济署署长，当时情况是怎样的呢？隔了几年以后的1954年5月31日，我在安特卫普曾对货币改革以前的一段时期做了如下描写：

> “那时许多人都不相信这种货币和经济政策的尝试会成功。当时有人估计：每个德国人每五年才能有一只盘子，每十二年有一双鞋子，每五十年有一套西装；每五个孩子中间只有一个能用上自己的尿布；每三个德国人只有一个能有机会躺在棺材里埋葬。摆在我们面前的唯一可能的生活好像就是如此。这说明了计划家们的想法是不着边际的；他们认为，根据原料存货以及其他统计资料，一国人民的命运能提前很早就被决定。这些机械论者和经济计划家们完全没有想到，如果让人民重新意识到自由的意义和价值，便会产生无穷无尽的动力。”



如果我在这里把货币改革时期的全貌详详细细描写出来，读者也许会感到厌烦，但其中有某些方面是不能忽略的。

根据1945年8月2日的波茨坦决议，第一个工业计划原来打算把德国工业生产力限制于1938年水平的50%—55%，或者接近于1936年水平的65%。在评价这个计划时，必须记住，由于大量难民涌入，人口已大大增加。实现这个计划的尝试失败了，首要原因在于这个计划不可能在经济上把德国重新团结起来。

1947年8月29日英美占领区政府公布了第二个工业计划，原则上允许生产达到1936年的水平，但这项计划在后来同样受到了这样或那样的限制而不堪重负。当时的生产能力其实只有1936年的60%。

## 受压制的通货膨胀使经济瘫痪



1947年英美区的实际生产量仅达1936年的39%。这种阴沉的景象笼罩着经济的各个方面。例如，当时纺织生产仅为目前的1/7。

**美英区的工业生产**(1936年=100)

| | 1946年 | 1947年 |
|---|---|---|
| 工业总产量 | 33 | 39 |
| 煤 | 51 | 65 |
| 钢铁 | 21 | 25 |
| 非铁金属 | 18 | 24 |
| 化学品 | 43 | 43 |
| 采矿和采石业 | 31 | 33 |
| 车辆制造业 | 17 | 19 |
| 电气工业 | 36 | 65 |
| 精密仪器光学仪器工业 | 30 | 30 |
| 纺织业 | 20 | 28 |
| 皮革业和制鞋业 | 26 | 27 |
| 橡胶工业 | 34 | 40 |
| 纸浆及造纸业 | 20 | 21 |

资料来源："经济署"，1948年6月。

战后几年中试图以限制物价及管制等方法阻止通货膨胀

(1933—1939 年间的军备费用,尤其是大约 5,600 亿旧马克的战争费用所引起的后果),看来是愈来愈行不通了。我们看到了一种"价格冻结通货膨胀"的现象。大量货币流通额妨碍了任何经济调控。货物周转不再通过批发与零售的正常途径,即使通过这些途径,数量也很少。愈来愈多的商品搁置在仓库中,除非在补偿交易中才拿出来交换——因此维持了很小规模的买卖。我们恢复到了原始物物交换的状态。1948 年上半年生产总指数起伏于 1936 年的 50%左右。1948 年年初威廉·勒普克博士宣称,德国毁灭的程度以及混乱的情况,若非亲眼目睹,是绝不可能想象得到的。

这种崩溃的情况自然引起了热烈的讨论,以谋求恢复经济的良策。在这个问题上,大家众说纷纭,莫衷一是,唯独缺乏意见上的统一,而统一才能凝聚强大的力量。在西德,关于计划经济与市场经济的争论尤其激烈;这场争论不仅使德国人,同时也使盟军占领军人士振奋起来。第五章"市场经济战胜计划经济"将叙述这场争论。德国的计划家们有意与英国占领区人士紧密合作,这些英占区人士是遵照工党政府指示或追随其意图而行事的,而当时工党政府正处于经济试验的高峰。但西德的自由力量觉得他们自己更倾向于美国人士。结果,维克托·阿加尔茨出任明登(英占区)的经济总部领导;而我,在美方的特别授意下,自 1945 年 10 月起出任巴伐利亚政府经济部长,这两件事绝非出于偶然。



## 大 好 机 会

1948 年德国遇到了一个大好机会并成功地把握住。这次成功是货币改革和坚决的经济改革相结合的结果，从而彻底地取消了全部经济领域中（从生产到最后消费）的一整套复杂的政府管制——这套随着人民不自觉的要求而来的政府管制现在已完全脱离了现实。今天很少人能理解到这种做法需要多少勇气和责任感。隔了不久，两个法国人柴克·罗夫和安德烈·毕埃脱曾对这次经济和货币两者结合的改革，做了如下总结：

> “黑市突然消失了。橱窗里摆满了商品；工厂烟囱突然冒烟了；街道上货车川流不息。各处建筑房屋的喧闹声代替了废墟的沉默。如果经济恢复的情况令人惊奇，那么经济恢复的速度更加惊人。货币改革那天的钟声一响，经济恢复便在经济生活的各个方面开始了。只有亲眼目睹的人才能描写货币改革对陈列商品的数量和品种所产生的突然影响。商品货物一天一天充实起来，工厂也开工了。货币改革前夕，德国人还在漫无目的地走遍全镇寻找多余的食物。一天之后，他们不再向往什么，只想生产商品。前一天，人们还没精打采，而第二天全国都满怀希望地展望未来。”①

事实上，市场经济这一历史上独一无二的创举是以几条法令和绝不妥协的决心开始的。创造一些新事物的决心表现于1948年7月7日的《联邦经济界经济理事会的法律与法令公报》中。而1948年6月24日宣布的《关于货币改革后的经营管理与物价政

① 《经济无奇迹》，1953年，奥伊根—伦奇出版社，埃伦巴哈、苏黎世。

策原则的法令》虽被刊印在劣质的、至今已经褪色泛黄的纸张上，却同时也在一定程度上表明了这种决心。这条法令授予经济署署长有权一下子将上百条物价和管制法令全部投入废纸篓里。在这些指导原则的范围内，由他“保留必要的经济调控措施，并详细规定哪一种商品及生产部门的物价管理应予取消”。我就负起责任在最短时间内把一般管制措施和物价管理条例尽可能地予以废除。

第二天公布了《关于货币改革以后固定价格和监督物价的命令》，废弃了几十条物价条例。我们采取了唯一可行的道路：取消一切无效的条例，并明确指出我们希望保留的条例。我们向着消灭官僚主义直接干预经济的最终目标迈进了一大步。1948 年 8 月 28 日基督教民主联盟在英占区雷克林豪森举行会议时，我对这项措施曾做了如下解释：



> “我们并无选择的余地。处在这种情况下，我们所必须做的，就是解脱锁链。我们必须做好恢复公民道德的基本原则的准备，并从刷新我们的社会经济着手。
>
> 我们不仅采取了一些经济措施，还把政府管制经济转变为市场经济。我们已为社会与经济生活奠定了新的基础。我们必须摒绝不容忍态度，由于缺乏精神自由，这类态度将导致暴政与极权主义。我们必须为这样一种社会秩序而奋斗，这种社会秩序由于自愿结合和责任感而使社会成为合理的有机整体。”

在过渡到市场经济期间，幕后发生的事情，一般公众是很难了解的。举例来说，英美管制当局严格规定，法定物价如有所变动，必须事先得到他们的批准。占领军方面从没有想到竟然会有人不但要改变物价管制，而且干脆要予以取消。战后不久，德国人就表现出这样的勇气，是跟占领军当局在刚取得绝对胜利后的想法格格不入的。

克莱将军大概是最高司令部中权力最大的人物，我得到了他的帮助。他支持我，批准了我的命令。这时德国消费品以及主要食品的价格管制不再受占领军的监督。但这项初步胜利并不等于在以后的岁月中，占领军当局就不再企图自作主张影响德国的经济恢复。在以后一段时期内，各种争论一次又一次地发生。首先就是拆卸武器问题，然后是降低税收、工会自由、物价管制、设立技术机构，以及修订对外贸易政策等等。

以上的批评，绝不意味着联邦政府和德国人民因马歇尔计划而对美国和美国人民所怀的谢意有所减少。这种慷慨的甚至是豪爽的援助，连同以后的各种援助计划，从 1948 年 4 月到 1954 年年底，共达 15 亿美元。此外，在马歇尔计划开始以前，占领地区政府救济基金[①]也拨出了大量财物，从 1946 年到 1950 年共计 1,620,000,000 美元。



## 总罢工和市场经济

1948 年，特别是下半年，是德国经济史中最有戏剧性的时期

① 像拨给德国的那种占领地区政府救济基金会提供一些紧急救济。它当然不包括在联合国善后救济总署所拨的基金之内。

之一。自由市场经济的理念挑战着管制经济。在走向更大自由的道路上，有许多事情使我们很难一无保留地稳步前进。在改革后的头几个月内，物价指数大大地上升了。无须指出，1948 年 6 月 18 日官价虽定得相当低，却买不到商品；也无须指出，以新马克计的物价不过是改革前旧马克计的黑市价格的一小部分。

在这种困难面前，最主要的是不要使自己迷失方向，即使在 1948 年 11 月 12 日工会举行总罢工，企图一举搞垮市场经济的时候，也不应当迷失方向。在经济委员会中，情绪已十分紧张。执行经济事务的办公室中，一位首长正在全力以赴地同一切管制和限价政策做斗争，差不多每张办公桌的抽屉里都藏着不久前被废除的各项法令的复稿。这些办公室里的人员也对首长理论的正确性开始产生怀疑。

1948 年 8 月底我声明：

> “我坚持我的主张。事实会证明我是正确的。即使单方面要求提高物价的压力及心理压力致使物价超过了可以容许的或者道义上的限度，我们也将很快地进入另一个时期。那时，由于竞争的缘故，物价会下降到适当的水平。在这个水平上，工资与物价之间、货币收入与物价水平之间，一定会有最适当的关系。”

这些话似乎并不符合当时的实际情况。因此，我获得了极端乐观主义者的称号。几个月之后，事实证明我是正确的，我又被“提升”到现代经济预言家的地位。

事实的发展已经证实了我的预测吗?

改革初期,经济呈现出对消费的无尽的热情与期待,或者说被压抑的需求得到了无止境的释放。一切经济部门内部对更新换代及追赶进程的需求较之也丝毫不逊色。由于战争破坏和收留了800万难民而引起的房荒,建筑方面的需求非常巨大。虽在改革后的头几天内供求关系表面上看是平衡的,但是不久就起了变化。囤积物资的现象曾引起过人们热烈的讨论并受到了道义上的谴责,现已成为过去的事情了。对于生产者,正如对于消费者一样,货币已恢复了原先的重要作用。把工业投资维持在较低的水平上,足见是正确的。各经济部门必须出售即时生产的产品,同时也应当出清库存。

## 保持头脑清醒

过去囤积物资的数量,大家早有所知,现在更引人注意了,因而激起了强烈的公愤。把下面的经济常识指出来,的确需要相当的勇气:

> "你们知道,有人指责我是囤积家的救世主。我并不因此而动摇。虽说我痛恨囤积,我却觉得有必要指出,如果马上把仓库存货完全出清,将使从货币改革中解放出来的购买力买不到东西。那时,要不是货币改革从第一天起就要招致失败的谴责,就会是全国将重新受到管制与限制的束缚。必须记住,囤积不过是货币改革乃至国民经济中不可避免的表象,在

实行改革时我们早就考虑到的。没有这种缓冲现象，货币改革就要失败，如果对这一点有了明确的认识，那么抗议便是不公正的了。”

德国马克的面孔

（承蒙《汉堡晚报》特许使用，绘画：Rolf Brinkmann）

注：胖乎乎的路德维希·艾哈德本身的形象就体现了德国的经济繁荣，他的侧分头和雪茄又显示出他的滑头和普通小市民的安详。德国马克其实是德国的国家象征。经济的繁荣对于二战战败的德国来说是一剂补药。

这些困难产生于某些不难发现的原因。当年的国民收入以及从原有旧马克储蓄存款所转来的存款合计达 35 亿新马克——这些全部立刻流向消费。我的亲密同事莱昂哈德·米克施（不幸于

1950年早逝)在1948年10月曾提醒大家说,自货币改革以来,货币流通量大大增加了,德国当局对此是无法施加影响的。他写道:

“谨请公众正视事实的时机已到了。有人期望,只要储蓄者单独蒙受了巨大损失,激烈的改革就可成功,但期望与事实背道而驰。在1923年货币稳定后最初八个月内,货币流通总额从11月30日的1,488,000,000马克增加到1924年3月31日的2,824,000,000马克,即增加了90%;而1948年的三个半月内,流通额从6月30日的2,174,000,000马克增加到10月15日的5,560,000,000马克,增加了156%。”

1948年12月31日前货币流通额(包括柏林)已经上升到66,410亿。这种货币贬值现象意味着需求不可抑制的增长比供应的增长更为快速,特别在初期,当进口还不足的时候,尤其如此。此外,当货币交流逐渐通畅时,慢慢也就不用强迫卖方就能清理库存了。经济自由化之后,从1948年年中到年底,生产量增加了50%(无疑是市场经济的一项显著成就),但这个事实还不足以阻止当年秋季物价更大的上涨。由于这个原因,许多人竟倾向于放弃恢复不久的自由。我对这种意图只能做如下的答复:

“如果我们失去理智,在恶意煽动性的批评面前退却,我们就将恢复到受奴役的状态。那时,德国人将再度失去现在侥幸重新获得的自由,德国将重回计划经济;通过国家管制和官僚主义的干预，我们将被逐步导向极权主义。”

事实上，物价变化过程很混乱。同1948年6月相比，年底前全部物价都有很大幅度的上涨。

| 工业品批发价格指数（1949年=100） | 生活费指数（1938年=100） | | | |
|---|---|---|---|---|
| | 食　物 | 衣　着 | 家用品 | 燃料及照明 |
| 1948年 | | | | |
| 6月　91 | 142 | 201 | 189 | 105 |
| 9月　101 | 147 | 244 | 202 | 115 |
| 12月　104 | 168 | 271 | 211 | 119 |

资料来源：德国联邦统计局。

但正如经济生活中所常见的那样，不受大众欢迎以及大家都觉得不愉快的事情，在经济上却有好处。物价变化也许已大大超过了足够应付改变了的成本结构所需要的调整，因此出现了高额利润。这种利润产生了不良反应，同时也引起了人民的公愤。然而这些利润都仅有一小部分被工业家用作私人消费。这些利润代替了这一阶段内用别的方法所无法动员的新储蓄。旧储蓄已为货币改革一笔勾销。[①] 形成这种资本的方式，虽不无可以指摘之处，但在当时，正是这笔资本奠定了生产力复原的基础。



① 在宣布货币改革的那一天，所有往来存款账户与储蓄账户都被冻结起来。只在几星期之后被宣告解冻。概括地说，其结果使全部储蓄存款的90%都被一笔勾销。因为解冻时，旧账户内的每100旧马克折成新账户中的10新马克。

## 税收政策的错误道路

这种强制性的发展促使改革后初期的生产量不断上升，而与此同时不断提高的居民收入也使商品经济得到解放。这种通过物价而强烈产生的投资需要，也在税收政策方面表现出来。1948 年 6 月 20 日军政府第 61 号法令规定了给予较大数额的折旧费，以及其他一系列的优惠待遇，以期有效地降低税收。

就是在税收权归还到德国人手中以后，这种税收政策继续执行。鼓励投资的新刺激不断提出，同时加班也受到鼓励，因为加班所得的收入不必纳税。这种刺激代表了对德国人重拾工作热情的欢迎，人们终于可以拿着工资买点什么了，也可以自由地规划自己的生活了。

这些变化在产业工人每周工时的统计中明显地表现出来。人们恢复了对工作的兴趣，使工时有了延长的现象，直到最近这个趋势才开始放缓。工业生产率的增长自从 1949 年以来已超过了 60%，使得现在有可能缩短工作时间。这肯定是社会上大家所向往的好事，但必须逐步使之实现，以免危及整个国民经济和货币的稳定。这在今天也适用。

**每周工时数**

| 年份 | 男工 | 女工 | 全体产业工人 |
|---|---|---|---|
| 1947 | 39.8 | 36.1 | 39.1 |
| 1948 | 43.0 | 40.0 | 42.4 |
| 1949 | 47.3 | 43.8 | 46.5 |

（续表）

| 1950* | 49.1 | 45.5 | 48.2 |
|---|---|---|---|
| 1950** | 49.0 | 45.2 | 48.0 |
| 1952 | 48.5 | 44.7 | 47.5 |
| 1954 | 49.5 | 45.9 | 48.6 |
| 1956(8月) | 49.4 | 45.6 | 48.4 |

* 以上数字，是指英美两经济区。
** 以下数字，是指联合区。

最初，税收政策对经济复兴确有所帮助，后来却经常与经济政策相冲突。税收成为政府借以让步的手段，因此，有时产生了不良的后果。

讲到物价上涨，就必须牢记物价不断上涨的危险。西德货币改革方案实施以来，由于新货币逐渐增加，货币的数量不断积累。自从 1948 年 8 月 8 日活期贷款的禁令被取消后，银行的短期贷款增加了。

我提出这一点并不是有所挑剔，因为这是经济的必然性，是不可避免的做法。贷款总额从 1948 年 7 月底的 14 亿马克增长到 10 月底的 38 亿马克，而到年底又增长到 47 亿马克。下一年内短期贷款又增长了 51 亿马克。恢复了贷款的方便，必然会鼓励存货的增加，因为当物价上涨时，在私人制造商看来，增加存货就有利可图。这就是 1948 年秋季的情况——它不能说是乐观的。

## 物 价 下 跌

乐观主义最初虽备受嘲讽，后来却证实是有充分根据的。

1950 年上半年零售价格比 1949 年上半年低 10.6%。这时西德就与沉浸于通货膨胀政策的国家分道扬镳了。就以国际间以后几年的生活费指数做一个比较来看，尽管后来朝鲜危机爆发，并持续波及世界其他国家，这项“稳定”政策仍能继续执行。

显而易见，经济政策的革命已经发生。直到今天，这次革命的功效仍然很明显，因为除了产生巨大的成绩以外，这一时期内出现的国际收支顺差，部分也应归功于这次革命。这次变革的起源和趋向可以追溯到 1948 年年末(1949 年年初)所创始的政策。它究竟是怎样发生的呢?

一个重要的稳定因素是工资政策。在这一时期之初，(当时失业人数相当多)，工资并不随着物价上升，工资冻结政策仍然有效，但这一政策跟市场经济并不协调。因此，1948 年 11 月 3 日出台了一条工资解冻法令。这才使工会收回了行动自由的权利；但如果不同时废除政府的经济管制，这种行动自由也是想象不到的。

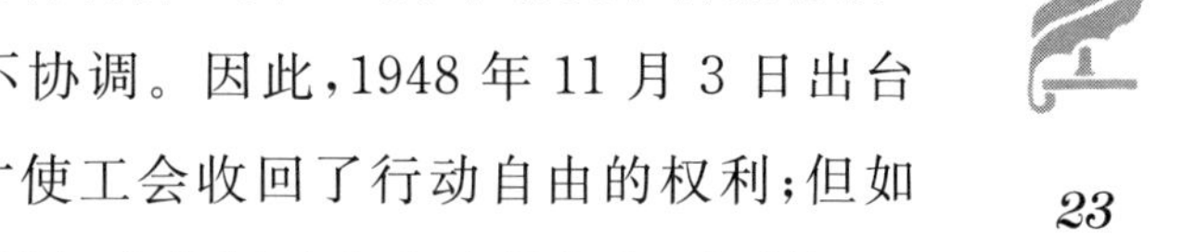

**生活费指数**(1950 年 = 100)

| | 1952 年 6—12 月 | 1956 年 9 月 |
|---|---|---|
| 西德 | 110 | 113 |
| 挪威 | 126 | 142 |
| 瑞典 | 125 | 138 |
| 英国 | 119 | 137 |
| 法国 | 131 | 133 |
| 意大利 | 114 | 130 |
| 美国 | 110 | 114 |
| 瑞士 | 108 | 111 |
| 荷兰 | 101 | 109 |

工会的工资政策所以相对缓和下来，其原因肯定在于1948年11月12日举行的企图废止新经济政策的总罢工遭到了失败。那天公众舆论对工会领袖明确指出：工会与市场经济做顽强的斗争，使工资政策走上了错误的道路。

即使在当时的混乱时期，工人们也能理解到当时事态的发展虽有一些不愉快的事情，但最后总是对他们有利的。

## 相互推卸责任

只要把旧报纸翻阅一下，便可以证明当时工会并不是唯一的批评者。到处是一片悲观的论调。“物价如脱羁之马”“艾哈德计穷智尽”“一幅物价混乱的图景”“经济学家赞成恢复计划经济”——这是当时一些报纸的大字标题。或许更糟的是，经济内部开始互相攻击。大家都想把过错推给别人——工业推给商业，商业推给工业，城市居民推给农民，农民推给城市居民。当时只有一条原则：一定要坚持！将这种史无前例的局面稳定住是值得的，因为根据之后的经验，我们完全可以断定：没有任何政府会在将来因为引入并坚持自由市场而大发雷霆。

全体工人每小时的毛工资从1948年6月的0.99马克上升到1948年12月的1.13马克；这说明工资在明显增长，仍然和生产力较大幅度的增加相匹配。任何数字都比不上每小时生产率这个数字更能表示经济成就。生产率指数从1948年6月的62.8增长到12月的72.8，1949年6月又增长到80.6(1936年=100)(参阅下表)。

**货币及经济改革提高了生产率**

**每工时的生产量**(1936 年 = 100)

| 1948* | | 年增长率 |
|---|---|---|
| 6 月 = 62.8 | 1949 年 = 83 | |
| 9 月 = 72.4 | 1950 年 = 93 | +12% |
| 12 月 = 72.8 | 1951 年 = 103 | +10.8% |
| 1949 年 | 1952 年 = 108 | +4.9% |
| 3 月 = 78.5 | 1953 年 = 114 | +5.6% |
| 6 月 = 80.6 | 1954 年 = 121 | +6.1% |
| 9 月 = 82.1 | 1955 年 = 130 | +7.4% |
| 12 月 = 82.7 | 1956 年 = 134 | +3.4% |
| 1950 年 | | |
| 3 月 = 87.7 | | |
| 6 月 = 90.0 | | |
| 9 月 = 98.0 | | |
| 12 月 = 93.6 | | |
| 1951 年 | | |
| 3 月 = 100.2 | | |

*　仅包括英美占领区。

1948 年晚秋，德国联邦银行首次采取中央银行的传统措施。它一举而提高商业银行的最低准备金限额，从 10% 提高到 15%，同时将再贴现限制于对外贸易，或购买原料，以及政府粮食政策所不可缺少的银行承兑。1948 年 12 月 1 日，由于上述措施所产生的结果，政府要求各贷款机构将货款总额限制在 1948 年 10 月底的水平。

在德国联邦银行采取这些措施的同时，其他紧缩因素也开始发挥作用：当每人被发给第二种单据①时，西德货币改革下的新货币于 1948 年 9 月停止发行。到 1948 年年底由旧马克账户转为新马

① 在所有存款账户冻结期内，德国粮食局曾两次发给每人 60 马克，使人民能在货币改革工作完成以前购买生活必需品。

245 235 225 215 205 195 185 175 165 155 145 135 125 115 105 95 85 75 65 55 45

1956

1955

1954

1952

1950

1948

1月 2月 3月 4月 5月 6月 7月 8月 9月 10月 11月 12月

工业生产发展

1948 年以来工业生产总指数（1936 年 = 100）年年都有增长。1950 年再度达到战前水平。同时工业总产量增加了一倍以上（1956 年 = 213）。

克账户的工作完成了。一种新的经济态势出现，我们在今天依旧致力于处理这种态势，而它在当时对经济发展无疑是有利的：1948 年最后一季度，预算第一次有了剩余，带来了反通货膨胀的效果。

爱好自由的精神表现在摆脱计划经济这一点上，也正是从这种精神中，产生了通过有系统地限制支出的方法来执行预算的愿望。1948 年 6 月 28 日颁布了稳定货币与国家财政的法令。政府雇员人数有了限制，禁止再增加名额，公务旅行也被控制在最低限度。这项法令肯定是良好意图的反映，即便是它只被运用到当时十分冗杂的经济管理体系中。在赫希斯特出任经济部长时，经济部共有 2,500 名职员；1949 年前减到 1,647 名。

## 物价图表与大众纲领

根据工业、零售业及工会提供的材料，定期出版的物价图表体现了经济当局稳定物价的意图。物价图表都经过精确统计，可以表明每一样商品的适当价格究竟是多少。1948 年 9 月 11 日发布了第一期物价图表，规定男鞋价格为 24.5—30 马克。那时，大众纲领已开始出现，根据这个纲领，8 月份按照精密计算的价格生产了 70 万双鞋子。

最后，必须提一提 1948 年 10 月 7 日颁布的《反对哄抬物价法》，这一法律在议院内引起了热烈的讨论。但如果把这一法律作为后来物价下跌的原因之一，那就没有反映出历史的真实性——不，事实恰巧同它相反。

这种顺利的改变是由经济平衡造成的，而 1948 年年底以后世界市场物价的下跌，也有助于经济平衡。此外，由于马歇尔计划的实施，原料供应有了改善，这也起了重要作用。1949 年年初以后，各公司对机器和原料的投资增多了。例如，1948 年上半年商业性和非商业性进口仅有 12 亿马克，而 1949 年同期增加到 30 亿马克。这些因素都大大有助于我们进一步取得改革的成就。因此，

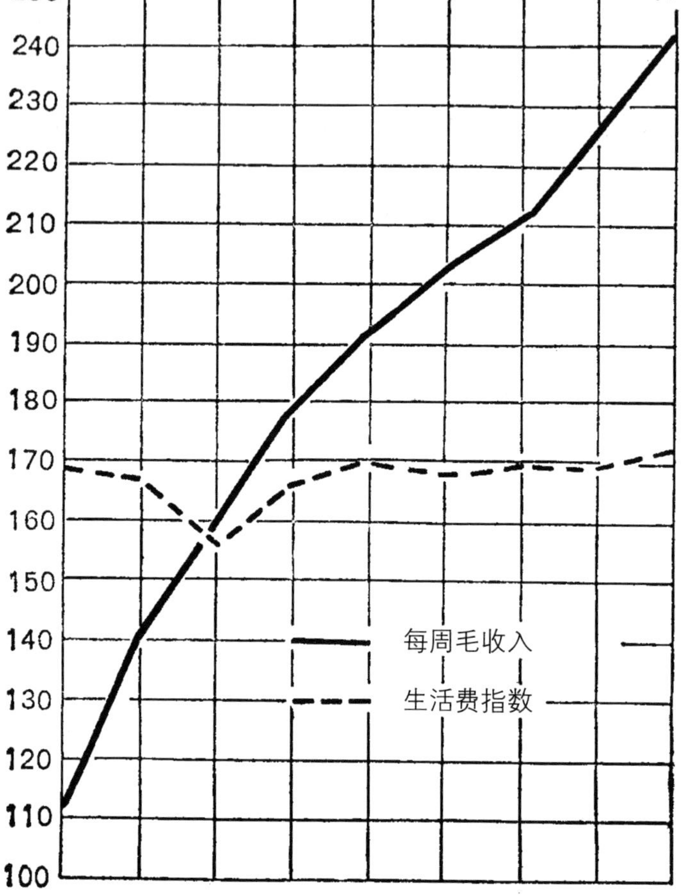


生活费指数与每周毛收入

上图指出所有产业工人的每周毛收入从 1948 年的 109（1938 年 = 100）上升到 1956 年年末的 250 左右。这种工资增长中只有一小部分为物价上涨所抵消。（1938 年 = 100；1948 年下半年 = 168；1956 年年末 = 178）

德国复兴第一阶段的特征是物价动荡不定，伴随着实际工资的上涨以及生产率的显著增加。

**货币改革后生产迅速增长的情况**(1936 年 = 100)

| | 1948 年第二季 | 1948 年第四季 |
|---|---|---|
| 全部工业 | 52.1 | 75.4 |
| 生产品 | 46.4 | 68.3 |
| 投资品 | 46.6 | 75.7 |
| 消费 | 43.4 | 66.6 |
| 食品工业 | 55.0 | 78.8 |

资料来源:联邦统计局。

这种物价的调整——我把它看作在改变以后新的水平上实现的一种平衡——即使有些勉强,却证明是必要的。现在物价与消费者购买力之间的剪刀差开始合拢,不过对消费者是有利的。在几星期之内,情况完全改变。那种不问价钱多少,有货就买的现象已消失了;由于现款短绌而取消订货的现象也增多了。这时报纸上可以读到这样的大标题——“在消费品方面出现的警报”,悲观主义者也典型地有倒向另一边去的趋势。

## 第二阶段

在货币改革后的第一阶段,许多人相信高物价会继续维持下去,现在都非常担心物价会暴跌,因为他们认为物价一跌全部企业将无法收回成本。但至少在朝鲜危机以前,物价下跌已使消费者明了市场经济比任何种形式的计划经济都优越得多。如果拿西德与通胀中的别国间的物价来对比,大家对这一点就更能认识清楚,因为当西德的物价不断下跌时,别处物价却还在迅速上涨。

**生活费指数**(1950 年 = 100)

| | 1949 年 | 1950 年 |
|---|---|---|
| 西德 | 107 | 100 |
| 法国 | 90 | 100 |
| 澳大利亚 | 91 | 100 |
| 荷兰 | 92 | 100 |
| 英国 | 97 | 100 |
| 加拿大 | 97 | 100 |
| 美国 | 99 | 100 |
| 意大利 | 101 | 100 |
| 瑞典 | 101 | 100 |

资料来源:联邦统计局。



大约在 1950 年年中——就物价来说,这段时间是这个稳定时期中的典型期——大部分有代表性的指数已经回落到 1948 年年中的水平。英美联合区内一个四口之家的工人生活费指数,从 1948 年第四季的 166 下跌到 1949 年全年平均的 160,1950 年 7 月又下跌为 149(1936 年 = 100)。由于这一段时期内工资还在继续上升,所以这次物价下跌就给人以深刻的印象。

这种动态在 1948 年下半年已经开始。但实际工资的大幅度上升却在 1949 年内才特别显著。跟以后各时期内工资更猛烈的上升不同,1949 年的上升是随同物价下跌一起发生的,因此使实际工资的提高更为显著。这就是从 1948 年年中起实施改革以后的第二阶段的特征。

男性产业工人每小时的毛收入从 1948 年 12 月的 1.22 马克

增加到次年12月的1.33马克，1950年6月又升到1.36马克。同时期内，1949年1月生活费指数降到168，1950年6月又降到151(1938年=100)。产业工人的实际工资(就是每周毛收入和生活费指数之比)在1949年内上升了20.5%。

这种工资与物价的相反趋势更证实了市场经济的实质。当时，我曾一再提醒公众注意事态的发展，以便用事实证明市场经济的内在规律。这些规律最充分地表现在，物价下跌的同时收入却在增加。但是出现这种局面也并不是一帆风顺的。产生这种事态的因素大致为：当商品生产增加时，把物价水平调整到使它与掌握在公众手中的购买力相适应；与此同时，由于财政收支有了剩余，使整个经济因而消沉，加之美国经济衰退造成了不良的后果。此外，1948年秋季开始进口自由化并增加进口额，也迫使人们作出更多的调整。

这些审慎的措施在十五年里，第一次引起了剧烈的国际竞争，打击了西德的国内市场。工业被迫重新考虑其生产计划，因为原计划制订时，全国经济仍处于跟国外断绝的状态中，因而带有自给自足的色彩。当时工业已有必要来关心市场的状况了。

## 顾客是上帝

上次出现物价下跌对于德国的消费者的来说已经是十分遥远的记忆了。顾客重新成了上帝，买方市场开始了。消费者首次在德国经济政策开辟的新领域里行走。消费者心里明白，隔了一两天就有希望买到更便宜的东西，于是便踌躇不前了；他们学会了对商品仔细地挑剔。公众有这种体会，对我们更进一步向前发展是非常重要的，因为没有这种深刻的教训就不可能改变卖方对市场根深蒂固的态度——这种态度与市场经济是不相容的。

新产生的买方市场自然会引起某种后果。由于投资的目的仅在于增加生产潜力，其热忱就有所减退。现在不只是进行生产的问题，而且逐渐变成为了市场而生产的问题了。为了更高效率而投资的信念已提高到首要的地位。许多以卖方市场为根据的经验已经发现是错误的，再也无法实施了。

生产趋势的统计明显地反映出这种情况。从 1948 年 12 月到 1950 年 6 月，西德每小时的产量从 1936 年水平的 70.3%增加到 89.0%。竞争压力特别强大的那些部门都开始进行彻底的合理化转变。例如，拿 1949 年上半年和下半年相比较，在这很短的时期内，纺织业的生产率指数从 82.2 增加到 95.7，制鞋业从 69.0 增加到 75.8，车辆制造业从 49.1 增加到 65.7；然而特别值得注意的是，当时尚未纳入市场经济的采矿业就有显著的不同——仅从 61.3 增加到 62.5(1936 年 = 100)。无须强调指出，只有在生产率方面有了这种巨大成就，才有可能提高工资而不危及物价稳定。

## 虚假充分就业的后遗症

失业肯定会发展成为严重的问题。这种不愉快的后果显然使新经济政策受到许多谴责。

这种反应清楚地说明了人们面对必要的长期发展往往缺乏耐

心。我再三地强调，光就业是不能使德国工人和普通民众在整体上受益的，而只有创造安全、合理的就业岗位，才能保障他们的生存安全。

货币改革以前虚假的充分就业引起了失业人数的增加，到1948年年底计达76万人。1949年全年都在不断增长，甚至夏季也如此。失业人数月月增加，从1月的96.2万人增加到年底的1.56万人。这对负有重大责任的经济政策制定者来说，确是一个困难的时期！人们再一次预言我的经济政策势必失败。

假如当时没有愈来愈多的人——不完全是由于大量涌入的难民——不断前来要求工作的话，失业增长的幅度不会这么大。由于批评十分尖锐，使许多人忘掉了这一点：那些如今出于政党偏见而对失业率进行批评的人，也正是那些曾在货币改革前就已预言失业人数将达四五百万的人。事实上，失业差不多完全是新涌入的工人造成的，就业统计数据可以证明这一点：从1948年年底到1949年年底就业人数仅下降了15万，然而等到失业高峰，即1950年2月，失业人数竟比1948年年底增加了120万人。大量的难民涌入只能使有知识的人更加赞成而不是反对自由经济制，因为它重新使西德人民认识到工作的价值及其必要性。

与此同时，发生了另一件事情，其重要性不亚于1948年年中实行的改革。这就是对外贸易政策从根本上起了变化——这一政策有意识地使德国经济处于国际竞争之中。这里必须提到1949年9月19日马克贬值20%这件事。美元和马克的比价从1∶3.33改为1∶4.20。这次贬值在对外贸易的发展中反映出来了。

**对外贸易与马克贬值**

| 每月平均 | 出口 | | 进口 | |
|---|---|---|---|---|
| | 马克 | 美元 | 马克 | 美元 |
| 1949 年第一季度到第三季度 | 326.4 | 93.2 | 579.8 | 177.9 |
| 第四季度 | 399.3 | 94.6 | 875.8 | 211.7 |
| 1950 年第一季度 | 502.3 | 118.8 | 823.3 | 197.9 |
| 第二季度 | 596.3 | 140.6 | 737.8 | 175.5 |
| 第三季度 | 727.3 | 171.3 | 939.7 | 223.3 |
| 第四季度 | 963.5 | 229.4 | 1,280.5 | 304.4 |

资料来源:德国联邦政府的马歇尔计划政府报告。

最后,还有一个特别重要的因素必须指出,当大多数欧洲国家的货币随着英国相继贬值时,西德联邦政府的货币贬值幅度小于英国与法国,因而损失了一些竞争力。

这样,在第一个联邦政府执政的头十五个月内,情况发生了多么根本性的变化!在 1949 年 10 月到 1950 年 12 月期间,出口增加了两倍,正与预计的相同,而对外贸易自由化也使进口急速上涨,导致尽管出口有所增加,国际收支情况却反而恶化。进口不但满足了不断增长的消费需要,而且为源源出口的高质量产品提供了原料。这个过程需要时间——也需要魄力。在失业的烦恼以外,又加上对外贸易收支的恶化——1949 年单是私营企业对外贸易的逆差就有 1.58 亿美元,而 1950 年有 2.43 亿美元。1949 年的逆差总额为 11.14 亿美元,1950 年为 7.23 亿美元。

## 放宽贷款是不是万能良药？

经济部长处在这种情况下不能袖手旁观。他对情况做了如下的诊断：国内市场受到阻塞，现有的生产设备没有充分利用。但工业生产指数已从 1948 年 12 月的 75.2 上升到 1949 年 12 月的 96.1(1936 年＝100)。从失业情况来考虑，放宽贷款的政策，辅以其他经济增长政策，可能有利于国内经济。事实上，我的所谓通货收缩政策遭到批评，人们要求增加贷款，但现在可以看出这种批评显然刻意忽视了货币稳定的重要性。

这样，从反对党到联合军方面，响起了一阵批评的大合唱。联合军方面，在热烈的"备忘录战"中，宁愿要充分就业，而不要货币稳定。1949 年 12 月，在联邦政府提出一份讨论进一步接受马歇尔计划基础的备忘录时，这次争论就开始了，它持续了数周之久。

英国充分就业论的信徒，主张"低利贷款"和"紧缩政策"，出人意料地竟和最高司令部的美国官员达成联盟。这些美国官员对大量入超大为惊慌，担心马歇尔计划行将终止。因此，几乎所有的势力都联合起来对市场经济发动进攻。他们忘记了只有在货币稳定的基础上，通过更大的生产率与自由竞争，才能在世界市场中站稳脚跟；也只有这样，才能找到一条出路，解决西德人口大增的问题。

我坚决反对勉强执行人为的扩展政策。我不得不忍受别人说我袖手旁观的责骂。这种责骂显得特别荒谬，因为以前经常有人说我过于活跃。我深信这种轻率的扩展政策不但会危害货币稳定，而且从长远来看会危害国际收支。我们原本要成为世界贸易中的一个诚实伙伴,现在却从一开始就不诚实。鉴于对外贸易起着决定性的重要作用,我们决不可以这样做。

我当时的演说可以证明:在朝鲜战事发生以前的一段时期内,人们对出口问题多么关心。只需举一个例子来说明。1950 年 9 月 20 日我在西德码头工会年会上曾说过:

> “尽管在过去九个月内受到许多批评,但我们执行的对外贸易政策是基于这样一个信念的,即如果不推行这样的经济政策,为我们的经济发展争取一些增长空间,那么我们的经济任务——解决战后增加的 1,200 多万人口的就业与生产问题——不可能得到贯彻,势必因走进死胡同而告终。
>
> 首先我们决不能让业已稳定的货币再行不断贬值,以追求表面上的成功,从而走上通货膨胀的道路。这种做法无异于在暗中窃取人们储蓄的钱财。这是一种恶劣透顶的坏办法。”

因此,不听任何无意义的劝诫,西德的经济政策小心谨慎地执行着:一方面要限制大量失业的危害;另一方面要避免危及已经获得的进展,特别是货币的稳定,因为货币稳定会使德国重返世界市场。在那些困难的日子里,立场坚定是非常重要的,不应受真朋友或假朋友劝告的影响。我甚至认为必须用些手段来对付那些主张采取危险而不必要的措施的强大政治压力。

# 抵制衰退的药方

在这些日子里，我在通货膨胀和通货紧缩的夹缝里小心前进。经济部和中央银行采取的一套措施证实了这一点：无疑，现代市场经济已能有效地应付经济衰退而不危及货币稳定。

我们所采取的经济措施都经过了周密的考虑。在 1949 年 3 月底德国联邦银行放松了自 1948 年 10 月底开始的贷款限制，到 1949 年 6 月 1 日把最低准备金限额从 15%降到 12%，或者从 10%降到 9%。1949 年 5 月 27 日以及 1949 年 7 月 14 日，再贴现率每次分别降低 0.5%，即从 5%降到 4%。夏季末，允许各个贷款机构对长期的生产与投资给予提供资金的特殊照顾，共计有 3,000 亿马克之多。9 月 1 日最低准备金限额以及贷款和即期票据的利率都有进一步降低。

冬天，由于大量失业的压力，迫使经济增长政策得到进一步的加强。政府为能创造就业岗位的项目提供大量财政支持，同时拨款扶持住宅建设。这项特殊拨款共达 34 亿马克。短期贷款在 1948 年年底共计 47 亿马克，在 1949 年一年中增加了 51 亿马克，而 1950 年上半年又增加了 23 亿马克。各银行(包括复兴银行)中期和长期贷款达到 26 亿马克，1950 年上半年又增加了 20 亿马克。

1950 年 4 月联邦政府决定降低税收并豁免一些捐税，以期促进消费并减轻经济方面的负担。在占领军方面是存在一些矛盾的：他们在许多备忘录中虽然提出一些要求，谴责西德当局袖手旁观，但他们是首先拒绝批准这次税收改革的。有一点必须记住，每次同占领军讨论有关问题，无论是钢铁限额问题，合理解除武装问题，解散卡特尔问题，利用所谓补偿基金的问题，弥补美元逆差的最好方法的问题，还是有关进一步放松经济管制等问题，都要付出不少精力。毋庸多言，在这时“买方市场”的出现是正当时的，从而把毫无意义的管制以及物价条件的残余完全予以废弃。

在这种情况下，我曾在 1949 年 12 月 27 日于巴伐利亚电台所做的一年回顾报告中说过：

> “行将过去的 1949 年是巩固的一年，同时也是快速复原与扩展的一年。如果我在过去的一年中曾许过这样的诺言，我们将在处理社会问题上取得成功，那么现在谁都不能否认，部分原因在于实际收入的上升。尤其是因为商品价格不断降低，而商品质量得到稳步提升的缘故，德国人民的国际购买力，也就是说生活水平已提高了。”

## 即使没有朝鲜战争……

如果把我们在这里所研究、分析以及克服的一切困难都可以得到解决，完全归功于朝鲜战争时期的经济繁荣，这种说法绝不符合历史事实。在朝鲜战争以前，我们在反对危害货币稳定政策的一些企图方面已经取得了成功。生产指数从 1950 年 1 月的 90.9 上升到 6 月的 107.6，大约上升了 20%，比上年同期的上升率大得多。

国内物价的沉重压力，以及买方市场的出现，对出口双重有利。结果，出口从 1949 年 12 月的 485，500，000 马克增长到 1950 年 6 月的 651，900，000 马克。这六个月中逆差从 1950 年 1 月的 532，700，000 马克减少到 6 月的 138，600，000 马克。同时期内失业人数减少了 36 万人，就业人数的增长数字更大。

今天，根据已有的统计，我们知道并不是朝鲜战争使我们的经济继续前进，或者加快了其前进的速度；恰恰相反，朝鲜战争时期的繁荣带给德国经济政策的困难，多于它带来的帮助。

有一点必须记住，朝鲜战争曾使对消费者有利的时期中断过。1949 年 1 月到 1950 年 9 月生活费指数从 168 下降到 148（1936 年 = 100），而同时收入都有上升趋势。但 1950 年 9 月朝鲜战争爆发，全世界受到自 1939 年以来最为沉重的打击。此时正值德国经济政策已为进一步扩展铺平道路之时，这样一来，德国经济趋向进一步健全和自然的发展深深地受到了干扰。

# 第三章　克服了朝鲜危机

随着朝鲜战争而来的惶惑不安情绪，使需求大大增加。居然有人认为消费者不会对此有所反应，这种观点事实上被证明是错误的。但从积极的方面来看，必须指出，自从货币改革以来，投资数量已相当可观；虽然缺乏适当的资本市场，其中大部分的投资未免是太浪费了。在这个问题上，道德方面的评价与合理的经济判断可能有所不同。在朝鲜战争的最初五个月内，需求的增长使生产指数从1950年6月的107.6上涨到11月的133.3。同时期内，主要工业原料的物价指数从218上涨到265，工业品指数从178上涨到195（1938年=100）。尽管这些动荡不安的事件使物价有所上涨，但在西德，由于生产灵活性强，物价上涨还没有其他西方国家那样显著。

不幸的是，消费者也不得不在这次物价上涨中受到损失。生活费指数从1950年9月的最低值148上涨到年底的151，1951年年底又上涨到170（1938年=100）。世界市场上的物价上涨以及消费者与买主的惶恐心理在这些指数中全都反映出来了。

很少人能相信消费者的自由（这是我认为最基本的自由之一）会经得起这次危机的打击。我曾于1952年2月6日在苏黎世讲过以下一段话以回顾这件事：

“德国人吃过通货膨胀的苦，因此对朝鲜危机这样的事反应特别敏感，这是不言而喻的。换句话说，所有人都有些乱了阵脚。有些人不问情由，不管价格，一味买进原料。在德国这样一个缺乏原料的国家里，这是可以理解的。另一方面，我们也应当看到，所有经历过这种悲惨事件的消费者，都在担心他们明天所需要的是否能得到满足，或者明天是否会恢复计划经济与物资配给制。因此，德国人宁愿今天购买劣质的高价商品，也不愿明天什么都买不到。这样的状况都是在金融及外汇受到限制的情况下产生的。”

## 波恩的困难

当时德国确实有困难。有许多情况和1948年年末相似。市场经济的敌人同诡辩者勾结起来。即使那些对经济学有经验的人，也认为恢复计划经济是不可避免的了。至于处在反对党地位的社会民主党人更加千方百计地破坏经济政策，那就更是不足为奇了。但是市场经济政策在政府和联合阵线的内部也只受到局部的支持，有时还要受到种种公开的或幕后的反对——这种情况都是严重而危险的。

1951年政府和联合阵线内部产生了严重不团结的不良现象，因此，行动愈来愈迟缓；只是由于市场经济的优越性，自由经济制度才度过了这段困难时期。如果现在回忆当时讨论的详情，那就太烦琐了。不过那些讨论为什么会使行动瘫痪，会使有些困难不必要地加深，会使问题的解决也推迟，是应该被记住的。

经济部长需要同多少种不同的意见进行对抗！有的人说，财政部长希望沿用英国的购货税；有的人提议指派一个特别委员会专门管理外汇，来限制经济部长的职权；也有人提议成立一个以恩斯特博士为首的特别经济内阁；到 1951 年年底，又有人建议成立高等经济部——如果真能成立的话，联邦经济部就等同于被人判定为无能。

在这种情况下，要把合理的见解付诸实施，就愈来愈困难了。因此，我所提出的计划，即通过调整价格来摆脱主要原料供应方面的瓶颈状态，遭到了失败。我的另一个建议是援助主要原料工业，并以“恢复储蓄”的名义来积聚存货，以便日后根据工业投资援助法案而获得援助；这一建议被延搁达数月之久。以上法案终于在 1951 年 12 月 31 日由联邦议院通过。除了这些困难以外，还有来自美国方面的干涉。美国减少了马歇尔计划拨款，反对德国以合适的创始人身份参加当时成立的欧洲支付同盟，并一再延搁极需要解冻的补偿基金。有人还发表特殊声明——驻德经济合作管理局局长将德国税收制度描绘成“世界上最反社会的制度”。此外，美国也经常施加压力要采取管制办法，使德国只能获得供应不多的原料。

为了最重要的原料——煤——供应不足的问题，我们每天都要同国际鲁尔管理机构展开斗争。我们同样也要经受与德国工会联盟最激烈的各种争吵。工会联合委员会犹豫了几个月之后，最后决定在一切经济政策的讨论中停止合作。

这类例子可列举许多；同样的事件还在不断发生，这种情况一直延续到 1952 年年初——到那时，就是最无知的人也明了市场经济必须继续执行下去。这种转变明显地表现在两桩特殊事件上。1951 年年末，西德在欧洲支付同盟内再也不会有超过入超限额的危险了；与此相反，西德第一次在支付同盟内变为债权国。与此同时，物价也稳定了。

这一段多事时期的情况，在我当时所有的演说中都有反映：

> “由于我在西德遵守了经济秩序的法则和健全的常识，人们便要求我马上冻结物价或者提出辞职。我可既不辞职又不下令冻结物价。那些反对我的社会主义者是从政党的立场来看待当今的情况，因此我并不能对他们加以指责。但更糟糕的是，甚至有些好朋友竟会那样错误地认为我的经济政策将使西德蒙受灾难。我曾分辩说，我们应该保持冷静，看一段时期再说，事实也证明了这句话是对的。”

上述对当时事件的回顾，可以说明保持镇静确属必要。上面曾提到过，1950 年下半年开始的消费浪潮，于 1951 年春引起了“商品周转的巨大增长”。例如，一年之内鞋子销售量增加了 90%。西德经济制度良好的执行情况，以及市场经济制度怎样实现它的价值，都表现在零售业的营业趋势中。以衣着和家用亚麻布为例，零售额的上升情况如下：

**朝鲜战争繁荣期内商品周转增长情况**

| | | | |
|---|---|---|---|
| 1949 年上半年 | 86 | 1949 年下半年 | 114 |
| 1950 年上半年 | 109 | 1950 年下半年 | 152 |
| 1951 年上半年 | 136 | 1951 年下半年 | 157 |

许多因素刺激了这种心理。朝鲜战争前几个月内的物价下跌使生产者和一般公众都谨慎小心地对待他们的存货方针。那时，世界市场已经开始了暴涨暴跌的风潮。这次暴涨暴跌的程度通过比较朝鲜战争前的正常水平和战后1951年的平均水平就可得知。下列表格列出了几种主要国际贸易商品价格上涨的情况。

**外贸商品价格的显著上涨**

| | |
|---|---|
| 水银(每瓶)纽约价格 | 71升至210.25 |
| 橡胶(每磅)纽约价格 | 17.60升至60.64 |
| 羊毛(每磅)纽约价格 | 130.8升至220.8 |
| 铅伦敦价格 | 97升至162 |
| 生铁纽约价格 | 49.9升至57.0 |
| 路透社公布英国商品行情指数(1931年9月18日=100) | 465.3升至605.9 |
| 美国穆迪指数(1931年12月31日=100) | 346升至488.6 |
| 国际大宗商品指数(1936年=100) | 225升至312.9 |

资料来源:柏林银行,1956年2月。

依然在复兴过程中的西德工业不久就达到其生产力的限度。自从货币改革以来,以不同的动机从不同来源积累起来的钱财都被投入使用,这是它在此过程中所起的重要作用。尤其重要的是,从前迫切需要用来刺激经济的措施恰巧在这个时期开始起作用。1950年4月23日,旨在削减税收的所得税法案(其本身是值得欢迎的)终于由占领军方面批准,但当时的经济和政治气氛与提出此法案时的气氛已迥然不同。为叙述完整起见,必须指出,消费者的购买劲头不仅是由于动用了日常的收入,同时也因动用了过去几年中积蓄起来的储蓄存款,这些存款目前完全用在消费上。有好几个月的储蓄存款几乎停止了增长。

# 生产增长引起瓶颈状态

生产数字反映了这种狂热的发展情况：生产总指数 1950 年 6 月为 107.6，一年之内上升到 130.9，1951 年 11 月甚至上升到这年的最高峰 147.8（1936 年 = 100）。生产品部门在朝鲜战争繁荣期中所受的刺激最大，正如生产品指数所表示的，从 108.4 一直上升到 164.1。消费品部门，由于顾客抱着观望态度，1950 年上半年略为受挫，形成真正的停滞状态。但这方面的生产指数于 1950 年 6 月到 1951 年 11 月期间，也从 101.9 上升为 148.4。

这种暴风雨式的发展自然会引起瓶颈状态，这种瓶颈状态会加深一般民众的恐慌心理，同时也会阻碍经济的发展。这种所谓的瓶颈状态在那些产能极速提升并由于自然或结构的限制而难以再进一步发展的产业中表现得极为明显。

自 1945 年崩溃以来，由于努力的结果，西德的煤气量大大增加。货币改革的当天，工业生产总指数为 1936 年的 51%；煤产量由于受到鼓励，保持了 1936 年的 76.4%。然而早在 1950 年 6 月，煤产量已落后于一般生产。虽然在 1950 年年底前，煤产量又上升了 15%，但与一般生产之间的差距还是在加大。钢铁产量的情况也是如此。

这难道真是市场经济的缺点吗？难道可以为主张放弃自由经济制辩解吗？我曾在 1951 年 12 月 31 日出版的《商报》月刊上对这些问题做了明确的答复：

> “提到失败，人们总是把那些恰恰属于计划经济和政府管制的缺点归咎于市场经济，因为市场经济至今还不得不保留一些管制的残余。大家都对原材料产业遇到的瓶颈感到恼火，可是对于这些基本工业中的官僚主义已很猖獗这一事实，大家倒又不作声了。就是在这些工业中，市场的作用，尤其是自由调整价格的作用，已被完全隔绝。”

当然，瓶颈状态由不得我们袖手旁观。上面已经提及，由于多方面的阻力，物价的彻底革新遭到了失败。但是首先我们应当铭记，1952 年 1 月 7 日颁布的《工业投资援助法》是经过多少的困难才诞生的：经过长达数月的争吵，联邦议会终于在 1951 年 12 月 31 日才通过这项法案。（1951 年 7 月 12 日，该项法案的提出曾在议会引发激烈的争吵，当时议会拒绝在暑季假期前出台该部法律。而我们的联邦总理当即震慑性地表示：那就中止暑季假期。）尽管后来这部法案也因此受到多方支持，但事实上，这归根到底是一种要通过自力更生而渡过困境的不平凡尝试。这种尝试给人以主人翁姿态，同时也将获得经济史上史无前例的合理的尊重与认可。在该法案的履行过程中，处于极大困难中的基础工业得到了不少于 10 亿马克的贷款，其分配情况如下：

| | |
|---|---|
| 钢铁工业 | 29,600 万马克 |
| 采煤工业 | 22,800 万马克 |
| 电力工业 | 24,200 万马克 |
| 供水工业 | 7,700 万马克 |
| 联邦铁路 | 5,000 万马克 |

这种援助使总额47,450亿马克的投资计划得以完成。除了这些投资援助法案下的贷款以外，尚有从相关工业的保留下来的收入拨来的22,270亿马克，以及15,180亿马克的其他贷款。

## 再次出现贸易逆差

世界市场的物价上涨以及必然上涨并亟待满足的需求一起导致进口大大增加。而且，欧洲经济合作组织各会员国于1950年9月1日达成自由化协议，将进口额提高到60%，但却依旧无法完全满足需求。商业性国际收支逐步恶化——1950年下半年出现了5,350亿马克的逆差。国际支付总额更为不利——早在欧洲支付同盟成立的最初四个月时候的德国名下的320,000,000美元贷款限额，全部被用尽。

然而这种进口的增长，可以理解为对市场经济起了一种保护作用，因为在当时情况下，竭力设法增加货源是非常重要的。因此，可以公正地说：跟德国国内计划经济学家（即企图推翻经济自由的人）进行斗争的同时，也在跟欧洲支付同盟进行斗争，使其暂时接受德国对外贸易的逆差，并深信以后这种情况是会彻底改变的。

在当时经济部采取的或支持的各项措施中，我们应当使用在政治上可被允许的手段来减少进口，并把这列为第一要务。当时进口许可受到限制，尤其是规定进口方面必须提供等于所进口商品外币额一半的马克现款保证金。私人对外贸易银行签发进口许可的权力，均移交给各州的中央银行。1951年2月21日，由于朝鲜战争的困难所引起的需求进一步大量增长，欧洲支付同盟下的进口自由化步骤不得不暂时停止。此外，我们也采取了一些货币方面的措施。例如1950年10月1日最低存款准备金限额平均提高50%；银行承兑票据的再贴现权力只限于某些机构（1950年10月31日）；贴现率从4%提高到6%，抵押透支率从5%增加到7%（1950年11月27日）——这些措施都是与政治家的意愿相抵触的。1950年11月1日又责成各州的中央银行将其许给商业银行的贴现额削减了10%。

然而外汇情况依旧危急。即使从欧洲支付同盟那里获得的120,000,000美元的额外贷款，也不能马上扭转这一逆差情况。推迟执行自由化以后，极度恶化的逆差危机成功地被扭转过来——不过是凭着严格管理进口限制的办法实现的。德国联邦银行在联邦经济部的完全同意下，继续贯彻其紧缩限制的方针。1951年年初，贷款方面的限制又进一步加强。1951年1月，规定所有商业银行今后不准增加短期贷款；1951年2月28日，又进一步要求将短期贷款减为10亿马克左右。

除了做出上述这些努力以外，还采取了其他一些措施。在联邦经济部内设立了一个原料专门管理局。凤凰有限公司总经理奥托·弗里德里希先生接手联邦政府原料顾问的职位并在后来同时出任联邦商品运输部门的领导职位。1951年年初，通过所谓经济安全法案，授权政府得以干预商品的生产和分配。不过根据该项法案所进行的干预保持在适当限度之内。从统计上来看，这种干预主要限制在基本工业领域，例如金属业、废料处理或建筑业。所以采取这些措施主要是由于美国人的压力，因为美国人只愿在政

“应该怎么办？自由市场经济必须存活下去……不过先得杀了我。”路德维希·艾哈德在他1951年2月8日的讲话中说。

（承蒙《汉诺威新闻》特许使用，绘画：Peter Leger）

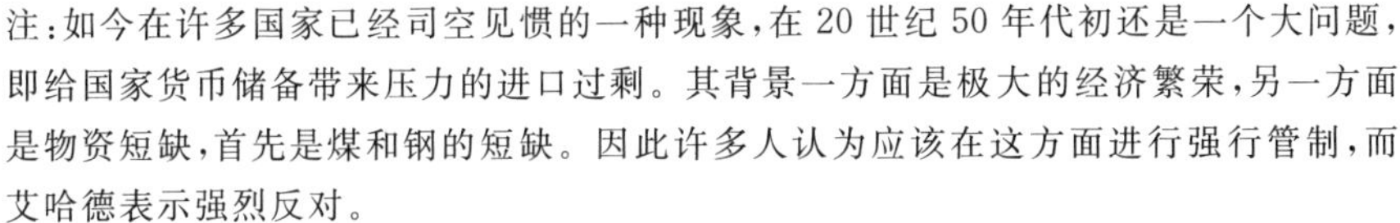

注：如今在许多国家已经司空见惯的一种现象，在20世纪50年代初还是一个大问题，即给国家货币储备带来压力的进口过剩。其背景一方面是极大的经济繁荣，另一方面是物资短缺，首先是煤和钢的短缺。因此许多人认为应该在这方面进行强行管制，而艾哈德表示强烈反对。

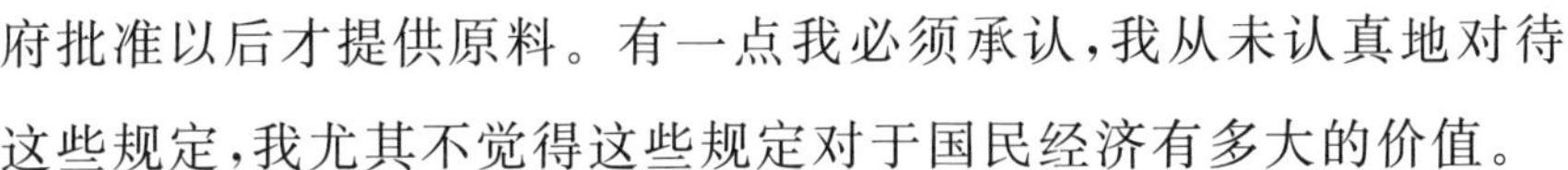

府批准以后才提供原料。有一点我必须承认，我从未认真地对待这些规定，我尤其不觉得这些规定对于国民经济有多大的价值。

## 重整军备而不导致通货膨胀？

朝鲜战争使西德第一次产生了重整军备的念头。这是一个重要的时刻，我们必须回忆一下当时的第一反应。从一开始，我觉得最重要的事就是，我们必须避免通货膨胀。因此，我反对一种广泛流传的观念，即认为任何与重整军备有关的事情都意味着通货膨胀。1950年9月15日我曾说过：

"也许到后来有必要采取某些指导措施，但是这些措施必须使市场经济不受到干扰或危害。目前威胁着我们的最大危险来自其他方面，这是我预先肯定地看到了的。如果政府不得不为西德参加保卫欧洲工作而支出一笔巨款，那么某些人，甚至某些党派，一定会认为这笔钱不能从预算中支付，而必须采取某些方法来动用中央银行的贷款。虽然不至于抄袭'mefo'①汇票或无限期延长支付国库券的办法，但基本上这类手法产生的后果是相同的，也就是通货膨胀的开始。"

1950年10月22日在戈斯拉尔举行的基督教民主联盟会议上（当时处于朝鲜战争繁荣时期的高峰），我得到了一个适当的机会公开谈论当前的问题。当时舆论好像一致认为西德已濒于毁灭。欧洲经济合作组织的主席，荷兰外长斯特里克博士曾这样说过："欧洲正面临着西德的破产。"联邦政府经过"四个月内的大量进口"已经耗尽了欧洲经济合作组织下的320,000,000美元贷款。因此，西德的前途非常渺茫；跟第一次世界大战后相似的通货膨胀已迫在眉睫。

国内反对派已与国外批评家沆瀣一气——前者希望我垮台，后者期待德国破产。以下是我向基督教民主联盟提出的一种

① 沙赫特博士曾发行过一种"冶金研究机构"（metallurgische Forschungsanstalt）汇票，用于筹集重整军备的费用。

看法：

“经济制度与经济进展，并无绝对法则。因此，社会主义者最近提出的每次物价上涨必须相应地提高工资予以补偿的要求是错误的。我们相信，随着生产力的不断提高，物价下跌可以跟工资增长同样能够保证市场经济的优越性。保卫市场经济固然不是一种教条，但是对德国人民来说，这是一条重要的规律。为此，德国联邦政府根据今后三四个月内的外汇供应情况，制订了一个大量进口的计划，保证充分供应食物与原料，使德国人民的营养、就业与生产都有保障。联邦政府完全能理解到这一事实：必须动员一切力量来实现这个计划。也唯有采取大胆的政策才能应付这种处境。”

## 镇静——并无危机

物价一天天上涨，对外贸易收支状况日趋恶化，而我处于这种环境下说出以上这段话，完全是对市场经济正确性的信心。情况依然如故，数月之后才有明显的好转，因而这种好转也分外坚实和持久。

1950年的对外贸易收支逆差，每月平均有250,000,000马克，甚至到1951年第一季度还未出现显著的改善。趋势的改变在第二季度内才开始，有了350,000,000马克的顺差。这是一个转折点，在对外贸易方面充当了收支永远顺差的开端。

由此，1950年成为市场经济短短历史中最令人兴奋的一年。

在1951年以后的数月中，大家越来越认识到所有的困难已经成功地克服了。卓越的政治经济学家知道我们已经“越过了高山”。然而，为市场经济所做的斗争以及为经济部长地位所做的斗争却在1951年内才达到顶峰。那时人们在波恩可以听到这样的说法：无法对经济政策或它的领导人进行手术了——直接切除算了！

这一年结束了朝鲜战争的繁荣期，开始走上衰退期；随之而来的是，这一年对一个重大问题做出了第一个回答。这个问题是：经济趋势盛衰的交替是否可以避免？或者是，现代市场经济能否克服这个周期性？

经济发展并没有受到影响，在许多部门中，供求情况反而更为平衡。1950年秋季以后，物价普遍上涨；到1951年的下半年，则明显回落。这次物价回落首先影响了各种原料，后来在1951年年末与1952年年初之间，还影响了生活成本，例如，衣着的生活费指数从1951年5月的212降到年末前的205（1938年=100）。



在生产方面，这种变化也很明显。1950年下半年消费品工业上升了40%左右。在12月一向要下降的这一次也证明是一个转折点。指数从1950年11月的顶峰141.0下降到1951年7月的112.6。但生产量仍然比上年同期高15%。人们再也不能把它说成是一个危机，除非他希望把朝鲜战争繁荣期的病态上升当作是正常情况。

1951年年末，经济积极复苏，将生产指数推到150，高于上一次的顶峰。这样，担忧的问题更少了。以后的几个月里，又略有回落，这种情况一直延续到1952年年中为止。然而，各项指数一般都能证明，朝鲜战争在消费品方面带来的病态繁荣，已在1950年和 1951 年的交替期间宣告结束——这和当时的一般看法恰巧相反。

正在这时候，在我们的经济中出现了一种惊人的新趋势。直至 1950 年年底，投资和消费品生产的复原才看似明显地并驾齐驱。此后，却又产生了一个明显的对比。投资热度依然未变；这方面的指数从 1950 年 11 月的 141.3 上升到次年 11 月的 164.1，在 1952 年内几乎又不断地往上升。这样发展的结果，使工业生产指数比消费品生产指数高出 30。

这种不同的发展（除在 1953 年年末短期内中断外）在次年全年内依旧继续下去。尽管许多人担心危机即将来临，但是根据生产总指数所明确表示的，绝无危机的可能。当时生产总指数的趋势如下：

**工业生产总指数**（1936 年 = 100）

| | | | |
|---|---|---|---|
| 1950 年上半年 | 99.7 | 1950 年下半年 | 121.7 |
| 1951 年上半年 | 127.7 | 1951 年下半年 | 134.3 |
| 1952 年上半年 | 133.4 | 1952 年下半年 | 145.3 |

前面已经说过，朝鲜战争带来的消费品方面的繁荣，已在 1950 年年末结束，至于投资商品方面的订单积压还持续了一段时期。这种战时繁荣的延续因而使煤与钢两方面的瓶颈状况也继续了一段时期。由于这些结构条件的变化，美国煤的进口就变成愈来越重要的问题。

不光是因为西德有出口煤的传统义务，而且也因为国际鲁尔管理局在朝鲜战争时期的固执态度，煤供应方面的瓶颈状态愈益明显。各类煤（块煤、褐煤、无烟煤、焦炭和煤砖）的进口因而从

1950 年的 530 万吨上升到次年的 1,040 万吨,结果使同时期的出超从 2,010 万吨下降到 1,440 万吨。以下的总览表显示了这种发展趋势。

**与煤相关的对外贸易**(单位:百万吨)

| | 1949 年 | 1950 年 | 1951 年 | 1952 年 | 1953 年 | 1954 年 | 1955 年 | 1956 年* |
|---|---|---|---|---|---|---|---|---|
| 出口 | 22.4 | 25.4 | 24.8 | 24.5 | 24.5 | 28.2 | 25.8 | 24.6 |
| 进口 | 5.4 | 5.3 | 10.4 | 12.8 | 10.4 | 9.5 | 17.4 | 20.9 |
| 出超 | 17.0 | 20.1 | 14.4 | 11.7 | 14.1 | 18.7 | 8.4 | 3.6 |

*1956 年的数据为暂时估算。

资料来源:德国联邦工商局(现在的德国联邦经济与出口控制局),埃森代表处。

这一时期内的经济活跃情况在就业数字上也得到了反映。全年平均就业数字从 1950 年的 1,383 万人上升到 1951 年的 1,456 万人,1952 年又上升到 1,500 万。就业人数短时期内就增加了 120 万人,这个数字比失业统计数字更能确切地表明经济上升的趋势。就业人数不断由新来到的劳动力补充进去,这些新的劳动力除了引起一些临时问题外,它是西德生产潜力的一个最不平凡的根源。尤其在繁荣期的后来几年,事实证明没有这种值得欢迎的支援,是很难实现我的经济进一步增长的愿望的。就在这三年的时期内,平均失业人数从 1950 年的 158 万下降到 1952 年的 138 万。

## 恢复自由化

尽管经济显著地降温了,金融和信贷的管制措施仍然持续了一段时期。但那时还不需要采取经济增长政策，因为那时的物价并无任何明显下跌的迹象。某些部门中较低的物价还不足以抵消繁荣时期遗留下来的涨价。

当时经济政策的某些措施该在这里提一提：

1.财政政策方面。1951 年年末，通过提高公司税与营业税，以及取消所得税方面的主要特许，税收压力增加了。单单一项所得税法的改变，就使税收负担增加了 10 亿马克左右。

2.货币政策方面。起初对紧缩的信贷只是稍微放松了一点，直到 1951 年 10 月才实行决定性的放宽政策。原来规定进口必须提供货款 50%的现金保证，1950 年 12 月末降为 25%，实际上已失去其重要性，到 1951 年年底则彻底取消了这种保证金。

3.尤其重要的一桩事是，从 1952 年 1 月起，对欧洲经济合作组织内的会员国重新逐步实施进口自由化的政策。1952 年 1 月初第一次公布自由进口的货物单，占欧洲经济合作组织各国进口的 57%(以有关 1949 年的进口值计算)。从 1952 年 4 月 1 日起，自由进口的货物已增加到全部进口的 77%。



4.银行最低存款准备金最初在 1952 年 5 月 29 日降低了 1%，后来又再度降低。德国联邦银行在此期间的贷款政策更具有选择性。例如，对某些银行采取再贴现限额政策，并且更明确地规定了贷款政策的方针，以便从 1951 年秋季起恢复实施公开市场政策。

在这些复杂而有生气的事件发生的同时，生产与货物周转又有新的发展，并且工资和薪金也有巨大的增长。正如 1949 年一样，1951 年也具有实际工资急剧上涨的特点。这一年产业工人每小时毛收入增加了 14%，每星期毛收入增加 13.3%。同 1949 年相比，工资率上涨的一部分被物价上升所抵消，因此1951年的工资纯收入，实际上仅增长了5.4%，而1949年的纯收入却增长了20.5%。这两个数字显然说明了这条真理：工资率增长超过了生产率增长不仅是不合理的，而且是有害的；因此，保持物价稳定，对大众消费者最为有利。

## 理想的三位一体

在1951年年末和1952年年初之间，朝鲜战争繁荣期终于结束。这正是社会市场经济第三阶段的末尾（就是这种经济制度的试验时期与巩固阶段）。但事态的进展使我们觉察到这种经济制度的弱点所在。下一个时期包括1952年、1953年和1954年的一部分，将出现一个强有力的繁荣时期。

第四阶段的特征是什么？现代市场经济学家认定为理想的三位一体，就在这个时期诞生了。生产与生产率的增长随着名义工资的增长，以及由于低廉而稳定的物价所造成的进一步繁荣，使各方面都受益不浅。这种可喜的三位一体所带来的社会调和，决定了1953年9月6日经济部长所属的党派在选举中的彻底胜利，这一点是无可否认的。在这种情况下，我曾说过：

> "我们的经济政策为消费者服务。只有消费者才是我们一切经济活动的度量员与裁判员。这种社会市场经济政策已向全世界证实：生产者的自由竞争、消费者的自由选购，以及个性的自由发展等原则，比任何形式的国家指导或国家管制

更能保证经济与社会的进步。”

1952年与1953年期间，工业生产的特点是稳步上升（通常的季节变化除外）。从1952年2月的最低点128.6开始，11月便到达顶峰160.8（1936年=100）。1953年1月季节性下降为134.0，但发展趋势并未扭转。1953年11月生产到达175.6。1954年的特点是上升得特别迅速，这一年11月的生产为1936年与1950年春季的两倍。

无可争辩，这种大幅度的上升是西德经济制度潜力的证明，也是西德实行了积极的经济政策的证明，以及西德各阶层人民始终努力不懈的证明。由于生产量增长到战前的两倍还不止，所以这种说法就更为公正。与各国工业生产相比较，西德所遇到的困难虽多，但是西德经济发展的速度却几乎超过了所有的其他国家，这是无可否认的。即便不以战后初期西德经济百废待兴之时算起，而以1950年来做比较，上述说法依然正确。即使在1950年前，西德已远远超过了战前的水平（1950年的指数为1936年的110.9%）。

**工业总生产的国际比较**（1950年=100）

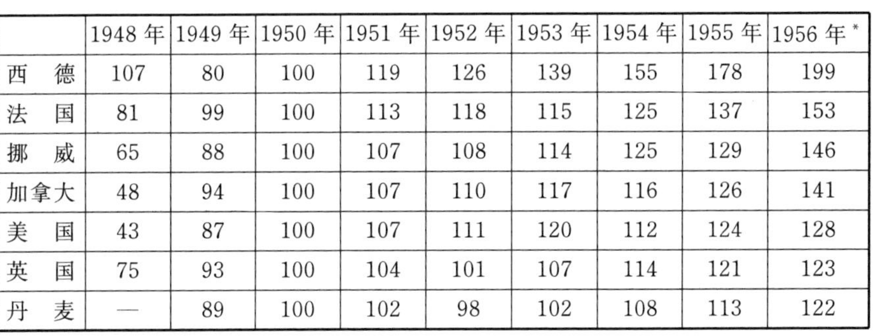

| | 1948年 | 1949年 | 1950年 | 1951年 | 1952年 | 1953年 | 1954年 | 1955年 | 1956年* |
|---|---|---|---|---|---|---|---|---|---|
| 西　德 | 107 | 80 | 100 | 119 | 126 | 139 | 155 | 178 | 199 |
| 法　国 | 81 | 99 | 100 | 113 | 118 | 115 | 125 | 137 | 153 |
| 挪　威 | 65 | 88 | 100 | 107 | 108 | 114 | 125 | 129 | 146 |
| 加拿大 | 48 | 94 | 100 | 107 | 110 | 117 | 116 | 126 | 141 |
| 美　国 | 43 | 87 | 100 | 107 | 111 | 120 | 112 | 124 | 128 |
| 英　国 | 75 | 93 | 100 | 104 | 101 | 107 | 114 | 121 | 123 |
| 丹　麦 | — | 89 | 100 | 102 | 98 | 102 | 108 | 113 | 122 |

* 1956年9月。

资料来源：联邦统计局。

在这整体进步的背后，隐藏的是以这两年为典型的有益于国民经济发展的以发展消费品工业为重点的发展趋势——由于这种变化，完全可以把 1953 年称为“消费者的一年”。

前面已经说明，过去几年内投资品工业与消费品工业的路线有了分歧。1952 年 7 月消费品工业生产降到 111.5（投资品为 155.6），使消费者和经济学家都感到不安。其实这次低潮倒是变化的开端——它不是偶然的，而是审慎考虑的结果。消费品的大量增加把 1952 年 11 月的指数提高到 164.5，1953 年 11 月又提高到 180.4；这样就追上了投资品生产的水平。

## 国民收入在增长



只在十八个月的时间内生产量就增加了 60%，它在国民收入的改善中找到了出路。通过均衡负担法，公务人员和雇员的薪水提高了，工资和养老金也随着有所增加。此外，1953 年 6 月 24 日的限制税收改革使缴税额平均降低了 15%左右。

物价下跌过程中，市场显得特别活跃。在二十年之中，商业的全面扩展第一次取得成功。大众购货的踊跃不仅表现在惯常用的消费品销售额的不断增加上，而且特别表现在耐用商品需求量的上升上。人们要求更高的生活水平（从各方面看来，旅行人次的不断增加最为突出）是无可置疑，同时也是比较现实的了。

朝鲜战争以后，西德人民的经济情况怎样呢？

1951 年年末到 1954 年年中，将近 200 万人找到了固定的职业。同时，失业人数从 1951 年 10 月季节性低点的 1,214,000 人下降到 1954 年 10 月季节性低点的 820,900 人。所有产业工人的每周毛收入从 1951 年平均数 68.52 马克增加到次年的 74.00 马克,1954 年又增加到 80.99 马克。

1951 年的物价指数虽然受了朝鲜战事的影响而比上年度增加了 7.7%,接着还是出现了一个可喜的稳定状态。1952 年物价指数又上升了 1.8%,但 1953 年却下跌了 1.8%。这些平均数字包含了各种升降情况。例如,衣着指数从 1951 年的 111 下跌到 1953 年的 98,次年又跌到 97。

前面已经说过,投资的趋势之所以缓慢下来,是由于这样一个事实:理性投资的认识代替了扩充设备的决心。政局的动荡、欧洲煤钢联营的计划多变以及欧洲防御集团的命运变幻莫测,使工业上的进取心显得减退了。但投资品工业却得到了投资援助法案的许多帮助,较高的物价也对资金自给的基本工业提供了方便。在 1950—1953 年间,每吨煤的产地价格从 32.92 马克上涨到 52.08 马克,每吨钢条的基本价格也从 227.35 马克上涨到 400.62 马克。

这些商品价格的上涨反映出的是:有必要将基本工业从政府管制的束缚中解放出来,并使它按市场情况制定价格。

建筑业也对 1952—1953 年间的一般经济增长做出了可观的贡献。房屋建筑法案的第一部分放宽财政扶持政策对此也起到了重大帮助。1952—1953 年间,建成房屋数从 443,000 户增加到 518,000 户。但有一点必须指出,在 1953 年中期有 1/10 的雇佣劳动力从事于房屋建筑。

这几年内,建筑业担负起责任,为千百万的难民和受炸后无家可归的人们提供适当的住所。建成房屋由 1949 年的 215,000 户增加到1951年的410,000户。从1953年起,每年完工的房屋数达50多万户。过去三年中,每年建设新住房54万多户。与1929年仅建设了197,000户新住房相比,大不相同。1954年以来,每年财政支出大致为90亿—110亿马克,政府拨款约占30%,而资本市场提供40%—50%。

经济蓬勃发展、欣欣向荣的情况也在对外贸易数字中得到反映。在1949年和1950年两年内,进出口逆差有30亿马克之多,似乎已"不可救药",但是到1951年逆差已下降到1.49亿马克。1952年,经济趋势甚至朝"积极"一面扭转,当年贸易顺差高达7.059亿马克。

经过几个月的仔细讨论之后,在国际收支方面长期改善的时期开始了。1953年顺差达25亿马克。这完全不是限制进口的缘故。进口仍然在大量增加,从1950年的113.7亿马克增加到1951年的147亿马克,1952年又增加到162亿马克。只有在1953年内进口量才真正地稳定下来。1954年又增加到193亿马克,1955年再增加到244.7亿马克,到1956年已增加到280亿马克。



从这种情况中产生了一个日益严重的问题,也是政治经济学家们亟待解决的一个问题:国际收支顺差将转化为现金。这在当时之所以未获得充分重视,完全是因为当时公共财政的预算剩余与资金冻结的作用相互抵消。

## 计划经济学家的错误

马歇尔计划在第四年内还提供了1.06亿美元的援助。1952

年 6 月 30 日马歇尔计划宣告结束，美援改由共同安全局接管。该局在以后两年内（到 1954 年 6 月 30 日止）给予我 9,860 万美元。一开始我就说过，我对一切经济预测持怀疑态度，并从不相信经济的运行能纳入计划中加以确定。

马歇尔计划的结束是对所谓长期计划做全面检查的一个适当的机会。这个原始计划（长期计划）曾在 1949 年年初的经济政策的讨论中起过重要的作用，它是 1952 年以前的经济和财政发展的基础。计划的指标，是在美国和德国当局的全力合作下制订出来的，那时主张计划经济的德国专家们都认为它订得太高。这种悲观主义的态度怎样被事实所完全否定，可以列举一些例子加以说明：

1.长期计划规定 1952—1953 年间的工业生产指标为 1936 年的 110%。实际上后来达到 145.5%。

2. 1952—1953 年的生活程度指标规定较 1936 年低 20%。事实上，1936 年私人消费平均每人为 768 马克，而 1952—1953 年为 827 马克（根据 1936 年物价计算）。

3.长期计划预计西德的出口贸易在马歇尔计划结束时为 28.18 亿美元左右。实际上，1952 年出口为 40.4 亿美元，1953 年为 44.2 亿美元。

4.这些计划的局限性在以下各点中表现得最为突出：计划规定，尽可能地使用一切手段来提高煤产量，因为一般生产的增长和煤的供应量有密切关系。基于这一点来看，就认为 1952—1953 年间煤的日产量必须为 425,000 吨。尽管所有其他经济部门的产量都大大超过了长期计划的指标，但煤的日产量却远远低于 408,000 吨。

**贴现率和抵押贷款利率发展情况**

| 开始有效日期 | | 贴现率 | 抵押贷款利率 |
|---|---|---|---|
| 1948 年 | 7 月 1 日 | 5 | 6 |
| | 9 月 1 日 | — | — |
| | 12 月 15 日 | — | — |
| 1949 年 | 5 月 27 日 | 4.5 | 5.5 |
| | 7 月 14 日 | 4 | 5 |
| 1950 年 | 10 月 27 日 | 6 | 7 |
| 1952 年 | 5 月 29 日 | 5 | 6 |
| | 8 月 21 日 | 4.5 | 5.5 |
| 1953 年 | 1 月 8 日 | 4 | 5 |
| | 6 月 11 日 | 3.5 | 4.5 |
| 1954 年 | 5 月 20 日 | 3 | 4 |
| | 7 月 1 日 | — | — |
| 1955 年 | 8 月 4 日 | 3.5 | 4.5 |
| 1956 年 | 3 月 8 日 | 4.5 | 5.5 |
| | 5 月 19 日 | 5.5 | 6.5 |
| | 9 月 19 日 | 4 | 5 |
| 1957 年 | 1 月 11 日 | 4.5 | 5.5 |

后来已平衡了的经济情况，使朝鲜战争时期所采取的各种管制进一步放松。1952 年 5 月 29 日贴现率从高峰 6% 降低了 1% 以后，先后又降低了四次，因此 1954 年 5 月 20 日的贴现率达到 3% 的水平——对西德的经济情况来说，是一个很低的水平。

这几个月中间，原来在朝鲜战争时期达到高峰的最低存款准备金限额也逐步降低。

## 向前突破

那些年，最重要的就是明确“整体经济景气”的优先地位，要宣传“向前突破”。以下是我于1953年4月末在汉诺威技术展览会开幕式上的一段讲话：

> “谣言说：生产上的落后状况已经扭转，消费已得到满足；我可不愿对这种说法做答辩。这是一种亵渎。但也不难体味出其中的用意。在过去一季度中，我就有这种感觉，那时我说过这么一句话：我们应当从人民的基本需要以及日常的要求出发。我们必须看到，西德的家庭，特别是工人阶级的家庭，将能够使用电冰箱、洗涤机、吸尘器之类的耐用性商品。
>
> 有人回答我说，领取养老金、抚恤金的人的收入能有多少，购买这些东西，他们连想都不敢去想。当然，消费的增加不是由这些人发动起来的。美国第一个坐汽车的人当然不是一贫如洗的穷人。但事情总是这样的：今天的奢侈品，就是明天普遍需要的商品，也是后天的日用品。
>
> 如果我们缺乏跟社会上的不满情绪做斗争的勇气，如果我们看到没有特殊功绩的一些人反而比其他人先用到新产品而忍不住气的话，那么我们将继续生活于人为的贫困之中。
>
> 如果我们不着手设法提高人民的生活水平，我们就将损害技术进步的基础。那时我们将脱离文明国家的行列。如果

我们有消费的勇气，我们就能踏上更幸福、更健康的发展道路。”

这是纯粹的理论呢，还是对未来的合理展望呢？以下统计资料可以对这一点加以证明：

**电冰箱的生产量**

| | 数量(个) | 百万马克 |
|---|---|---|
| 1949年 | 无统计数据 | 28 |
| 1950年 | | 40 |
| 1951年 | | 75 |
| 1952年 | 214,000 | 108 |
| 1953年 | 363,000 | 158 |
| 1954年 | 521,500 | 323 |
| 1955年 | 588,700 | 241 |
| 1956年* | 691,500 | 248 |

* 指第一季至第三季。

1953年10月17日在美因河畔法兰克福举行的第二届自行车与摩托车国际展览会上，我曾利用这个机会抨击那种经常听到的论调，那就是要用限制车辆行驶的办法来解决道路拥挤问题：

“我相信，个人如何使用钱财的这个问题，跟国家毫无关系——不必在这一点上进行任何道德方面的教育。每个人按照自己的见解行事，才会感到幸福。……我尤其相信，交通问题只能通过扩展才能得到解决；进一步机动化之后，有必要在道路建设以及开辟新交通线方面多做些事情。”

我说这段话的时候，摩托车以及轻型摩托车的生产已从1949年的143,800辆上升为1951年的290,800辆及1953年的524,400辆。我们在经济方面所期待的这种扩展，在汽车生产上更能说明问题。把雇主与工人作为汽车的买主来看，利己主义的态度已经暴露出来了。从1949年的104,055辆到本年度的850,000辆的数字来看，这方面的生产增长还要突出。

## 悲观主义在作祟

在1953年和1954年的交接期间，人们之间开始流传着繁荣行将结束的感觉，甚至有人担心说，西德经济的扩展能力正在缩减，并用巧妙的分析以辅证这一论断。我认为有必要驳斥这种说法：

"以任何种发展速度来比较，西德经济都走在其他欧洲国家经济的前面。决不能让这股势头慢下来；因此，有必要使经济上的推动力重新活跃起来，这些推动力就是投资的意愿和理性化的意愿，也就是不断增加新的消费乐趣的意愿。

逻辑上并无强使进步趋势缓和下来的理由，因为平均生活水平，尽管提高了不少，还不免停留在这样一个水平上，那就是生产尚未赶上消费，而消费需求也尚未饱和。

一切都依赖于生产的发展和改进，因为只有生产商品才能转化为国民收入，即购买力，而购买力又保证了商品的销售。"

我在另一个场合回顾了1954年时曾说过的话：

“正如以前所说的，如果说可以投资的资金、资本的需求和消费者的需要三者之间的适当比例关系，由于种种理由而不能事前予以计算，那么我认为，在目前情况下，宁愿保持高水平的消费，让资本市场出现紧张状态，也不要减少消费，把储蓄调整至适当水平，因为这样做势必会引起恐慌。”

# 第四章　控制繁荣

在 1954 年，凡是展望着未来的人们，都可以清楚地看到经济形势已向市场经济早期历史的第五阶段，即繁荣阶段过渡。这一阶段所提出的新任务仍然是不容易解决的。问题的关键点在于怎样才能有效地抵消繁荣期内通货过度膨胀的危险。

这项任务执行起来非常困难，以致许多人很容易片面地看问题，忘却了德国人民在经济生活和社会生活的各个方面都已取得了很大的进展。从 1956 年年中以来，衰退的威胁比较容易被控制。经济进展放缓可以说明比较稳步前进的过渡已有把握。

任务的第二部分是克服成本的轻度膨胀，这一点将在以后加以讨论。目前的问题是如何处理某些新产生的收入来源——它们将在第五阶段内出现。这些新的收入，在 1957 年以前不会完全起作用。我们必须吸收它，以免危及物价稳定。

我们从下一页的工业生产指数中可以清楚地看出在 1954 年年内全面过渡到繁荣的情况。

这些数字表明在 1954 年和 1955 年两年中间，获取投资收益的时机已经成熟。但是，投资品工业与消费品工业的进展在这个时期内是不平衡的。然而，谁都无法忽视这种繁荣的发展形势。

这一次繁荣最初受到人们的欢迎，因为那时还有劳动后备军

(在1954年第二季度内,失业人数为115万)。由于我看出经济扩张政策与提高生活水平之间有着密切关系,所以赞成这一次的发展:

"经济上的成就同时也是一切社会进展的基础和原因,也只有经济成就才能提供很大程度的经济稳定——这是无可否认的,因为在没有经济基础的地方,就是工会也要失去它的权力。首先要创造国民收入,然后才能谈到分配国民收入。"

**繁荣时期的生产情况**(1936年=100)

| | 1953年 | | 1954年 | | 1955年 | | 1956年 | |
|---|---|---|---|---|---|---|---|---|
| | 上半年 | 下半年 | 上半年 | 下半年 | 上半年 | 下半年 | 上半年 | 下半年 |
| 全部工业 | 145.6 | 161.5 | 162.1 | 181.2 | 187.9 | 206.9 | 207.3 | — |
| 投资品 | 167.6 | 178.4 | 193.6 | 215.1 | 242.2 | 261.1 | 274.5 | — |
| 基础工业 | 132.3 | 141.2 | 147.6 | 164.5 | 174.3 | 186.9 | 188.9 | — |
| 消费品 | 142.2 | 161.5 | 157.6 | 173.2 | 174.2 | 193.8 | 191.3 | — |

资料来源:联邦统计局。

在繁荣期的第一阶段中,消费品和投资品方面的进展并不一致,对此,我曾做过如下说明:

"几年来,明智者早就知道,劳动力就快要不足。有鉴于此,在过去两年中,要求扩大生产与现代化的压力,自然就特别强烈了。但消费绝不能落后。良好的经济政策应该将关注点更多放在各个经济部门都能从繁荣中得到利益上。然而,两个部门所得到的利益未必完全一样：经常总有一个部门比另一个部门获益更多。”

与上一年同时期相比较的统计数字给人的印象很深。

**工业生产增长的速度十二个月中增加的比率(%)**

| | 1953 年 | 1954 年 | 1955 年 | 1956 年 |
|---|---|---|---|---|
| 1 月 | +4.0 | +11.0 | +17.4 | +13.2 |
| 2 月 | +7.3 | +10.2 | +16.7 | +8.1 |
| 3 月 | +10.7 | +8.4 | +15.8 | +10.1 |
| 4 月 | +12.0 | +9.7 | +14.9 | +12.4 |
| 5 月 | +11.1 | +13.8 | +15.8 | +11.0 |
| 6 月 | +10.9 | +12.1 | +16.2 | +6.0 |
| 7 月 | +14.7 | +9.3 | +15.2 | +8.6 |
| 8 月 | +10.9 | +11.1 | +15.4 | +7.4 |
| 9 月 | +11.1 | +11.7 | +14.8 | +6.2 |
| 10 月 | +9.3 | +12.0 | +13.7 | +3.9 |
| 11 月 | +9.2 | +12.5 | +14.5 | +4.5 |
| 12 月 | +13.8 | +13.3 | +12.2 | +4.5* |

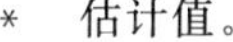
* 估计值。
资料来源：BWM 财务报告。

在 1954 年年中，我们已明显地走向长期的繁荣时期。这是主要根据订货趋势预测出来的。在 1954 年开头的六个月中，工业订货额超出 1953 年同期 23.6%。其中，基础工业增长得多一些，为 33.3%；投资品工业增长 27.8%；而消费品工业仅增长 6.6%。

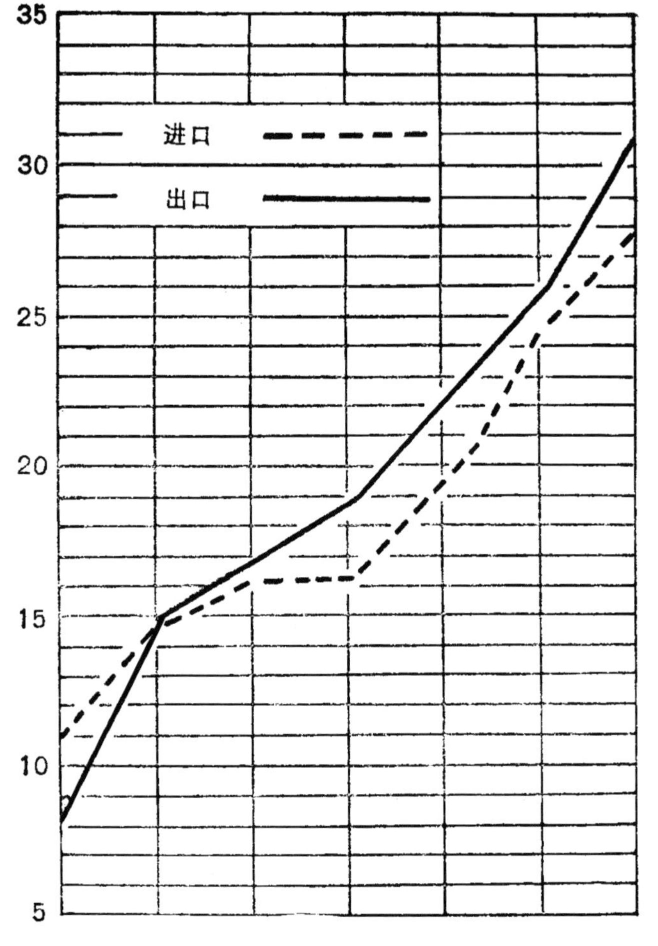


西德对外贸易(单位:十亿马克)

上图表示出口的增长异常显著。1950 年入超为 30 亿马克,到 1956 年一变而为出超 30 亿马克。



到 1954 年的下半年度,我们快到充分就业的时期了。这是从 20 世纪 30 年代的危机以来,政治家与经济学家认为最可取的目标。从 1954 年 6 月到同年 11 月的几个月中,失业人数第一次跌到 100 万人以下；一年后，即 1955 年 9 月 30 日，在就业人数为 1,800 万的同时，失业人数下降到 50 万以下。在许多行业和地区里都已达到充分就业。

1956 年的数字进一步证实了这些事实。那年 9 月的失业人数跌到 411,100 人，而就业人数上升到 1,810 万人。一年之内约有 80 万人找到了新职业，而且其中只有 1/10 是来自日益缩小的失业后备军。不由得人们不承认，这种成就即使在反对我们的阵营里，也能得到些认可。下面的表格说明了以上的观点。

**就业与失业人数**（单位：千人）

| | 就业 | 失业 | 总计 |
|---|---|---|---|
| 1948 年 6 月 30 日 | 13,468 | 451 | 13,919 |
| 1948 年 9 月 30 日 | 13,463 | 784 | 14,247 |
| 1949 年 9 月 30 日 | 13,604 | 1,314 | 14,918 |
| 1950 年 9 月 30 日 | 14,296 | 1,272 | 15,567 |
| 1951 年 9 月 30 日 | 14,885 | 1,235 | 16,120 |
| 1952 年 9 月 30 日 | 15,456 | 1,051 | 16,507 |
| 1953 年 9 月 30 日 | 16,044 | 941 | 16,985 |
| 1954 年 9 月 30 日 | 16,831 | 823 | 17,653 |
| 1955 年 9 月 30 日 | 17,807 | 495 | 18,302 |
| 1956 年 9 月 30 日 | 18,610 | 411 | 19,021 |

资料来源：BWM 财务报告。

劳动市场上的这种趋势证明，找到工作的人数，远远地超过了统计记载的失业数字。在过去七年中，失业数字减少了 90 万，而就业数字增加了 500 万。1956 年秋天，失业数字为可能就业数字的 2.2%(男子 1.4%,女子 3.6%)。

## 职工招聘人员在作祟

西德从所谓充分就业中产生出来的这种特殊问题,使所有取得的成就显得模糊了。因此,我在 1955 年 9 月 8 日那天,认为必须强调这一点:

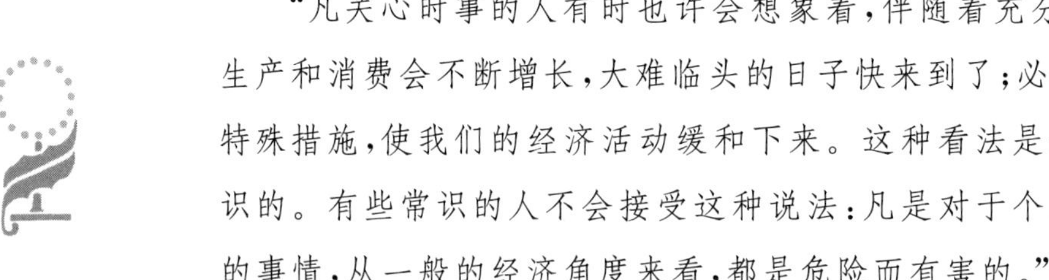

“凡关心时事的人有时也许会想象着,伴随着充分就业,生产和消费会不断增长,大难临头的日子快来到了;必须采取特殊措施,使我们的经济活动缓和下来。这种看法是违反常识的。有些常识的人不会接受这种说法:凡是对于个人有利的事情,从一般的经济角度来看,都是危险而有害的。”

这些新事件所造成的尴尬局面,终于把事情的真相弄清楚了。有些人认为可以用引诱工人的办法,去应付劳动市场改变所引起的后果。这种不适当的做法会破坏任何健全的工资政策,必须直截了当地说一说:

“工会曾经告诉我:‘请看看劳动市场内发生的事情,再问问你自己,当某一个行业的招聘人员走遍全国,从另一个行业拉走劳动力的时候,我们工会是不是还能贯彻一种负责的工资政策。’我并不反对职工自由选择职业和自由选择工作地点。但对于目前发生的事情,我只能说它是招聘人员在作祟,他们正从事于人口的买卖。

这些事件不但应在经济上受到谴责，而且应在道德上和社会上受到谴责。为采用这些办法而提出的任何辩解都是站不住脚的。”

这种劳动力不足的情况日益证明是经济上面临的最严重的问题：

“最好的办法，同时也是能产生良好的社会后果和经济后果的办法，只能从我们的经济增长中得来。因此，我们必须从实现现代化方面去努力。我们必须想尽办法，通过提高劳动生产率来提高生产力。”

作为经济部长，我必须注意到投资品生产方面的迅速增长过程，使它不发生困难；同时，我一直强调，必须加倍努力，必须通过现代化生产出更好的产品，从而提高人力的效率。我还着重指出过好几次，在充分就业的情况下，今天的企业投资就是明天工人的收益，这是无可争辩的事实。



我之所以对投资方面的繁荣景象表示疑虑，是因为估计经济潜力的错误和误解的迹象愈来愈多。所以我曾在1955年11月12日说过：

“目前已占国民收入27%的投资水平充分地证明，我们的经济显然面临着劳动力不足的问题。但也必须预先估计这一点，进一步增加投资会使有关的工业部门无从发挥它们的潜力，从而使繁荣的发展过于迅速，这种经济政策是不能被接受的。消费，像投资一样，也应受预算的指导。”

实际上，1955 年的投资额是很可观的，既可从生产的数字上，也可以从投资额在国民收入所占的比重中看出来。

**国民收入用途分配百分比**

| | 1936 年 | 1949 年 | 1950 年 | 1952 年 | 1954 年 | 1955 年 |
|---|---|---|---|---|---|---|
| 私人消费 | 60.5 | 65.2 | 63.8 | 56.1 | 56.1 | 56.1 |
| 政府消费 | 20.8 | 18.3 | 16.3 | 17.9 | 16.5 | 15.4 |
| 投资及外援 | 18.7 | 16.5 | 19.9 | 26.0 | 27.4 | 28.5 |
| 国民总收入 | 100 | 100 | 100 | 100 | 100 | 100 |

**国民收入用途分配百分比**(以 1936 年物价计算)

| | 1936 年 | 1949 年 | 1950 年 | 1952 年 | 1954 年 | 1955 年 |
|---|---|---|---|---|---|---|
| 私人消费 | 60.5 | 61.7 | 60.6 | 58.1 | 59.2 | 59.4 |
| 政府消费 | 20.8 | 22.0 | 19.1 | 19.3 | 17.4 | 16.2 |
| 投资及外援 | 18.7 | 16.3 | 20.3 | 22.6 | 23.4 | 24.4 |
| 国民总收入 | 100 | 100 | 100 | 100 | 100 | 100 |

资料来源:联邦统计局。

以 1936 年的价格为基准计算，1956 年上半年与 1955 年上半年相比，私人消费增长了 10.0%，投资增长了 9.2%，而政府支出减少了 3.9%。

如果从投资总额中尽可能提出工厂与设备的投资额，那么过去几年的趋势如下：

（单位：百万马克）

| | 1952 年 | 1953 年 | 1954 年 | 1955 年 |
|---|---|---|---|---|
| 以实际物价计 | 24,680 | 27,735 | 30,630 | 38,100 |
| 以 1936 年物价计 | 10,942 | 12,566 | 14,078 | 16,791 |

资料来源：联邦统计局。

## 工资与薪金的增长

这里表示的繁荣景象，在就业人口的，甚至在其他人口的收入趋势中反映出来了。产业工人每周毛收入与 1953 年相比，增加了 4.6%，与 1954 年相比，增加了 2.9%，在 1955 年又比上一年增加了 6.8%。这种趋势在 1956 年甚至发展得更为迅速，就以该年的三个季度，同前一年同期相比较，竟分别上涨 8.5%、8.9% 和 8.4%，不过生产力的增长并未跟上去。

工资方面的这种猛烈上涨（根据德国联邦银行的统计）意味着净工资与净薪金从 1954 年的 541 亿马克上涨到 1955 年的 609 亿马克。这种将近 70 亿马克的增长，大大超过了过去的任何一年。即便是 1956 年的前三个季度，净工资也较 1955 年同期分别增长了 14.6%、11.8% 及 10.0%。除此之外，居民养老金（税后）、退休金以及救济金由 1954 年的 177 亿马克增长到了 1955 年的 196 亿马克，而 1956 年前三个季度分别与 1955 年同期相比增幅也依旧较大，分别达到了 10.5%、16.4% 和 14.3%。这些数字充分说明，西德在社会进步方面已大踏步地向前迈进。到 1956 年（也根据德国联邦银行的初步计算）收入总额将达到 880 亿—890 亿马克，差不多是 1950 年的两倍。

**国民收入的发展**

| 日期 | 毛工资与毛薪金总额（十亿马克） | 就业人口的人均收入（马克） | 扣除数（十亿马克） | 净工资与净薪金总额（十亿马克） | 养老金等总额（十亿马克） | 收入总额（十亿马克） |
|---|---|---|---|---|---|---|
| 1950 年 | 39.3 | 2,839 | 5.3 | 34.0 | 11.4 | 45.4 |
| 1952 年 | 53.5 | 3,560 | 8.4 | 45.1 | 15.0 | 60.1 |
| 1954 年 | 63.8 | 3,922 | 9.7 | 54.1 | 17.7 | 71.8 |
| 1955 年 | 72.2 | 4,193 | 11.2 | 60.9 | 19.6 | 80.6 |
| 1955 年 | | | | | | |
| 第一季度 | 15.7 | 969 | 2.3 | 13.4 | 5.0 | 18.4 |
| 第二季度 | 17.9 | 1,050 | 2.7 | 15.3 | 4.7 | 19.9 |
| 第三季度 | 18.8 | 1,064 | 2.9 | 15.9 | 4.6 | 20.5 |
| 第四季度 | 19.7 | 1,111 | 3.3 | 16.4 | 5.3 | 21.7 |
| 1956 年 | | | | | | |
| 第一季度 | 18.1 | 1,052 | 2.7 | 15.4 | 5.5 | 20.9 |
| 第二季度 | 20.2 | 1,121 | 3.2 | 17.1 | 5.4 | 22.5 |
| 第三季度* | 20.8 | 1,121 | 3.3 | 17.5 | 5.3 | 22.8 |
| 与去年同比变化（百分比） | | | | | | |
| 1956 年 | | | | | | |
| 第一季度 | +14.9 | +8.6 | +16.8 | +14.6 | +10.5 | +13.4 |
| 第二季度 | +12.8 | +6.8 | +18.2 | +11.8 | +16.4 | +12.9 |
| 第三季度* | +10.5 | +5.4 | +13.2 | +10.0 | +14.3 | +10.9 |

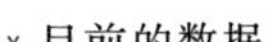

* 目前的数据。
资料来源：德国银行。

这种良好趋势以及联邦政府有意进一步增加社会服务支出的意图，当然只有在经济繁荣的情况下才能出现。以现有人口的平均收入与 1936 年相比较（除去物价上涨因素），一般景气现象就显而易见了。

**国民收入的比较(人均)**

| | 1936 年 | 1949 年 | 1950 年 | 1952 年 | 1954 年 | 1955 年 |
|---|---|---|---|---|---|---|
| 旧马克或新马克 | 992 | 836 | 939 | 1,086 | 1,230 | 1,350 |
| 1936 年=100 | 100 | 84 | 95 | 109 | 124 | 136 |
| 1949 年=100 | — | 100 | 112 | 130 | 147 | 161 |

资料来源:联邦统计局。

## 储蓄者的迅速反应

我们不但成功地医治了战争的创伤,而且 1956 年的生产量比和平时期的最后一年都高出了 45%,如与 1949 年相比则高出 70%左右。这些数字对公正的观察家来说,较之歌颂社会市场经济成就的长篇大论,更能说明问题。

我必须在这里提一句,储蓄的增长乃是繁荣经济的原因之一。但是,相反,它又受到当时经济情况的影响。经济繁荣的初期也是储蓄激涨的时期。因此,有理由把 1954 年说成是个投资年,也是个储蓄年。次年,就是 1955 年,投资与储蓄依然并驾齐驱,只是到了 1956 年才分道扬镳。储蓄总额从 1954 年年初的 11,240,000,000 马克涨起,一直涨到 1955 年年初的 16,720,000,000 马克,到 1956 年年初又涨了约 40 亿马克,为 20,670,000,000 马克。建筑协会的存款也出现同样的有利趋势,规模当然要小一些。

这种乐于储蓄的特殊现象,是当时的一个积极的平衡因素,然而后来的储蓄减退情况又引起了一些顾虑。1956 年 1 月储蓄总额为 20,670,000,000 马克,但 11 月前仅上升到 22,495,000,000 马克。无疑,这是说明增长的速度在相对地减缓。幸而最近情况已有好转。

货币改革以来，自愿储蓄的增长证明，当人民对货币稳定有信心时，储蓄的潜力是多么大；这种情况是在不顾不利的条件下产生的，因为德国的储蓄毕竟曾被提取完过两次（参阅下图）。

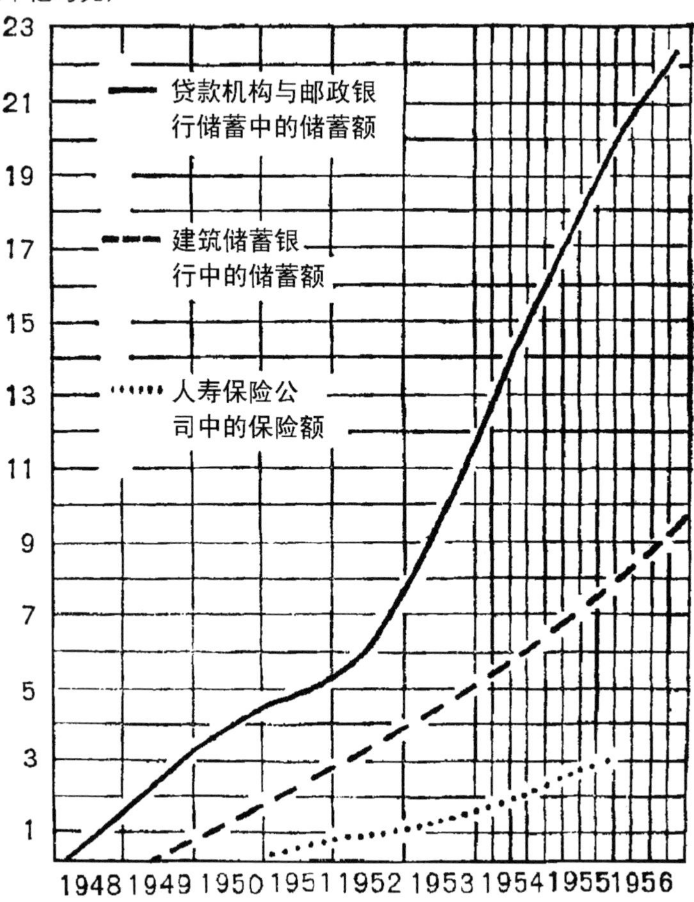


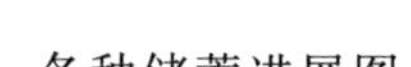
各种储蓄进展图

尽管受到两次货币贬值的影响，1956 年年底的储蓄额还是达到了 350 亿马克；最后四年中储蓄额的增长特别明显。

繁荣的初期还发生了一项重大事件。所谓资本市场鼓励法案帮助资本市场扫清了道路，使之恢复了适应于市场经济的作用。从该法案终止的这一天(1954 年 12 月 31 日)起，利率与各种证券的收益又按照市场经济法则一齐发生作用了。由此而引起的低利息的趋向被中断了，因为在这种繁荣局面下又有实施信贷限制的必要。同时也可以这样说，这种良好的开端不是徒劳无益的。资本市场的复兴，随着储蓄与保险费收入的恢复，同时并进，使资本市场上对投资的大量需求得以满足(参阅附录中表二)。

这种对资本市场价值的看法促使人们对于证券市场抱着不久即将复业的希望。

繁荣的影响也可在对外贸易方面明显地看出。1954 年和 1955 年两年内，对外贸易额都有猛烈的增长，但 1955 年内，进口激增，使 1954 年的出超额打了个对折。1956 年内，进出口两者都出人意料地突飞猛进，同时也使国际收支恢复出超。出口增长的动力是随着国内投资品工业略呈衰退而来的，因为后者使国外交货的潜力加强了。要不是联邦经济部长当时采取了增加进口的方针，毫无疑问这种趋势会进一步发展下去。德国在世界市场上的地位加强了。它的出口额排在第三位，仅次于美国和英国。



这些经济成就所显示出来的事实，可以作为证据，也就是说：在经济取得成就的同时，物价是可以保持稳定的。但经验证明，在经济发展的这一阶段中，要实现这一点确很困难，虽然并不是不可能。但必须承认，当出口与国内需求猛烈上升的同时，物价只是相对地微涨。对于这一点，过去和现在都没有必要加以夸张。因为在繁荣期内订货额总是多于交货额。物价剧烈上涨会引起更大的恐慌。目前在出口方面,订货额依然多于交货额。

直到 1954 年下半年,物价一直保持稳定,现在才略有上涨。在以前两年内制成品价格有下降的趋势,从 121 降至 116。直到 1954 年 9 月一直保持在 116 这个低水平上(1950 年 = 100)。从那时起便慢慢地缓步上涨。1956 年 2 月又达到了 1952 年的水平,直到 1956 年 9 月,在 120 与 121 之间波动。1956 年秋季以后,物价再一次上涨,到 11 月,较上一年同期上涨 2.9%,而与 1954 年相比上涨了 5.1%。

农业物价的上涨之前就开始了。1953—1954 年(7 月到 6 月)物价指数为 112(1950—1951 年 = 100),1954—1955 年为 116,1955—1956 年上涨到 123,1956 年上半年竟然达到 135,之后有所回落。1954、1955 和 1956 年 12 月的指数由 115 涨到 122 直到 127。



根据过去两三年内的物价变动来看,生活费指数的趋势相对稳定。在 1954 年整年内,生活费指数停留在 1953 年的水平(即为 1950 年的 108%)。后来,1955 年上升到 110%,而从 1956 年 1 月以来在 112%与 114%之间波动。至于 1955 年,估计生活费用(中等消费品类)较之上一年度上升 1.8%。1956 年晚秋,生活费总指数较上年同期上升 1.8%;超过 1954 年水平 3.7%。关于这些经济上的主要物价变动全貌,可参阅附录第三表。

下表显示国际间生活费的比较,联邦政府能以其成就而感到自豪。

**生活费指数**(1949/1951 年 = 100)

| | 1953 年 | 1954 年 | 1955 年 | 1956 年前九个月 |
|---|---|---|---|---|
| 西　德 | 103 | 103 | 105 | 108 |
| 比利时 | 106 | 108 | 107 | 110 |
| 美　国 | 109 | 109 | 109 | 111 |
| 法　国 | 126 | 126 | 127 | 129 |
| 丹　麦 | 115 | 116 | 121 | 128* |
| 瑞　典 | 120 | 122 | 125 | 132 |
| 英　国 | 120 | 122 | 128 | 132 |
| 挪　威 | 129 | 135 | 136 | 142* |

* 1950 年 = 100。

## 物价的稳定刻不容缓

消费水平稍见下降，这说明了繁荣中的不利因素。我曾一再指出这一点，不管经济的进展多么大，到头来总是难以抵消即使在表面上看来无害的币值软化。我也再三警告说：

“经济问题并不在于物价该不该稳定，也不在于在某些条件下该不该听凭物价上涨。物价水平必须在任何情况下都保持稳定。问题全在于我们该用什么方法来做到这一点。

我绝对否认经济的大发展必须自然地，或者合理地跟物价的普遍上涨联系起来。对所有固定收入者和储蓄者来说，我们的目标必须是：在保持物价稳定的同时要有一种不断上升的更为全面的繁荣局面。

或许人们对过去的经验各有不同的解释，但我找不出任何理由，使我能对货币、信贷和财政方面的政策放弃责任，从而证明经济的发展只有在物价稳定的状况下才能继续下去。”

最后，在这几个事关紧要的星期和月份里，我不得不和下面这些人做斗争，他们认为只有使币值逐步软化，尽管是轻微的软化，那些终究会保持经济扩展的原动力才能发展起来。当时我说：“十年已经过去。许许多多的错误观念和理论实际上都已破产了。依我看来，在现实生活中清除最后的这一种幻想，也许是最危险的一种幻想，其时间已经到来了。”

所有限制经济发展的措施都是建立在希望保障货币稳定的基础之上的，但我决不能放弃经济发展的原则与目标。因为采取正确的措施使经济更加稳步地前进是非常重要的，所以我就这个问题所说过的许多话中的一段，是值得我在这里重复说一下的：

“其实不能责备我推行限制政策是出于自私的动机，同时也不能认为我强行压制繁荣的发展是一个可取的目标，因为我们的经济取得成就的秘诀在于决不向困难低头，从积极地向前迈进与扩展中寻求解决方案。困难不只是现在的事情，将来也会随时发生，这虽出于自然，却不容忽视。”

## 不受欢迎的真理

从这种基本观念出发,针对这次繁荣局面曾经采取了一些约束与指导的措施。这些措施是用来改变那些引起骚扰或者产生新危险的因素的。举例来说,有关这方面的,必须记住许许多多的心理影响。这些措施根本是从这种信念出发,即实际的危险不一定是生活方面的一部分,而是对于经济方面的限制毫不注意。这里,我原来主张的理论当然是关于货币的稳定。因而在本书内特另辟一章,把这次运动详加探讨。

在那些岁月里,我不管有人不承认,或者要手段破坏,我总是不厌其烦地阐明这一不受欢迎的真理,即工资与物价是不可分割地联系在一起的。

> “即使工资只在经济的一个部门中失去了控制,在别的部门中也就不能保持稳定。这就是说,不可能有这样的事情(因此也不会发生这样的事情):任何一个经济部门可以付出 X 量的工资,而其他部门却最多只能付出 X 的半数,或者 X 的 1/4 的工资,除非物价在逐步上涨。
>
> 让某一种物价不受限制地上涨,或者误信可以充分利用这种繁荣的有利条件,这都是不负责任的行为。在这种情况下这样做,当然开了一个诱人模仿的先例。这就是通货膨胀的趋势。从一开头就应对其加以制止。”

在当时骚动的几个月里，尽管有许多人摇摇头，表示反对，但这一类的观念还是促使我为了避免物价上涨而奋斗。无论在工业方面还是在农业方面都去努力。凡是生产力发展所不容许的工资上涨，我都表示反对。

在1955年，较高的工资和生产力的发展保持着平衡。但到了1956年，生产力发展与总收入之间所出现的不相称现象，是无可否认的。1956年前三个季度与1955年同期相比，工人人均净工资分别增长了8.6%、6.8%、5.4%，人均国民收入的增幅为13.4%、12.9%及10.9%，然而生产力增幅却“仅仅”是4%左右。我为了这条简单的真理，差不多跑遍了全国，向所有的人，甚至向头脑最简单的人做解释。

## 对物价的责任不容置疑

在经济发展的这个阶段，物价上涨与超过生产率的个人收入，即超过了经济所能生产的个人收入，这两者之间的联系是绝不能予以忽视的。不可避免的后果可以在1%以内计算出来。这种物价上涨和购买力的略微下降应由有关方面来负责。这句话对联合管理机构[①]、政府以及国会议员都是适用的。这里必须再一次提

① 联合管理是让工人参加各级管理的一种办法。它首先在1920年的《工作委员会法》中提出，但在希特勒执政时期被遗忘了，直到1945年才被联合占领军当局重新提出并加以发展。1951年和1952年西德议院通过了一项法案，详细规定了联合管理的办法。联合管理办法只在煤与钢两种工业中得到了充分实施。在这些工业里，监督委员会中的一半（在其他工业内为1/3）是由工作委员会选出的（工作委员会本身由工人选出）。工作委员会也选出管理董事会的三个成员中的一个——劳动董事。

出，我们并不反对一切经济允许的改变；因为这种改善完全是适合市场经济需要的，是值得我们欢迎的。

我所发动的心理战原来是跟获得部分成就的其他计划同时进行的。我提出的一些建议，其目的在于使财政制度更加机动，从而减缓国际贸易超额所产生的后果。最主要的办法是增加进口，使国内资源充足，从而对物价施加压力。经过政府和议院几个月的讨论后，1955 年 4 月 1 日政府宣布降低关税率，但是并没有达到我原来所希望的，或者认为适当的那种程度。参加欧洲经济合作组织的各国的自由主义化程度在逐步加深，而美元区的自由进口商品也大大增加了。

在碰到困难最大的地方就采取各种特殊的措施进行补救。例如限制公款投资，同时减少公款对建筑方面的投资等。



由于我的建议往往只被采纳一部分，或者采纳得太迟，因此对西德联邦银行愈来愈给予支持；甚至建议它在执行朝鲜战争后制定的货币信贷政策时，范围不要过于宽大。

联邦经济部和西德联邦银行对经济情况的判断是相同的。1955 年 8 月 4 日把 1954 年 5 月 20 日以来有效的低贴现率 3%改为 3.5%。1956 年 3 月 8 日提升 1%，5 月 20 日又紧缩银根，把贴现率提到 5.5%。西德联邦银行还采取了其他措施来补充这种合情合理的政策。例如，在 1955 年 9 月 1 日提高最低存款准备金额，并限制再贴现。在那几个月里最值得注意的一个情况是：我和中央银行的紧密合作（可说是协议）的这个事实，并没有获得普遍的赞许。

40小时周工作制

经济委员会

“看，Bühlerhöh 那边飘来了啥？DGB（德国工会联合会）的低气压！”

（承蒙《时代》周刊特许使用，绘画：Hicks）

注：当时的总理康拉德·拉登纳在巴登巴登的 Bühlerhöh 和德国工会讨论关于成立联邦经济委员会的问题。这对于艾哈德来说就是一片乌云。

在多方面进行的这些措施，并不是毫无成就的。1956 年年中，重新出现了一种健全而显著的生产发展速度。扩展的步伐已同经济发展的潜力相适应。1955 年的年产量增加了 15%以上，而此时这一数字下降到 8%或者更少一些——这不过是停留在一个水平上，不能说是呆滞或危机。1956 年 9 月 6 日银行贴现率从 5.5%降为 5%，到了 1957 年 1 月 1 日又降低了 0.5%，这显然可以说明已经稳定下来了。

## 取得了成就

我们之所以有这种较好的平衡状态是有许多原因的。我相信，跟西德联邦银行一起采取措施的那种心理战起了重要作用。在那些特别有涨价危险的部门中，进口商品的增加也产生了效力。食品的进口，甚至也从 1955 年 10—11 月的 1,360,000,000 马克增加到 1956 年同期的 1,810,000,000 马克。

所有的统计资料都表明了这样一个局面，那就是过速的繁荣会造成不可应对的危险的那种威胁已成为历史，接着将是个平稳上升的时期。虽然如此，从那个时期遗留下来的大量抵押贷款是不容忽视的，这是经济政策不得不加以考虑的。特别不应忽视的是那些超过生产率增长的工资增长，还有为社会所需要而从国库支付的养老金与补助金的增长，以及在社会改革时期支出的社会安全金的增长，尤其是因为这些支出只有一部分可以从增加捐款中来弥补。无论如何，这里每年有数十亿之多的款项单纯作为消费在市场上出现。既然降低税收收到了效果，那么结果也是一样。这些收入结构方面的变化自然会使我们提高公用事业方面的收入，甚至使这方面的收入也受到新的刺激。最后必须考虑到跟储蓄有关的消费者购买力的扩大问题。

# 许多事情决定于储蓄

那些膨胀论的潜在趋势会不会引起麻烦决定于储蓄。在1956年第三季度，储蓄只有9,070万马克——1955年同期为这一数值的1/8。幸而联邦政府最近所采取的措施显然体现了重新恢复储蓄的意愿。可以进一步期望人们对政府满意以后，会提高整个社会对它的信任，从而增加储蓄。

这种发展情况可以用来证明储蓄者对真实的或者想象的货币贬值有了多大的反应，从而提醒人们，货币的跌价并未发生，这种担心是毫无根据的，在心理上未必会产生影响。为了弄清楚上面所说的话，兹将货币改革那天存入银行的100马克的命运在下面简单说一说。当时的物价趋势明显地反映出，储蓄银行的单利率和复利率的上涨只有一小部分被物价上涨所抵消。

生活费指数

| 1948年6月21日开户 | =100马克 | 1948下半年=100 |
|---|---|---|
| 1948年12月31日总存款 | =101.22马克 | —— |
| 1949年12月31日总存款 | =103.75马克 | 1949=99 |
| 1950年12月31日总存款 | =106.39马克 | 1950=92 |
| 1951年12月31日总存款 | =109.58马克 | 1951=100 |
| 1952年12月31日总存款 | =112.87马克 | 1952=102 |
| 1953年12月31日总存款 | =116.26马克 | 1953=100 |
| 1954年12月31日总存款 | =119.75马克 | 1954=100 |
| 1955年12月31日总存款 | =123.34马克 | 1955=102 |
| 1956年12月31日总存款 | =127.45马克 | 1956年12月30日=105 |

为了避免一开始就发生种种误解，我们必须指出，绝不能把储蓄与生活费指数的这个比较数作为一个稳定储蓄指数的特殊要求来提出。

我们对外贸易的未来远景也很重要。由于对外贸易而引起通货膨胀的趋势将来可能会变得更为重要，因为预算剩余的抵消作用不会像在过去几年中那样突出。

在繁荣的末一阶段，虽然生产的增长率明显地减慢了，但成本、工资和物价的一个较高水平已确定下来。我可以指出某些因素会在接近消费者的那些经济领域内刺激物价上涨，除非遵从我所一再呼吁的工资只能随着较高的生产率而上涨。

因此，经济政策的中心问题是在没有通货膨胀的趋势下，让经济继续向前发展。货币稳定是平衡经济发展和保障社会进步的基本条件。所以今后联邦政府的经济政策必须更多地致力于保持财政稳定。至于最后是否要采取限制性的措施，那就要看各阶层人民是否准备摒弃那些不惜牺牲一切的特殊利益。

# 第五章　市场经济战胜计划经济

“经济政策以‘自由市场经济’与‘自由化’两句口号开始，今春却以进口管制而告终。这种管制说明了全部政策的失败，特别是对外贸易方面的失败。……同时，联邦经济部长一再在这里提出的各种理论与原则，几乎全部垮台了。……你们会同意我的说法：在整个经济政策走入歧途以后，竭力主张废除政府管制的那个联邦经济部长，现在大概要重新实施行之无效的管制了……”



不久以前(在1951年10月11日朝鲜战争期间)，联邦议院中最大的反对党发言人提出的这些臆说在今天看来是极不现实的。在那时，西德消费者所有的威力，以及几乎在所有的经济部门中自由形成的价格都已成为活生生的现实。每个商人既能自由生产，也能自由出售市场所需要的东西；而且还有管理企业的自由、使企业现代化的自由，以及在竞争市场上跟其他商人争相投资的自由。

本章开头的引文令人想起，为了市场经济原则而引起的激烈争论只不过是前几年的事情。即使反对派的动机并不相同，他们对市场经济的敌视态度也差不多是一致的。有些人否认这些政策的正确性，有些人则认为，战后的西德在生产力遭受破坏，而且有数百万难民的处境下，是不可能实现这些政策的。

今天，这种激烈而紧张的唇枪舌剑，早已成为过去的陈迹。当时争辩的记录，今天读起来，就像读几页惊险小说。然而这些德国现代史上的记录，还值得我们来翻阅一下。战后西德第一个议院，法兰克福经济委员会，以及后来的联邦议院的第一个立法阶段，都经历过那充满激情的议院争辩的热闹场面。

在货币改革的日子里，最大的反对党——社会民主党——明白地表示，他们不要德国人民从各种管制中解放出来。而我却打算在货币改革的过程中，把有关生产、贸易，尤其是有关消费者的各种管制全部废除。在 1948 年 6 月 17 日与 18 日的货币改革前不久，英美合并区的经济委员会召开了一次值得纪念的会议——第十八次会议。我们可以在这次会议的记录中读到德国社会民主党经济方面的发言人克赖比希博士在会上的发言：

> “艾哈德先生这一观点的所有理由都缺少一个决定性的前提，那就是，我们已经多年没有一个正常的经济，而且我们也会看到货币改革不会带来奇迹，而是在货币改革实行之后才能开始建立起真正健康的经济。货币改革也不会创造让经济和生产正常运作的奇迹。……有人会问，为什么不制定经济政策以及运营和价格政策，来让人们在接下来的几个月乃至几年内看到成果？……
>
> 经营是指有计划性地指向人们最需要的必需品，即指向现有的消费品。……

我的党派赞同在健康的经济环境下的价格机制，而不是供应不足的经济。……现在的情况有人称之为‘自由价格的熔炉’，企业主就用它来驱使群众……

‘价格政策’是一场灾难，它从来没有认真考虑过价格(上涨)应该怎样发展。这样行不通！人们今天看到的形势会发展成……德国企业实行摩根索政策，这会带来可怕的后果，就像摩根索第一次企图……

我们每个人都希望结束这样的强迫经营体制，但并不代表这样的体制已经结束了。……我们的立足点始终是有系统的计划和导向的经济。”

克赖比希博士就这样阐明了德国社会民主党早在1948年4月21日和22日经济委员会第14次会议上所提出的论点。在那次会议上，我也扼要地谈了谈我的货币改革计划：



“当然，在多次的讨论中，我的目的不单是要使供求之间的差距大大缩小，而是要使经济问题得以根本解决。任何一种解决方案，如果会使我们在今后的经济制度下继续执行目前形式的政府管制(包括物价冻结在内)，即便其管制程度有所放松，也都是有害的。任何一种解决方案，如果并不制止冻结物价的通货膨胀，相反却进一步增加剩余购买力，那就必然要求在货币方面进一步采取行动。……

我是坚决反对这种经济政策的人，我绝不会鼓吹恢复过去的自由经济政策以及曾风行一时的那种不负责任的掠夺方式。

凡是了解我们经济情况的主要特征的人都会承认，目前的制度，如果不采取更自由的市场经济方式，就会陷入绝对的极权主义中去。……”

## 不同的看法

德国社会民主党的克赖比希博士明确地指出他的看法是根本不同的。可是还应当记得，有一些不支持德国社会民主党的人跟社会民主党人的看法如出一辙——这也许是不足为奇的，因为当时的工业生产只有1936年的50%，而人口却增加了数百万。

克赖比希博士表示：

“……人们要知道，没有经过深思熟虑的计划，德国经济是不可能步入正轨的，至少这样的形势维持不久。不可能因为看到一点好的苗头就想当然地认为可以抛开过去，重新开始自由创业，认为什么问题都没有了。……”

德国社民党代表舍特勒，今天的联邦财政部长说：

“我认为要想重建德国经济必须制定相关的指向性的经济政策。……我们想要的经济自由或许并不是我们想象的那样，所谓的经济自由对一部分人来说是自由，对其他人却恰恰相反。……”

现在回到这重要的经济委员会第十八次全体大会上来，距离货币改革只有几小时了。对于克赖比希的悲观主义观点，我的看法是：

> “我相信大家都有完全一致的看法。在经过了一段混乱时期，遭受了财政、经济和货币政策的危害后，大家对政府的管制制度已经得到了足够的教训。不仅这种管制制度的秩序(不如说是表面上的秩序)已经崩溃，而且整个政府管制的概念也随之而毁灭。……
>
> 各阶层人民都渴望从这种束缚中解放出来。我们的道路必须通向更自由的市场经济制，取消那些天天给予每个消费者和每个生产者带来灾难的管制。”

鉴于许多人要求政府管制物价，我相信有必要在货币改革以前在经济委员会上公开说出我的基本信念，即一切政府管制和没有物价议定的自由，这两者是不可分割的。认为需要前者的人，必须懂得后者也是少不了的：

> “让我们再拿这一点来剖析一下——其实这都是德国人民所熟悉了的。一方面实行政府管制，另一方面实行物价冻结与物价管理，这些都是管理不当的明显标志；在这种制度下，人民已经呻吟了十五年之久。如果我们再不决心结束这些管理不当的典型症状，那么人民绝不会相信货币改革将会重新恢复经济繁荣。……

经济管理不可能从两方面来推动：一方面采用一些奇妙的秘诀控制贸易；另一方面又根据自由购货的原则通过个别公民自由选购的方式来管理事务。我完全反对计划与管制的政策，这种政策无时无刻不给消费者与生产者带来伤害。”

## 跳入冷水

克赖比希博士的看法就不同了：

“‘跳入冷水’这个观点我认为非常正确，我想借此强调，这对于企业是‘自由价格的熔炉’！我感觉这种做法就像是把一个将死的老人扔进冷水，而德国经济在过去三年里就是这个将死的老人。对于这个老人的病况和微弱的脉搏我们在货币改革中就能清楚地知道。……

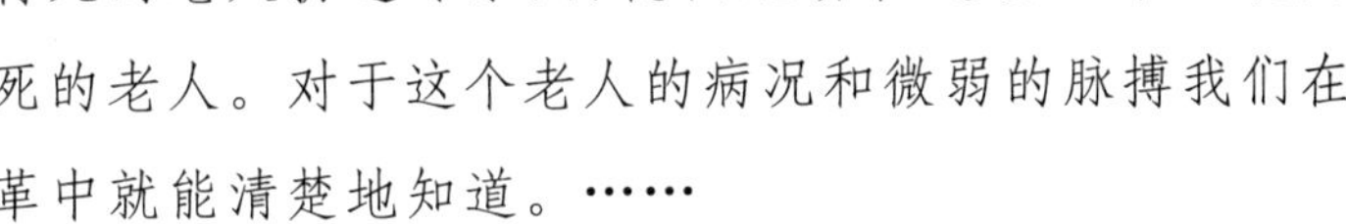

我在此声明，我不会参与其中。……

为了货币改革而进行的那一点点工资上调，一定是每个劳动者节衣缩食换来的。……”

这种只期望“工资提高一点”的悲观主义思想能在现实中被证实吗？联邦统计局的数据显示的男工人每小时的工资如下：

| 1948＝1.12 马克 | 1954＝1.84 马克 |
| --- | --- |
| 1950＝1.38 马克 | 1955＝1.96 马克 |
| 1952＝1.71 马克 | 1956.8＝2.14 马克 |

资料来源：联邦统计局。

也许社会民主党早已估计到这种批评不久就会被人抛弃，所以他们早就准备好尽快地谴责社会市场经济。货币改革还不到三个星期，佐伊费特博士（当时和目前都是社会民主党财政政治问题方面的专家）就在1948年7月8日到9日举行的经济委员会第十九次会议上，代表社会民主党声明说：

“平德尔先生告诉我们，人们只是怀揣着一种新的信仰、一种内心被拯救的感觉站在橱窗前。我认为真正的感觉并不是这样。这里发生的一切在短短几天内就引起了公愤和恐慌，这是一种危险的警告。

问题到底在哪里？……

可能人们会有一丝欣慰，终于可以有钱买东西了。但是供给的情况其实并没有好转。……”



根据货币改革后头几个星期和头几个月内的发展情况看来，德国社会民主党面临着愈来愈严重的矛盾，这或许是由于它无法改变其基本的敌视态度所致。在1948年8月17到20日举行的第二十次经济委员会会议上，社会民主党的阿恩特博士发言说：

“当我们回顾历史的时候，有一个事件我们不能忘记，那就是货币改革，这不是艾哈德做的，也不是我们做的，因为我们也没有能力做。如果有一天我们的经济形势有所好转，那一定是因为货币改革。……”

阿恩特博士忘记了他的同僚克赖比希博士也同样说过——在1948年6月17日和18日宣告:“我们会看到,货币改革根本不会实现什么奇迹,它不会为我们的经济和生产带来什么奇迹。新的货币改变不了德国实际的生产基础。”

社会民主党明确表示,它有意打倒市场经济的创始人。他们愈来愈体会到这种经济政策将会给他们党带来什么后果。在经济委员会第二十次会议上,社会民主党要求撤换经济部长——这一要求,经过热烈讨论,以47票对35票被否决。社会民主党议员舍特勒做了一个篇幅很长且激烈的陈述:

“……我们从一开始就不支持艾哈德的经济政策,这一点很明确。……

我们已经严厉地警告过VfW的主席不要企图制定经济准则和实行价格合并……

我们已经申明,我们反对强制经济,就像反对国家社会主义一样,但是几年观察下来发现我们的经济仍有很多漏洞,劳动群众正常的商品供给得不到保障。对于这种受限制的自由……我们坦白说……”

社会民主党曾经说过,商品不足的情况会持续好几年,这种预测是否正确呢?这里随便举几个统计数字来看:

| 名　称 | 单位 | 1949 | 1951 | 1953 | 1955 |
|---|---|---|---|---|---|
| 皮鞋 | 百万双 | 41.34 | 48.16 | 56.11 | 66.94 |
| 纺织羊毛 | 吨 | 43.393 | 65.106 | 68.669 | 71.746 |
| 纺织棉毛 | 吨 | 44.729 | 216.944 | 238.285 | 258.959 |
| 女　袜 | 百万双 | 23.0* | 46.7 | 79.2 | 125.1 |
| 家用与其他瓷器 | 吨 | 38.154 | 49.194 | 59.810 | 74.087 |
| 香　烟 | 十亿支 | 22.09 | 26.64 | 34.76 | 42.99 |
| 咖　啡 | 千克/每人 | 0.48 | 0.71 | 1.26 | 1.82 |

* 为1950年的数字,1949年的数字不详。

1955年与1956年期间,消费品生产又增加了8.7%。

社民党发言人舍特勒说:

"他们让我们的很大一部分人民生活在正常的生活水平以下,他们也很清楚。我们已经对这种'跳入冷水'的举动提出过警告。……

坚持相信经济理论,直到现实给予了教训。……

在德国上百万的人都不用活得像在赛跑一样,如果采用艾哈德的方法把钱当作真正的购买证的话。……"

社会民主党的舍特勒博士曾经发表过一个引人注意的声明。他说,如果货币是唯一的标准,那么成百万人在数年之内就不可能在自由市场上进行竞争。这句话将使人们得出这样一个逻辑性的结论,即社会民主党企图采用另一种东西来代替货币,作为最后决定购买力的工具。从这里我们清楚地看出,社会民主党已经感到,他们对物价的自由波动所持有的一贯的敌视态度，将会引向配给制度的道路。

舍特勒博士预言：

“他们试图在德国推行一种政策，然而实际上并没什么两样。……我们各个阶层的人民要做好被东部进行物质和精神上渗透的准备。这就是这种政策的结果。它让人民陷入绝望，而你们还把它称作自由。……”

## 推入共产主义的怀抱？

这种害怕会把人民推向共产主义怀抱的“失望”情绪，究竟是怎么一回事？在1949年8月14日举行的第一次西德联邦议院选举中，共产党获得1,362,000张选票，即总数的5.7%。在1953年9月6日举行的第二次议院选举中，共产党仅获得607,860张选票，即2.2%。根据这个事实来看，再把我对市场经济的信念重复一遍已是适当的时候了。

“如果我们不采取这一方针，只是更加小心地行事，也就是说，如果我们一半采取凭证方式，一半采取自由议价的方式，来进行货币改革，那么我可以想象得到，事情将会如何发展下去。哪一个不了解市场情况的行政当局，能够颁发凭证或购货证，即使是最一般性的购货证呢？

这似乎是说管理和价格可以分开。这完全是一种错觉。

管理和价格就像一对双胞胎，但如果是这样的话，它们只不过是一个怪胎而已。”

社民党的农业专家赫伯特·克里德曼在1948年9月27日至10月1日举行的第二十二届经济委员会全体大会上再次提出了紧缩问题：

“这个问题到底有没有得到一点改变？……”

他解释道：



“艾哈德先生今天又一次不顾现实地讲了他的理论；而现实是这个理论试用越久，矛盾就会越严重。我们才开始注意价格提高的问题。……”

这个预言会从接下来的价格变化情况中得到证实吗？总生活费用的数据如下(1938年=100,1949年的消费数据表)：

1948年9月=159

1948年12月=168

1949年3月=167

1949年6月=159

1949年9月=155

同样在这次会议上提出了另一个有历史性意义的问题：取消停止工资的政策。当时自民党的代表成员之一汉斯·韦尔豪森强调：

“既然提出取消停止价格和管理的政策，当然也有必要取消停止工资的政策。”

在1948年11月9日至10日的第二十四次经济委员会全体大会上克里德曼又重复道：

“我们的要求就是控制好每一份原材料的使用以生产生活必需品。它们是否被正确使用也应该受到控制。……

我们是想强调要设立独立的价格控制。”

鉴于1948年下半年不可否认的价格上调，我一点也不羡慕我的职务和工作。我的问题是：

“当我们在这种情况下不能及时解决购买力过剩的问题时，就必须采取平衡价格的做法。我们必须在新的基础上重新建立经济的平衡。你们可能要问，这样当局应该如何做？怎样分配购买力？哪些商品有承购权？”

## 毫无意义的总罢工

在总罢工前不久，经济委员会召开了一次会议。这次总罢工乃是德国历史上的第一次，到目前为止，也是最后一次的尝试，要通过工业上的行动来“扫除”自由市场经济。对这些意图，我的意见如下：

> “我想这次罢工实际上是没有道理的。如其意图是要使我注意这样一个事实，即情况仍未正常，尚待处理的事情仍然很多，我们大家都有义务创造工资与物价之间的良好关系，那么我可以对你们说，这次罢工正如头上钻孔一样，毫无必要。我说我知道我们的前途，你们也必须信任我。”

在1948年12月2—3日举行的第二十七次会议上，社会民主党的克赖比希博士把我的政策说成是有害的：

> “当一种政策在货币改革之后造成了严重的社会不公时，这种政策肯定是指导原则政策的产物。……
>
> 指导原则法(给了我提出价格和经济准则的可能)是灾难性的，由此产生的经济政策同样如此。”

这番争论一直持续了几个星期。反对派要求成立一个独立的物价管理局，它将接管我的物价政策。为此，我在第二十八次会议上答复如下：

> “……如果想让一个独立的物价管理局成立得有意义，那么，只有使这个独立的机构能够更快、更有效地消除我们面临着的经济紧张状态。我曾在这里一再说过，把物价问题上所

玩的政治把戏看作是经济政策的结果，那是十分错误的。在此期间，可以明显地看出，物价的调整以及物价的新水平，都是货币改革的必然结果。

目前的问题是：要把物价水平调整到既跟货币改革后改变了的货币数量相适应，又跟国际物价水平相适应。……

如果一个独立的物价管理局不执行同一个物价政策。……而是采取另一种政策，那只会是一种反动的政策，使市场重新出现缺货现象，一切又回复到冻结物价的通货膨胀情况。”

货币改革以后，使一切打算成为不可能的那层烟幕（在它背后还躲藏着虚假的就业状况）已从经济中散掉了。即使在货币改革以前，我曾指出，必须要有个改变过程，在这个过程中，暂时还不会增加失业人数，这是必然要付出的代价。失业的增加是个令人担忧的问题，这也是一个要求人们保持镇静的问题。在5月23—25日举行的经济委员会第三十七次会议上我申述说：

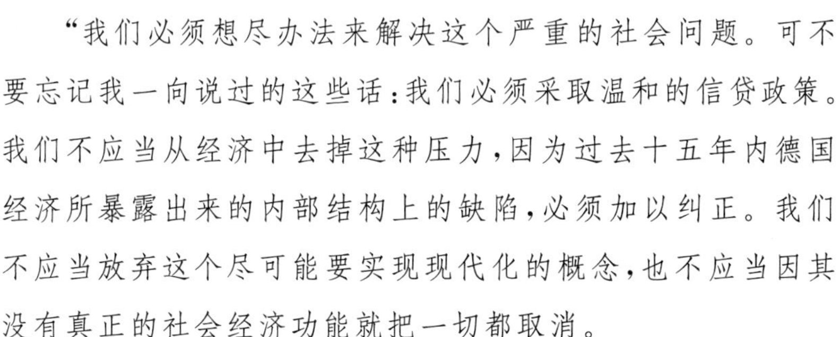

“我们必须想尽办法来解决这个严重的社会问题。可不要忘记我一向说过的这些话：我们必须采取温和的信贷政策。我们不应当从经济中去掉这种压力，因为过去十五年内德国经济所暴露出来的内部结构上的缺陷，必须加以纠正。我们不应当放弃这个尽可能要实现现代化的概念，也不应当因其没有真正的社会经济功能就把一切都取消。

自从1月以来的物价下跌间接使情况有所好转，也使实际购买力有所提高。上述信贷政策就是建立在这一基础上的。如果我们现在骤然改变方针，如果我们采取全面宽松政策，那么这种对社会有利的过程恐怕就要中断，而且比目前我国人民的社会条件所许可的中断得还要快。”

“赶走他，他一直让我们讨厌！”

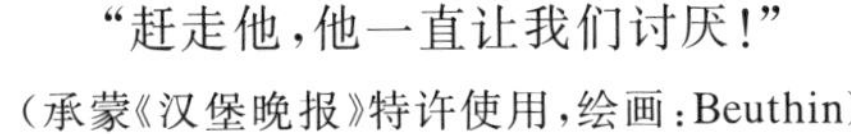
（承蒙《汉堡晚报》特许使用，绘画：Beuthin）

注：图中从左到右依次代表农业部长海因里希·吕贝克、财政部长弗里茨·舍费尔、联邦总理阿登纳、卡洛·施密德（他是后来把德国社会民主党带上市场经济道路的戈德斯贝格计划的发起人之一）以及艾哈德。另外四人与艾哈德在市场经济问题上的意见相对立。

德国社会民主党就利用这种困难的处境，趁机提出了“市场经济的潜伏危机”这种说法。我回答说：

“我想我们不必采取教条式的观点。今年后九个月的情况告诉我们，实施计划经济，问题有多么大。任何事物固然可以用统计数字来证明，但统计数字在事实面前就毫无价值。

这种说法对一切措施都是适用的；尤其对于那些要用来应付失业增加的危险的措施，对于我们已经执行了的投资计划，以及对于我们为了寻找资金来实现这些计划而做出的努力，更为适用。

我个人强烈反对任意进行投资。一切投资都要有组织地进行。我深信——不管你们信不信我，我在这所房子里说了很多，但这些话并没有被人所相信——我们能够克服目前市场经济中的呆滞状态，而硬性的计划必然会把我们引入困境。……”

这些话是否带点轻率的乐观主义，还是为事实肯定了的现实主义，就让我们举一些以后两年内的主要经济数字来看一看：

| | 1949 年 6 月 30 日 | 1949 年 12 月 31 日 | 1950 年 6 月 30 日 | 1950 年 12 月 31 日 | 1951 年 6 月 30 日 |
|---|---|---|---|---|---|
| 就业人数（百万） | 13.49 | 13.56 | 13.84 | 14.16 | 14.72 |
| 失业人数（百万） | 12.283 | 1.559 | 1.538 | 1.690 | 1.326 |
| 工业生产指数（1936 年＝100） | 87.4 | 96 | 107.6 | 126.3 | 130.9 |

## 对失业问题的忧虑

社会民主党对 1949 年年底失业人数达到 150 万以上这一情

况感到不安，但是却忽略了就业人数的增加与工业生产的猛烈上升，于是他们在1950年2月9日召开的联邦议院第三十六次全体会议上恢复了对市场经济的攻击。会上，北莱茵—威斯特法伦的经济部长内尔廷博士（已故）代表反对派声称：战事结束以来，劳动力市场的情况从来没有像当时那样惊人。经济情况的稳定甚至影踪全无，西德经济似乎停留在1936年水平的95%左右，而人口却增加了20%。

的确，内尔廷博士似乎说对了，不过只对了很短的一个时期。从1949年11月的102.2降到1950年1月的90.9的工业生产指数，仅在这一年（1950年11月前）即直线上升到133.3，后来又进一步上升到1951年11月的147.8。内尔廷博士又说：

> “我不知道经济部长先生是不是至今还在坚持他的‘经济自净’理论。我曾经讲过经济衰退的过程。现在即使是坚不可摧、永远积极乐观的艾哈德先生也变成一个无言的大力士了。……
>
> 伴随着持续增长的失业率的经济制度是行不通的。如果再继续空谈理论不付诸行动的话肯定会面临经济危机。
>
> 社会危机已不断加深。随着自由放任原则的施行，问题日益严重。……”

内尔廷博士接着说，对社会民主党来说，就业与失业的发展情况是决定性的经济晴雨表。人们怀疑，这句话对今天的德国社会民主党来说是否还有效，因为现在这些数字正是市场经济健全的最好证明。这究竟是些什么数字呢？

| | 1949 年平均 | 1956 年平均 |
|---|---|---|
| 就业人数 | 1,354.3 万 | 1,818 万* |
| 失业人数 | 123 万 | 76.3 万 |

*估算的数据。
资料来源：联邦统计局。

## 离开了正当的道路？

内尔廷博士鉴于当时的失业情况提出：

“我们应该从抗通货膨胀的货币保护政策转换到抗通货紧缩的政策上来，这样才能走出自杀式的恶性循环——失业率上升，购买力下降，滞销严重，失业人数增多……即使在经济出现危机的时刻也应该有所行动。……”

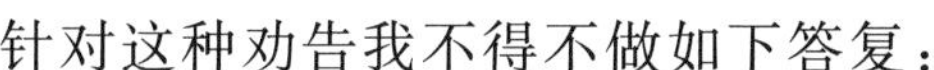

针对这种劝告我不得不做如下答复：

“通货收缩危机是标志着不愿意投资的一种条件。它会导致不断储藏货币与停止投资。我宣布，现在的经济情况恰巧与此相反。目前的投资需求相当可观。……

你们可以随随便便地说：你们为了达到充分就业的目标在开始着手创造成亿马克的时候，实际上就是在引起物价上涨。如果你们的理论不允许物价上涨，你们必须重新建立许多政府机构，人为地阻止它上涨，那就会使我们恢复到存在已经侥幸取消了的各种政府管制的局面。”

巴伐利亚 DGB 主席、社民党议员沃纳同样警告联邦经济部长：

“……您今天也强调了 1949 年 8 月 14 日的选举结果表明了德国民众对实行的经济政策的信赖。我只想说：您要防止犯一个思维上的谬误。8 月 14 日的选举只是一个起点，要让德国经济有所发展。……不要认为人们的思维还停留在 1948 年 5 月的起点。……”

人们对于经济政策的评判标准当然不会停留在起点，但是也不会停留在成就上。因为经济和经济政策的成功，基民盟(CDU)在 1953 年 9 月 6 日获得了 1,244 万张选票，1949 年 8 月 14 日则只有 736 万张！

德国社会民主党主席库特·舒马赫博士也参与了攻击：

“我们不想再提如何发展强制性经济，这并不取决于我们是否遵循自由经济政策，而是取决于这种政策能对信贷、需求、购买力等提供保护，这是强制性经济做不到的。它不仅不会造成更多的失业，而且不会导致德国经济和社会秩序的崩溃。”

我一面强调说，一种自由经济政策不是为了其本身目的而被采纳的，它必须用来防止国家可能回到早先的那种状况——需求得不到满足，物资需要配给以及资本市场被摧毁等，从而避免恢复政府管制的可能；一面我又着重指出，我们的经济政策是以一个基督教概念为根据的。舒马赫博士问我，我对这个基督教概念是怎样认识的，我说："凡有助于人民，有助于每个人的经济政策都符合基督教教义——我们所执行的也正是这种经济政策。"

社会民主党继续要求以信贷膨胀来克服失业，但在这一发展阶段，这种信贷膨胀政策结果会使物价上涨，从而危及货币稳定。1950 年 7 月 1 日社会民主党代理人库尔鲍姆（德国著名经济学家，一些重要经济企业的成员）说：

"……要想信贷扩张能真正克服失业危机，必须还有能够对抗不良的价格变动的方案。……"



7 月 28 日德国社会民主党又发动攻击，提出"撤换经济部长"的要求，这项提案以 187 票对 142 票遭到否决（28 票弃权）。我当时说：

"不，各位女士，各位先生，你们只是想撤换一个拒绝了你们要求的人。最后，我只想回答你们一句话——这个要求多么适合你们的愿望呀！"

# 成药无济于事

在朝鲜危机以及后来的繁荣期间，关于继续执行市场经济，甚至赞成市场经济的问题，在第一百零二次议院会议上有过一番激烈的争执。这是紧要关头的几个星期。当时其他许多议院代表都开始怀疑，是否有可能或者有理由继续执行市场经济。在 1950 年 11 月 15 日举行的这次会议上，一个德国社会民主党发言人对主要原料部门出现新困难的问题，提出质问说：

“从前和现在一样，都看重煤的产量。现在我们以及我们数百万的德国公民想要问问联邦政府，尤其是经济部长，是否能从经济政策的失败中……得出一些重要的结论，还是要让全体人民再次……承担错误的经济政策的后果。……”

在 1950 年 11 月 14 日的联邦议院会议上，我设法使代表们对煤的供应情况采取正确的态度：

“春季就能预见到这一新发展的这句话，在事过之后说是很容易的。但是要做到这一点，任何国家都办不到。全世界都跟西德一样，都经历过这样一个趋势。我可以开诚布公地对大家说，愈来愈多的欧洲国家正在问我们，是怎样设法维持物价的，能比欧洲的其他国家更趋于稳定。……”

诚然，煤的供应情况已变得困难了，这是无可否认的。但是开采工业毕竟是属于市场经济原则最难实施的领域内的。难道是这种公认的困难情况给了反对派以灾难性的批评的权利吗？从当时原煤(包括焦炭与煤块)的供应情况中可以找出一些真相：

**煤供应情况**(单位：百万吨)

| 年　份 | 生　产 | 进　口 | 出　口 | 净供应量 |
|---|---|---|---|---|
| 1950 | 103.0 | 4.3 | 24.1 | 83.2 |
| 1951 | 109.9 | 9.8 | 23.6 | 96.2 |
| 1952 | 113.6 | 12.2 | 23.3 | 102.5 |

资料来源：联邦统计局。

朝鲜战争最激烈的时候，德国社会民主党重又企图推翻社会市场经济。甚至今日翻阅当时的议院记录，仍能看出当时争论的热烈情况。

“……因为今天经济政策成为了公众利益的焦点。但是我相信这种参与的热情并不能说明问题……我认为如果经济部长先生的演说是程序化演说的话，这个词有点太重了。这实际上是个道歉的演说。(政府党派反对，社民党鼓掌)这个演讲很有趣，有许多奇怪的字眼。

艾哈德先生，您今天在演讲台上呈现的全是您的市场经济的‘木乃伊’。

当您照镜子的时候，我想问问：您还认识自己吗？

而且失业问题在您的演讲中完全没有提到。根据相关部门的数据，失业人口在150万—160万。我想问：您是要忽略这些失业者吗？今天只是讲价格的问题吗？

这是今天的焦点问题。诚然，价格很重要，价格在当今世界市场上有着不可小觑的作用。但是我们希望不要把注意力全部集中在这一点。……”

这次物价的上涨真的猛烈地袭击了西德的消费者吗？国际间的物价比较情况又是怎样的呢？

**生活费指数**(1950年＝100)

| | 1950年6月 | 1950年9月 | 1950年12月 | 1951年3月 | 1951年6月 |
|---|---|---|---|---|---|
| 美　国 | 99 | 102 | 104 | 107 | 108 |
| 英　国 | 100 | 100 | 102 | 104 | 109 |
| 比利时 | 98 | 104 | 102 | 109 | 110 |
| 法　国 | 96 | 102 | 106 | 115 | 112 |
| 瑞　典 | 99 | 100 | 104 | 113 | 117 |
| 西　德 | 99 | 100 | 101 | 106 | 108 |

资料来源：联邦统计局。

## 外行蛮干与事实真相

内尔廷部长在同一个讲话中说：

“这是一个错误的价格政策。1948年夏天对所有价格规定进行了整顿，而且把我们带入了第二次困境，而它的后果我们到今天还在承受，在每个区都设置了限制，成功减缓了产量的提高。……

如果每个人都能随意投资随意增加机器生产，就将需要更多的煤、更多的钢、更多的电、更多的气……而这些我们都不够用。因此，因为限制的存在而不在各区进行投入的话，就不能获得产量的提升。……

最后，这种限制会一直成为我们出口的阻碍和瓶颈。很遗憾，我们的出口数据严重地拖了进口数据的后腿，而且国外债务在逐月递增。……

自由化是一个好主意，但同时要视时机而定。当然高出口量要好过进口减少。我们不该纠缠于这些理所当然的琐事。

但是我们认为，即使是沿着自由化的铁轨行进，我们也不能没有计划。艾哈德先生，您的办法是：大量买断对方的商品，让对方减少商品量！然而这会导致出现故障——现在我们就面临庞大的债务。我们轻率地预付，而没有和对方一步步地进行交易。……

我们作为欧洲经济最弱的一环并没有走在前面，不能成为所谓的先驱，而是随大流者！（笑声）

香蕉、加州水果、枣、无花果、柠檬、甜橙、葡萄柚、保加利亚的葡萄、龙虾、鱼子酱、口红。然而你们真是十足的外行，你们太轻率、太妄自尊大了，完全把我们的警告当作耳旁风。……”

这种“轻率的外行蛮干”与“值得怀疑的妄自尊大”的断语是否为严峻的事实所证实了呢？内尔廷部长在1951年3月把情况描

写得一片阴沉的时候，我们在欧洲支付同盟中的逆差为 255 亿马克，但在数月中，国际收支状况就有显著的改善。德国联邦银行的统计数字可以说明这个事实：

**国际收支**（单位：百万马克）

| | 4 月 | 6 月 | 8 月 | 10 月 | 12 月 | 1951 年全年 |
|---|---|---|---|---|---|---|
| 进口 | 621.1 | 575.5 | 690.7 | 677.6 | 782.7 | 8,872.5 |
| 出口 | 848.2 | 889.1 | 949.6 | 939.7 | 1,152.1 | 10,627.6 |
| 差额 | +227.1 | +313.6 | +258.9 | +262.1 | +369.4 | +1,755.1 |

内尔廷博士曾劝告我们说：

“……我们相比于生产系数为 117（这里指英国）的人来说享受着更多的奢华，如果不想破产的话。……那边的人在挨饿，而我们这边也被极少数的上层阶级的奢华消费搞垮了。”

这种富有感情的指责，打动了许多听众，但是否有事实根据呢？曾被引为例证的英国，1951 年的逆差计 1,197,000,000 英镑，是英国战后最大的逆差。工党政府执政一年半之后，于 1951 年 10 月辞职，让位于保守党政府。

内尔廷在他的讲话中说：

“只要探究一下源头就会发现这整个经济政策是不可行的，死守教条，就像被关在了一个真空的没有地面的房间。……

我再重申一遍,强制性经济是一种畸形的在非常时期实行的经济,不是最理想的,但在某些时候很重要。强制性经济是自由经济的一种补充。因此我们害怕我们很快就要面临一个新的局面。而如今我们的经济部长不再像以前一样和我们作对,而是与我们同一立场。……

经济部长今天讲的是计划。他说,有一点点计划经济就像有一点点强制性经济一样少。因此我们也认为,这种计划里一直有一点点艾哈德。

如果这种后果经济部长先生没有想到,那就很遗憾不得不向议会提议了。所以我要代表我的同僚们提出要求。

联邦议会决定:

取消经济部长的薪水。

经济发展对内尔廷的演说提供了最好的回答。以下是我在同一会议上的片段发言:

"我想证明以下几点:我们的经济政策已成功地使德国人民重新树立起生活的目标;重要的基本民主权利——选择工作的自由以及消费者选购的自由——已经赢得了;只有采取这种经济政策,德国人民才能对工作抱有信心;这一经济政策已经保障了币制;而对外贸易已由赤字状态成功地扭转过来了。……

我们经济政策的基础仍然存在着。……

虽然我们坚持原则,但(由于朝鲜战争阻碍了经济发展)

我们也随时准备改变方法与步骤。我们想继续发挥市场的作用。然而我们感觉到，有些自由行动和放任自流的情况，必须为正确制定合理条例所代替。”

这次讨论使我的处境非常困难。世界上对原料管理的一般心理状态造成了这种情况，我们唯有接受了这种管制，才能得到某种原料。国际原料会议虽已开始活动。我个人认为这种方法不会有实效，事实上我们只是拿出某些统计数字，巧妙地为自己辩护罢了。因而所谓“管制”的主要内容就在于此。后来我满意地看到国际方面的情况，证实了我的见解是对的。

那时，朝鲜战争繁荣期的发展情况并不是反对派感到不安的唯一原因。数月之后，在1951年10月11日联邦议院第一百六十七次会议上，德国社会民主党认为市场经济很快要结束。



克赖比希先生说：

“……德国的经济政策已经开始有了关键词——‘自由市场经济’和‘自由化’。它在今年年初因为进口停止而结束，这在外贸中也是一次惨败。这期间还有一些经济部长一直坚持的与自朝鲜冲突以来的事件相关的原则和理论，这些完全打破了他的信条。……

我们一直强调，而且是不厌其烦地强调：在一个破碎的国家要想稳定经济，必须经过深思熟虑的计划和操控。……

你们要相信我，我们的一心想要消除强制性经济的经济部长，现在正在实行更加糟糕的管理。……”

德国社会民主党对群众意见的判断是否正确呢？

北莱茵—威斯特法伦州议院的上一次大选于1950年8月16日举行，基督教民主联盟获得229万张选票。接着在1953年9月6日举行的联邦议院的大选中，基督教民主联盟获得392万张选票。在1950年11月19日于黑森州举行的选举中，基督教民主联盟获348,148票，又在1953年9月6日的另一次选举中，获849,125票。这些数字本身就能说明问题。

在议院热烈辩论期间，联邦经济部长确信，朝鲜战争时期所采取的一些主要用来影响国外舆论的管制办法，不久就会被取消。

> “如果说克赖比希坚持一种新的强制性经济的话，那我就要坚持相反的意见，并且我已经采取了相关措施。我们的路子完全相反。……”

## 一种新的和解口气

联邦议院关于“要不要”市场经济的最后一次大规模讨论，便这样结束了。在1953年9月6日举行的联邦议院选举中，选民们那样有信心地回答了反对派这个问题，使他们感到自己采取了一条批评主义的错误路线。虽然在后来的几年根据联邦议院的记录，有过不止一次的讨论，但这几次讨论的热烈程度或者紧张情绪，无论如何也比不上经济委员会及其第一次议院会议时的各次讨论。

后来的情况有了很大的不同。1955年10月19日在柏林举行第一百零六次议院会议上，讨论到经济形势时，和解的气氛笼罩着全场。德国社会民主党所重视的钢铁业权威人士海因里希·戴斯特博士，代表社会民主党声称：

> "……首先我想说，我们可以很骄傲地说，因为和平，德国经济才能在过去十年里有如此的发展。
>
> 这样的发展离不开各个阶层群众的共同努力，同样也离不开各个党派的贡献。
>
> 我想强调，维持货币稳定是德国经济政策最重要的任务之一。如果我们不关注货币稳定，那么到现在为止的所有努力都将白费。
>
> 我还想说的是，我们生活在一个经济高速发展的时代，我们都知道经济过热并不是好事。
>
> 而我们的经济现状还不算坏。……
>
> 这个自由市场的经济制度不仅表明了经济繁荣的可能，也表明可以保持高就业率、物价稳定和货币稳定。"

这种基本上和解的形势（尽管还有些分歧意见）也同样出现在1956年6月26日第一百五十三次议院第二次重要的经济讨论会上，我向反对派申述说：

> "我很高兴，我们在经济方面的判断并无多大差别。你们所说的关于物价的重要性、现有生产设备的利用以及交货期的延长，都是我们应该警惕的危险迹象，我全部都同意。

我也同意你们所说的，危机是在投资这方面。……

就是对国外贸易形势以及对巨额顺差的分析，我也认为是正确的，我也相信议院全体代表也会同意我。但我希望指出这一点：如果说在这方面降低关税的动机来自经济部的话，这并不是由于欧洲经济合作组织提出了意见的缘故；而恰巧相反，我们已经发展起来的动力以及已经宣布要降低关税的愿望，替在巴黎的欧洲经济合作组织铺平了许多道路。”

马克思主义的转变

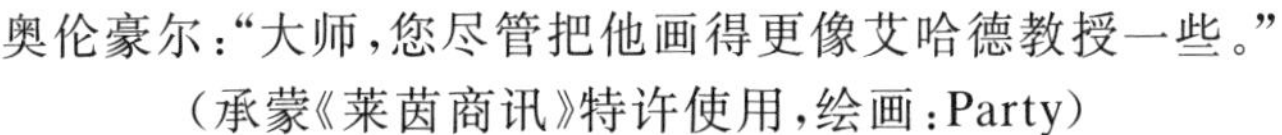
奥伦豪尔：“大师，您尽管把他画得更像艾哈德教授一些。”

（承蒙《莱茵商讯》特许使用，绘画：Party）

注：艾哈德始终坚持马克思对实现共同富裕和社会市场经济的设想。随着德国社民党在戈德斯贝格计划之后向以市场经济为主旨转变，艾哈德主张的经济政治地位也赢得了更大利益。因此在这里社民党主席奥伦豪尔对画家说，应该把马克思画得更像艾哈德一些。

我与社会民主党发言人展开广泛讨论以后说：

> “总之，我想说，我认为这次讨论的效果很好，并没有什么讽刺的意思。我对于在这些年内能在经济政策领域内跟反对派进行辩论由衷地感到高兴。”

但在经济政策领域内的这种和解气氛是否能使执政党与反对派之间的关系更加紧密，仍然值得怀疑。从这次辩论以后，过了几个星期，社会民主党议员们又一次提出了“联邦政府的经济政策有问题”以及“过去七年内，政府与联合阵线的经济宣传很不诚实、很不负责”等说法。

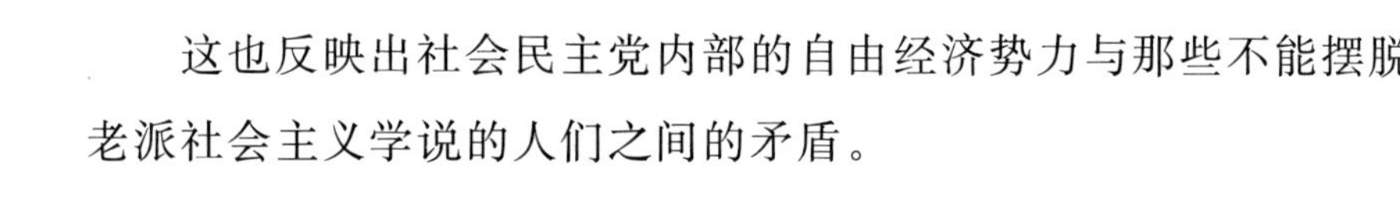

这也反映出社会民主党内部的自由经济势力与那些不能摆脱老派社会主义学说的人们之间的矛盾。

# 第六章　经济部长不是私人利益的代表

我面前放着我担任法兰克福经济署署长以及波恩经济部长头几年内的报纸剪文。当时有人称我为“经济部长——消费者的敌人”“艾哈德——重工业部部长”“囤积家与投机家的救世主”，还有诸如此类的称号也加在我头上。

当然，这些指责在正式讨论时早已销声匿迹。即使攻击我最厉害的人们也不用这种名字来称呼我了。通过我长期的努力，并同德国占有势力的代表们做了许多次的斗争以后，他们不得不承认他们的主张毫无价值。



无论如何，经济部长与公民之间的关系，政府中的经济领导与经济本身之间的联系，尤其是经济在国家生活与社会秩序中的地位等这么多有趣而又重要的问题，都必须仔细予以研究。

我想在开始回忆时，再把我经常说的一句话重复一遍：经济政策的好坏标准，并不是势力集团的独断主张和见解，而是消费者，是人民的主张和见解。经济政策如果有利于个人，便受他们的欢迎，因而被看作是好的。

谁读了这些回忆录而得出合理的结论，谁就会同意我的看法，在每个国民经济组织中，都有既得的利益存在。但决不能让这些既得利益来决定经济政策，从这些利益的冲突中也得不出有用的结论。因而在任何一个国民经济组织中，也决不能让它分化成为若干既得利益集团。我们决不能走分化的道路，决不能放弃社会上真正的广泛的经济体系；也只有这样才能保证一个国家的社会安宁。我们最重大的目标就是要应付这种分化的危机。

## 雇主必须负责

我从来不会让别人对我的基本信念抱有丝毫的怀疑。1948年8月29日，我在雷克林豪森举行的基督教民主联盟会议上说过：



> “我不认为自己是特殊利益的代表，当然更不是工商界利益的代表。假使你们有这种想法，那是错误的。对经济政策负责就意味着对全民负责。我们应当利用市场经济，不偏袒任何集团，设法为全民谋求一个合理的生活水平，通过辛勤的劳动和提高产量，不断提高生活水平。我深信，只有这样做，才能解决我们面临的困难。如果认为我是一个专门维护某些集团利益的人，那是不对的。事实恰恰相反，我不但要求那些负责领导经济生产网络与分配网络的商人做出巨大的牺牲，而且也要求他们能懂得负责。”

在市场经济的初期，有些人认为他们可以维护他们的特殊利益，但后来失望了。他们这种行动和我的基本道德信念是极不相容的。我举出这些初期的例子，目的在于把这些事实再一次记录成文。我一贯坚持说，局部利益只有服从于整个社会利益才算合理。

在经济组织中没有一个集团能要求特殊权利。从个人角度来看，经济整体本来是由各个部分组成的；这句话并不跟事实相矛盾。问题在于能不能协调各方面的利益，使大家都能受益。

在这方面，我有一次曾把国家说成是一个至高无上的法官。我想在这里，如果可能的话，拿足球比赛来做比喻，也许有点儿庸俗。我认为，既然裁判员不参加比赛，那么国家也不必参与共事。要足球比赛比得好，大家必须注意遵守一定的规则，这是一个先决条件。现在我对市场经济政策所抱的希望，就是继续以足球比赛为例子，制定比赛的秩序与规则。

## 自由作为主要目标

例如，在11个球员的足球队里，11个球员不按常规，全部聚集在球门口。这样，就会引得观众嘘声四起，因为他们认为这样是不公平的，是违反规则的。按照我们所要求的，前锋应该向前冲。如果前锋认为他们应当“堵住球门”，甚至站在球门里，那么我们会认为这是不对的，是犯规的，也是不能容忍的。经济秩序这东西也要起同样的作用。我相信由于在我行动的背后有着这种经济秩序的经济范例，所以我们成功了。这个范例将继续保持有效。

艾哈德的嘉布遣会传教

“我来教你们。我要让你们从依靠卡特尔的慵懒中清醒过来，用辛勤的汗水换取你们的面包。”

（承蒙《时代》周刊特许使用，绘画：H. E. Köhler 教授）

注：图中的艾哈德是一位嘉布遣会的神甫，一手高举社会市场经济的圣经，一手持一把利剑，打碎了一帮依靠卡特尔过着舒适生活的企业主们的美梦。

如果足球比赛的双方事前约好每一方踢进几个球，从而使比赛不能合乎观众所望，公平而有序地进行，那么观众白费了门票，当然会深感不满。同样，我认为保持竞争自由，乃是任何市场经济的基础。只要哪里的自由不受任何压制，哪里的自由得到法律保障，哪里的市场经济基础就能存在，也会受到社会的极端重视。

国家保障自由能维持多少时间，自由企业就能维持多少时间。那是我坚信的。相反，如果自由企业抱怨说，国家不公正地限制自由，那么我只能回答说，如果借自由的名义，把自由看作教条，认为自由本身是可以压制的，那就是曲解了自由。

在国家中，即政治社会结构中存在着一个建立于宪法基础之上的秩序，它管理着人们的生活和人与人之间的关系；在经济组织中也同样存在这样的秩序。这里，责任分得很明确。商人对他自己的事业负责。在这个活动范围内，他可以正当地要求政府不干涉他的行动；事实上他可以享受和行使真正的企业自由以及行动自由。我对商人们所提出的这种要求，总是带头支持，因为只有政府应对经济政策负责。如果把这两种职能混淆不清，其后果我们是知道的。

这些简短的解释是根据我的概念来阐明市场经济政策的基础应当怎样形成，同时说明我所喜欢的政府与个人之间的界限应在哪里划分。

我还得说明一下，为什么我认为这些问题具有那样决定性的重要意义，以及为什么我把经济看得那样重要。但我也并不想给人留下这样一个印象，即我认为在经济中可以找到医治一切社会病症的成药。绝不是这样！经济也许是最原始的一个方面，但也是最重要的一个方面；只有建立在一个健全经济基础上的社会，才能实现它真正的、最终的目的。

要避免产生紧张与分歧，基础必先健全。在精神上与物质上给予指导，这是政治的最终任务。如果我的见解引起人们怀疑，说我过于重视物质方面，那我想声明一下，我认为恰恰相反（也许天才可以除外)，只有在人们没有了物质顾虑，不受日常琐事牵绊的时候，才能意识到自己的人格与尊严。也就是说，由于环境的原因，物质方面不再起主导作用的时候，才能这样。

## 国家与经济之间的分工

我反复指出，国家的任务不在于直接干涉经济，至少当经济尚未要求干涉时应当这样。如果国家参与生产，那么这跟一个以冒险精神为基础的经济制度是不相适应的。这种情况自然而然意味着，经济绝不能由国家来代表它的利益。这是必须弄清楚的。

想一方面请求国家不要参与经济活动，而到了某一时刻，又要请求国家帮助，这是不可能的。商业机构从事经济活动，而制定经济政策的任务归于国家(特别是归于经济部)，这两者之间已经有了分工。有时我有这样一个印象：从这两者所起的作用看来，错误是犯了一些，责权不明的情况也存在。我再重复一遍，在民主议院的能力与权利的范围内，国家只是对经济政策负责。虽然商人的利益在经济政策中是合法的，他的要求应受到考虑，但他与他的合伙者绝不能执行经济政策。

如果对西德说来，旧时代的自由经济和管制经济都已一去不复返了，那么我们就有责任明确指出，我们的经济政策有什么新的东西。新的东西就是：国家现在不再干涉个人的事情，其中有这么一条，就是经济部长不再对商人发号施令；商人们不再到他那里去请求盖章批准签发许可证与执照。我们实施了下面这条原则：商人、工人甚至每个公民都必须能自由处理自己的事情。

这当然不是说一切行为都不受约束，可以胡作非为了。国家不仅不再直接发号施令，或者说国家不仅放弃了一切干涉（这一点比第一点更重要），市场经济政策的目的还在于利用为经济政策所许可的一切现有工具，来不断解放新才能，开辟新道路，不过也要防止走入歧途。换言之，市场经济旨在利用最有效的各种综合方法，促使经济向前迈进，不断扩展。

## 罪恶的记录

必须承认，如果以这里所阐明的概念来衡量，那么还有许多事情要做。我曾一度指出过许多有关这方面的罪恶事件，这些都是西德经济组织中错误要求的证据，也是经济政策中一般缺点的证据。那时我还说，很遗憾，到目前为止，我们还没有理由为市场经济所取得的进展而特别感到骄傲。

我还在别的地方讨论了西德工业趋向垄断的问题。罪恶很大的，还有扩大集体强制保险的要求。属于同一个错误见解的范畴之内的，还有这样一种错误的看法，即每一个经济或职业集团的命运都能得到改善。我心目中正想着那些要调整某些关税、减少国际竞争的要求。此外还有要求小心谨慎地使国际贸易自由化，或者，像经常所说的那样，做事要负责（其意思是尽可能小心翼翼地稳步前进）。西德人民懂得强烈反对低关税，也反对完全恢复自由兑换制。这些例子都说明，还存在着损害自由市场经济的势力。

这几点已足以说明，在让国内既得利益就范这方面的成就还是多么微小。我们至今还没有找到最后的解决办法。究竟能不能完成这一项任务,还是个疑问。

有一点必须承认,这些集团曾用尽办法来左右议院和政府的意见。这种情况不仅是在德国,在别国也是如此。但是,这个问题是真正的罪恶,至少是我们时代的一个危急问题,现在该是同意这个看法的时候了吧。

按说,这种斗争是在代表某些利益的集团作为一方与国家机构作为另一方之间进行的。最后的决定,当然只能由后者做出。但两者之间的分界线不够明显,所以认为这是一个社会经济或政府政治的秩序不是完全公平的。

从上面这种经济与政治的概念出发,我相信,在复兴期内,从长远看,我们应当反对任何像对某些集团予以优惠或采取保护关税之类的措施。我们应像一个集体那样行动,使各自不同的利益退居次位。目前可以看得出一种可疑的毁灭性趋势,它仅为集团利益着想,要为自己获取特权。这是我要加以约束的罪恶。

## 危险的特殊利益

我之所以反对这些集团所提出的要求,是以这种信念为根据的:从经济与政治的角度看来,国家如果要用馈赠方式,这里赠一些,那里捐一些,那简直不可能。这种做法会使国家,特别是使经济部处于困境。那么国家究竟用什么尺度来判断这个部门或那个部门、这个集团或那个行业应该得到照顾,而另外的部门,却由于这种或那种理由而不能得到照顾呢？

为追求个别目标而寻求解决办法是行不通的；我们必须从控制整个社会着手，使大家利益均沾才能找到解决办法。如果国民经济兴旺起来了，那么经济的各部门和各系统也会兴旺起来。

因此我也毫不隐瞒地说，我在任西德经济部长的最后几年间，从未想过要为哪些部门、哪些职位特别地做些什么。除非在特殊情况下，我基本上都是从整个国民经济的角度考虑问题的。如果我们都能从这种视角来看待国民经济，就会造福众人。

经验使我对待特殊要求的疑惧态度加深了。例如，大家知道，我曾支持过关于技术工的法案[①]。但自该法案通过以来，有人企图在情况完全不同的条件下，在物质上与社会性质上都不同的条件下，仿效这项特殊规定，我就不得不同他们做斗争。有时我有这样一个感觉，好像我们正在走向以旧基尔特为基础的合作国家。没有人会恨我坚决反对这种趋势。如果西德走了这条道路，那真是一场灾难。目前全世界赞扬我们的正是我们培养起来的活力、我们扩展的打算、我们开展生产竞争和承担责任的勇气。

不可能考虑特殊利益，不可能对某些经济集团的个别要求表示让步，因为所有经济活动都是互相牵连的。每一项单独的经济措施都会影响到与它没有直接关系的或者从表面上看不会受其影响的部门。

① 这项法案是以旧时德国各行业中的“基尔特规章”为根据。这些规章经过修改后一直从中世纪保留到现在。

## 分类的神话

人的因素，完全是人的因素在起作用。一人所好，也是众人之所好。妒忌，特别是德国人的通病，起着重要作用。一人得利会使邻居侧目。我们在这里必须记住，在社会生活中，政府中的当权者起着很大的作用。一个集团的“成功”，会很快促使另一个集团鼓动他们的首脑、他们的发言人或者他们的领袖来获得同样的“成就”。正是这种行为诱使我们划分成集团。对于这种行为我抱着怀疑的态度，因为我喜欢透过这特殊的表象而往深层次看。把这些行为的本质揭露出来，那不过是要求生活舒适一些，试图逃避激烈的竞争，并为有关集团争取在经济果实中获得超过其应得的份额罢了。

人们尽可以提出各种各样的要求，但绝不能提出这样一种要求，那就是工作做得少一些，力气卖得少一些，约束也少一些，而在这种情况下却希望获得更多的成果，使生活得更好。

从这个角度看，我 1955 年 5 月 2 日必须告诉那些大中型零售商：“这太可笑了。如果一位财政部长允许这样的危险行为存在的话，就是严重渎职了。”

如果问我经济发展的参与者和政府的关系是什么，我想再重述一下 1954 年 5 月 12 日我针对中产阶级的手工业发展所讲的，同时也是适用于所有经济领域的一段话：

“我所理解的中产阶级就是靠自己的力量创造成果并为

自己负责的社会群体，靠独立和勇气存在于这个自由的社会里。

任何与这种自由、这种生存的勇气、这种独立相违背的事物都是有碍中产阶级发展的。一旦这个群体失去了这些品质，中产阶级就仅仅只是一个渴望通过援助来寻求更好生活的人群。不过这样一来，中产阶级的道德价值也会随之消失。”

经济企业单位应当把迫切要求摆脱国家过多干涉而产生的自豪感表达出来。

## 从公民到臣民



上面我已叙述过那些反对市场经济的“罪恶的记录”，这里我要讨论与此有关的其他一些事件。在某些行业集团要求组织垄断机构的同时，另外一些行业集团则要求特殊法案给予其保护。我首先举一个最简单的例子——有人企图用法律来保障其行业从业资格。[①] 我对这些企图只能提出下面这些问题：一个人的头衔与官职是不是他技能的标志？或者说，他的技能是不是从他的工作表现与人格各方面明显地表现出来？要从事于某一行业，是不是一定要有个合乎那种行业要求的从业资格？我不愿意用这类规定来夸张，以免引起不良的后果。无论如何我认为这种要求是危险

① 德国工会委员会拟定了一项可能对行业职称给予保护的法规。例如，任何人不能自称为木匠，除非他受过公认的艺徒训练或合乎传统的标准。

的。因为在这方面走出第一步，第二步就会随之而来。有人可能会分辩说，当一个人有了合乎行业要求的从业资格以后，他就不得不完成一定的任务。他要从事于这项受保护的行业，他不但要提供合格的证件，而且也要在道义上做出保证。这样做，就会出现要求各种技能结合起来的新商业类别；那就会使一般自由公民逐渐回复到臣民的从属地位，不得不低首下心，来维持自己的地位。

事实上，正如我以前所说的那样，有特权的内幕人物总要有意为难那些想加入他们集团的人。如果要找这些动机，我就不得不把见不得人的实情指出来：他们之所以要把这种要求跟社会理想与道德标准结合在一起，我看没有别的理由，只是出于纯粹的利己主义罢了。事实上，人总是要求保护，要求在行业的四周筑起篱笆，要求用人为的方式来保护自己的地位。

## 和零售商的讨论

有些经济部门要求制定自己的行业法规，这就是追求从业资格与追求保护的明确表现。这里免不了要讨论一下零售商的要求。他们争取行业法规的斗争已进行了很长一段时间。在这些讨论中应该说彼此的攻击很激烈，有些人就认为经济部没有指出明确的方向。这种说法未免忽略了这个事实，问题总是有两方面的——原则的一面以及执行技巧的一面。从执行技巧方面来看，那些限制着自由的行业法规尽管每个月都在讨论，却始终没有通过，这就使我感到很满意。直到执笔时为止，虽有来自各方面的压力，这类行业法规还没有通过。

如果我们经济部没有表示坚决反对，那就早已有了一种行业法规，把行业分成许许多多部门。凡加入其中任何一个部门，或者从一个部门转到另一个部门，就得有一套特殊知识的准备。我把所有的情况讲了这么几页后，也无须再强调说，这样一种法规会彻底否定我对自由经济秩序的一切想法。

这里简略地重温一下历史事实倒是非常适时的。保护零售业的法案是在（值得我们注意）希特勒上台那一年，即 1933 年实施的。它首先规定全面管制零售业。当这条禁令证明不可能实施时，实际上就变成了一条限制从事零售业的法令。在第二次世界大战后，这条法令在西德各区各州的命运大不相同。根据 1949 年 3 月 29 日的美方指示，在美占领区内实施了商业全面自由制，而在英法两占领区内，凡 1933 年的法令所规定的商业执照继续有效，后来就成为新的而且范围更广的许可法令的基础。在法律上的这些不同待遇自然要引起统一管理商业的要求，虽然对于这种要求的合理性不能估计太高。设在弗伦斯堡和设在慕尼黑的零售店会受到不同法律的管制，这不是一件不幸的事情吗？

直到第一个立法阶段结束时，我终于拒绝了来自零售业方面的压力。理由是：一条限制从事零售业的法令与市场经济的精神格格不入，同时这样一条法令不仅须与西德的各基本法案相适应，而且必须确切地予以肯定下来。

这种拒绝的态度从极端化的角度看应该做一些修改。我在 1952 年 10 月 2 日的第五次代表大会上说：

“我同意建立行业秩序的必要性，从商人士必须拥有行业许可证。但这种许可证不能有所谓的前提限制行业发展的自由，它只能用于提高零售商的效益。行业秩序不能造成零售贸易的僵化，而应该考虑到它的流动性和弹性，这样才能体现其意义和价值。我只赞同这样的规定。……”

原来的商谈转到能不能在这个范围之内制定出一条法令这个问题上。有人由于等不及关于这一问题的长期磋商，就瞒着我在联邦议院里提出了一个意外的提案。1953 年 6 月 11 日，在第一个立法阶段结束之前不久，基督教民主联盟和基督教社会联盟提出了一个管制零售业的临时草案。该草案未被通过，一半是因为第一立法阶段结束时并未对其进行讨论，一半是因为它要把零售业分割成若干区，以致引起了公众的反对。

在波恩议院里面，既然存在着这种情况，我就不得不在 1953 年 6 月 20 日报告总理说：关于制定零售业法案的工作将在经济部继续进行；对于制定“在零售业中提高服务质量以及保证竞争”这样一项专业法规的基本要求，经济部将采取积极的态度。1954 年 7 月 14 日，《威斯巴登草案》公布出来后，在零售业中引发了热烈讨论。这项专业法规，从他们的立场来看，是他们最后的也是唯一能接受的草案。

当这项提案在经济部细加讨论时，以及在同其他机构协商时，我们得出这样一个结论：这个草案并不是不会产生限制性的后果，而且这一后果也不可能配合我的经济政策的基本原则。但是要另换一个草案的话，他们又决不会接受。在这种情况下，我就在 1954 年 10 月 27 日利用零售商协会在汉堡举行会议的机会，再一次全面地讨论了这个复杂的问题。当时我所说的已为事实所证明，所以我认为这些基本见解是对的，没有予以改变的理由。

## 汉 堡 宣 言

我在汉堡说：

“如果我对这个或那个集团，这个或那个职业，这个或那个经济部门给予特殊待遇，使大家都得到一些好处，就会使经济政策陷入混乱。我决不能这样做。在日新月异的今天很容易忘记六年前的德国情况是怎样的，或者忘记当时德国的商业处于多么绝望的、可悲的，可以说是停滞的境地。你们当时只不过在一个无灵魂的权力机构中充当国家或国家委员会的行政官员罢了。唯有实行了这种经济政策，才使你们再一次成为负责的自由商人

现在零售业在德国人的心目中已恢复了它的地位；跟六年前比起来，人们对零售业已经另眼相看，而且更加重视了。在我们的行业分类问题中，零售业已是起着重要作用的一个因素……我坚决相信，尽管我们要重整军备，将来我们还会成功地使未来的零售周转额进一步增加。（事实上，在1954—1956年间零售周转额增加了100亿马克。）最重要的，还是要使销售数量愈来愈多。我之所以为维持竞争而继续努力，为的是对零售业直接有利，因为它保证了购买力与物价之间的一个正常关系；它还促使愈来愈多的人们购买和追求更多的

商品。这种购买力终久会全部流入零售业的。

对你们说来，竞争是最主要的因素。你们做什么都必须为你们自己的利益打算，从维持竞争的意图出发。如果真是这样的话，那么商业订货这一问题就有新的意义了。……我承认，从零售业的道德角度看来，我想分析零售业的分类问题。……但在开始的时候，我不准备把零售业按职业或者商品来分割成许许多多的——我不知道有多少——种类。这样一来要加入某一类别就需要经过特殊的审批手续。……你们可以去对任何一个人说，凡愿意生产袜子的，都可以生产袜子，绝不会受到任何阻挠，正像每个人都可以自由参加某种工业那样的家喻户晓。但在柜台上出售袜子的人，是不是还需要知道他在做什么？是不是必须具有特殊的知识并且把它表现出来呢？

我十分怀疑你们，是不是能够对5,000万人解释这一点；如果能够的话，我佩服你们的说服能力。……我不愿意把前途看作漆黑一团，但是有一点我一定要说明：如果零售业衰退下去，如果零售商要抛弃竞争的责任，或者否认自己工作的合理性，那么事情就不可收拾了。

看清时代的标志吧！

我们希望打破我们家园的狭隘的边界；我们认识到我们的国民经济不再是一种纯粹的价值观了；这也激励我们的人民不断进步，创造更美好、更自由的生活……我们允许自由兑换货币，希望人们打破边界更自由地交流。然而现在我们要把自己关在铁丝网后面，把各个行业封锁起来吗？那简直像遮住了眼睛一样。

相信我，透过眼镜可以看得更清晰。我是为你们着想的。一旦障碍都被清除了，我要如何去拒绝那些也要求行业秩序的人呢？

这样的方法意味着需要一种新的经济形态，而且不光是德国经济，世界经济也需要这样的新的形态。……”

我在汉堡会议上有一个感觉，就是劝阻零售商的代表们不要提出一个限制加入的法案，使他们乐于提出另一个进一步提高效率的法案——它会创造出零售专家的概念，从而为提高学徒质量打下基础——是完全可以做到的。根据这个基础制订出来的草案，曾于 1955 年 3 月 15 日送交所有的有关协会，可是没有经过各方面的认真讨论，因为当时的零售业已在议院中对其要求——关于限制参加的法案——请求议员们给予支持。想不到他们的希望居然没有落空。1955 年 10 月 22 日基督教民主联盟和基督教社会联盟竟在议院的小组中提出了一个关于零售业需要具备资格的草案。

之后，在议院中的中小型商业委员会进行讨论时，经济部以及其他某些部门保留了他们的意见。1955 年 11 月 3 日联邦行政法院承认了零售商保障法案，同时宣称其规定是合乎宪法的。这样一来，过分反对该项法案似乎已不合时宜了。尽管如此，我们经济部还是坚决反对扩大该项法案的适用范围的一切企图。

# 没有行业限制

这个草案较之以前的各项草案，当然要缓和得多，它假定从业人员已有了一些专业技能，只有在特殊情况下，才需要检查专业知识。我对这个草案持有保留意见，是以这种信念为根据的：中小型零售商希望这项法案会有效地限制新成员加入零售业，但这种希望是不会实现的。更不用说，要把限制行业自由与自由经济秩序结合在一起，在原则上是不可能的。因此，人们担心这项法案付诸实施以后，有人会要求新的限制性措施，使企业间的竞争活动更为困难。

面对这些问题，我只想再申明一次：要相信我坚持建立行业秩序并不是因为我有不良的想法。但是无论如何我都会给人留下印象，认为我是零售贸易的敌人。

我该如何回应？

我想，当我制定了经济政策让零售商们可以自由经营的时候，他们还是会指责我没有给他们足够大的自由发展的空间。

我想问一问，如果我不反对这些企图，后果会是怎样呢？如果我们使每一个集团——抱着利己主义的集团——享有某种特殊地位，我们怎么能在经济上或社会上吸收涌进西德的难民呢？

当我们正在想尽办法要充分利用西德的有限领域时，绝没有在原本已狭小的经济园地上筑起篱笆的理由。在各种职业的四周筑起墙来是跟这种看法极不相容的。

持有不同看法的人不应当忘记，我们的经济政策已经使商业营业额大大地增加了，这可以从下面的零售业营业额表中看得很清楚。

| | 营业额<br>（十亿马克） | 营业额指数<br>（除去物价变动因素） |
|---|---|---|
| 1950 年 | 30.8 | 100 |
| 1951 年 | 35.7 | 106 |
| 1952 年 | 38.8 | 116 |
| 1953 年 | 44.2 | 132 |
| 1954 年 | 46.1 | 144 |
| 1955 年 | 51.5 | 159 |

这些数字是根据 1950 年与 1954 年的商业周转税统计以及联邦统计局的当前代表性统计而计算出来的。

1956 年营业额有了大幅提升，至少增加到了 570 亿马克。

我认为给每个商人公平的机会来提高营业额十分重要，这样即使在经济不景气的时候他们也有能力参与竞争。

## 工作少些——利润多些？

我反对在零售业中以法律来限制商店的营业时间和停业时间。关于这一点我无须进一步加以阐明，因为前面早已说了许多。其目的也像其他要求一样，无非是想在收入增加和工作安定以后，使生活过得更加舒适一些。我并不想隐瞒我对这些目的的感想。对于这一类法案，我决不会同情，因为我的经济政策首先考虑的是消费者。

商业必须为消费者服务。我不能想象，如果一个工人不能在星期六下午到商店去买东西，至少他自己不能自由支配星期六的时间，他会感到高兴。如果工人们不能在他唯一能自由支配的一个下午同他的家属一起到商店去买东西的话，那是不合情理的。谁都不会主张星期六下午公交车停运、邮局和饭馆都停业。大家知道，在一个有条不紊的经济组织中，为了大众的利益，有些职业不得不考虑到特殊的工作条件。

当然，每个人都该有个自由支配的下午——这点不必在这里讨论。不过5,000万个消费者都乐意在自己自由支配的时间内能有从从容容地去购买东西的自由。有一点要记住，德国的消费者在星期六下午是不睡觉的，总是要出门去买东西的。由于这个原因，我主张采用星期六轮休制。

我曾把我感兴趣的这个问题，同美国的零售商讨论过。他们已经听说了西德零售商提出星期六下午停业的要求。他们的评语大致是："如果你们的零售商准备放弃星期六下午的业务，那他们的生意一定很好吧？"

如果认为星期六下午停止营业不会使周转率下降，这的确是错误的。人们要求停业好像是认为5,000万消费者的需求量是合理计算出来的一个固定不变的数字。但站在闭着门的商店面前准备购货的人们，未必会迎合零售商的便利而下次再来。由于这个缘故，我们绝不应该采取任何步骤来减少零售业的营业额。

至于零售业的工作人员提出自由支配半天的要求以及合理工作时间的要求，那完全是另一回事。当然，我并不否认，如果这项要求得到了满足，零售业会碰到困难问题。但其他的经济部门，为了要适应个别消费者与企业工作时间的不同，不得不调整各自的计划。解决这一问题的方法很多。

我在这里把这一特殊问题叙述得详细一点，不是为了要对某一部门提出批评，而不过是想举一个好的例子，说明从中产生的一些问题罢了。

## 德国奇迹？

把上面的情况大概回忆一下，一定能说明支持某种特殊利益的想法，是同我的思想方法有抵触的。我要把这个思想肯定下来，因为根据我的宇宙观，根据我对经济政策的看法，人，才是一切事物的中心。我在经济政策方面的一切措施，都是以下面的标准为基础的：人们会对这些措施怎样反应，以及任何情况的改变，会对人们产生什么后果。

我在经济改革中所获得的一切成就，都能追溯到积极参与到人们的行动中去。所以我认为“德国奇迹”这种说法是不成立的。西德在过去九年中发生的一切，绝不是奇迹，而是全体人民辛勤劳动的成果。他们在自由的原则下，有机会发挥个人创业的精神和能力。如果西德这个例子对别国有些价值的话，其价值只能是向全世界证明个人自由与经济自由所带来的幸福。

# 第七章　卡特尔——消费者的敌人



“社会市场经济”这一概念已经得到普遍认可——而且不仅在德国是如此。即使是反对我的经济政策的人们也不再加以非议。而一项经济政策，只有能使消费者从经济发展及投资收益和生产率的提高中受益，才能称之为“社会的”经济政策。

在一个自由社会制度中，达到这个目的的最好办法是竞争，它是这种制度的主要支柱。社会市场经济驱使我密切关注卡特尔以及其他一切限制竞争的组织并向它们宣战。

卡罗·默特利在他的“工会与经济制度”一文中正确地提醒人们，一个自由经济制度不但要抵挡工会的一切进攻，而且还应让雇主以真诚的态度对待真正的竞争制度。因为企业家们通过组织卡特尔来限制商业与工业自由的趋势，并不比工人们主张集体主义逊色。

鉴于这一问题的重要性和迫切性，我在1948年3月2日就任经济署署长后不久，就积极着手制定一个德国卡特尔法案。这些努力的成果首先在1948年6月24日《货币改革后关于管制政策与物价政策的主要原则法案》中得以体现。根据我的建议，该项法案第三部分规定：“鉴于政府不管制商业与产品的流通，竞争原则

部长的抱怨

联邦经济部长4月22日在巴德·纽尔纳召开的德国工业和贸易大会上强调指出："开诚布公地说，我们走错路了。我愿不遗余力地为市场经济而奋斗，但我现在完全是孤军奋战……"

（承蒙《时代》周刊特许使用，绘画：Hicks）

必须确立。如果有人组织经济垄断，必须予以解散，并在此之前，接受政府的监管。有关这方面的一个法律草案不久就将提交经济委员会审议。"

值得记住的，这一条款在战后德国第一届国会中得到了绝大多数的支持。在经济顾问委员会做出这一决定的前一些时候，英法占领军当局于1948年2月12日分别在其领地内公布了几条大致相同的法令——《第56号美国法案》以及《第78号英国法令》——禁止德国经济权力的过分集中，宣布了非卡特尔化的计划，并表示由占领军当局来负责实施该法案。

根据盟国驻军的各项声明，特别是克莱将军的历次声明，这些军事法令只是过渡性的，以后可由德国的卡特尔法案所代替，但这些替代的法案必须要经过占领军当局的批准。因此，1948 年 3 月 19 日联合管理局就请求经济顾问委员会提出一项草案，根据 1948 年 3 月 24 日签订的《哈瓦那宪章》，该草案禁止一切限制有效竞争、形成垄断的卡特尔及与其相似组织形式。

在这种情况下，德国首次尝试了用法律来解决这个极端困难的问题。1949 年 7 月 5 日在我的请求下，一个专家委员会提出了第一个保证竞争、涉及垄断的法律草案。该委员会还包括卡特尔法的专家们，瓦尔特·鲍尔博士、弗兰格·伯姆教授、参议员主席保尔·约斯滕博士、威廉·克佩尔博士、教授威廉·克罗姆法特博士以及教授贝恩哈特·普菲斯特尔博士等。

## 草案的夭折

经济顾问委员会不久就被解散，所以这些计划不能在法兰克福实施。但在这几个月里我一再公开说明我对卡特尔的基本见解。例如，我在 1949 年 12 月 16 日在《经济学人》杂志上曾解释得明明白白：

“我把开展竞争看作是不断提高效率以及合理分配国民经济的最好保证。为了真正的‘社会’市场经济的利益，我决不会放弃发展完全竞争市场，……在我看来，凡是企业所强制推行的许多计划和管制并不比政府管制更受欢迎，或者危害少一些。……

不管卡特尔有多少种形式、任务和目标，也不管在实施中存在多少差异，这些都无法掩盖真相：所有市场协约，特别是在价格方面的协约，其最终目的还是要限制竞争。……

在我看来，所有这种做法都是触犯人生尊严的罪恶。生活的内在意义是变化、运动和进步，因此，计划经济中这种笨拙迟缓的管制加稳定物价的方法是不适用的。”

1949 年 12 月 27 日我在巴伐利亚电台上说过：“自由不会盛行在压制自由的强权被滥用的地方，而是存在于它本身被载入社会道德和法典、成为制度并被赋予社会最高价值的地方。”1950 年 10 月 22 日我在戈斯拉尔举行的基督教民主联盟会议上，把将来德国的垄断法描述为社会经济的基石。这项法案的目的是在“防止私人利用法定或有组织的权力集团谋取私利，这有利于自由竞争，”它是“联邦政府处理公开或秘密限价协议的有效工具”。在这项法案的保障下，社会市场经济中的基本原则才可能应用和生效。它是“德国复兴史上的一个里程碑”。

上述这类说法不胜枚举。我在上面所举出的一些例子不过说明在 1943 年与 1953 年两年内，每一个投票拥护联邦政府的公民，除非他不相信政治，在赞成社会市场经济的同时，也支持我关于卡

特尔的见解。由于至今还有人在讨论中做出种种无聊轻率的指责，说什么草拟卡特尔化法案是受了美国的指使，或者说是为了实现美国的一个理想，我就不得不在这里说几句话。

在草拟这些法案时，我从未遇到任何来自美国方面的指使，更谈不上屈从于他们的意旨了。不过，正是那种指导思想与情感使美国经济获得了那样明显的成就。这些思想和情感除了加深了我对限制竞争的科学认识之外，还使我更加确信它带来的危害。

我们在历史的真相面前，也无须否认，当第一届联邦政府就任的时候，根据当时的规定，必须和占领军最高当局讨论卡特尔法问题。占领军当局在 1951 年 12 月 1 日通知我们说，有必要对该问题召开专家会议。事实上，会议是在 1951 年 12 月 11 日开始的。一连讨论了好几个星期，讨论的内容都记载在像词典那样厚的记录簿里，一直保留至今。

会谈是在实事求是的气氛中进行的。讨论的焦点集中在几个主要问题上，如卡特尔特殊形式的合理化，专利权和样品的获得与使用的条例，根据占领军意见拟定的保障工业自由的约束性条例，以及关于所谓“在市场占有垄断地位的公司”的定义问题等。

联邦政府最后通过的草案，在基本结构方面，是跟美国法案的原则相抵触的。北美洲严格遵循着彻底禁止限制竞争的原则；而德国草案之中有这样一个特点，即行政当局可以允许有所例外——这是美国法案中所没有的。单凭这一点就足以证明，说我依从美国垄断思想的指责与事实多么不符。

处在第一个立法阶段内的联邦内阁，终于在 1952 年初批准了经济部的草案。它以“反对限制竞争草案”的名义提交联邦委员会审议。联邦委员会全体会议在 1952 年 5 月 23 日讨论了这个草案。

这里值得提起的,就是联邦委员会在初次审议时对草案第一节表示了支持,即尚有较大争议的禁止限制竞争原则。这一决议是我的见解的一个显著胜利,特别是因为几个月以前,联邦委员会中的一个小组受托处理“反对限制竞争的联邦法案的筹备工作”,它建议:“当卡特尔化泛滥时,应通过顺应市场情况的干涉手段来消除对竞争的限制。

联邦政府对联邦委员会的建议立即采取行动,1952 年 6 月 16 日就把草案提交联邦议院。十天以后,在议院第 220 次会议上,首次宣读了该草案。但要议院在第一个立法时期的十二个月内通过这个棘手的法案,时间显然太短了。而且不可忽视的是,当时议院的讨论遇到了各种各样的阻力,这些阻力来自支持卡特尔的人们,它们不仅干扰了商议,还浪费了时间。

## 再获批准

第二届“阿登纳政府”成立几个月以后,我毫不犹豫地重新向联邦内阁提呈一份卡特尔法草案。这个草案和第一个立法阶段时期所提出的完全相同。尽管我的反卡特尔原则遭到猛烈的攻击和多方的否定,联邦内阁仍于 1954 年 2 月 17 日以极大多数通过了我的草案。同时联邦内阁表示,希望联邦议院在今后讨论时,延续前一个立法时期的相关讨论成果。

联邦委员会的态度于 1954 年 5 月 21 日明朗化了。尽管会前有过紧张激烈的讨论，草案第一节中所包含的基本原则——反卡特尔原则——仍被通过。在联邦政府决定把草案提交联邦议院讨论之前，已经耽误了几个月的时间。这次耽误到 1955 年 1 月 22 日为止的那些日子，应由我负责。

这个草案一再受到工商界的攻击，他们认为，如果政府从劳动人民的收入中征税，就没有理由推行这样的完全竞争。从实质的观点方面来看，这种说法不无根据，所以我同意在讨论税务的改革期间，把该草案延期提交议院讨论。此外，也应该考虑到，议院正忙于税务改革工作，事实上也无暇讨论其他问题。

在此延搁期内，我又有机会同其他有关经济团体，特别是同全德工业协会讨论草案中最重要的建议。这几次商谈的结果，于 1954 年 10 月 18 日产生了一个众说纷纭而又易被误解的提纲。联邦议院自己在第 76 次会议上，首次宣读了政府于 3 月 24 日提交的草案。等到议院结束这草案的讨论，又花了两年多的时间——有了这一段时间，即使是一个棘手的法案，也肯定能够被各方面重新彻底地审查了。

这项法案的确立进展很慢，很可能引起各方面人士的厌恶。但我早就明确指出，在进行讨论的阶段中，会有人提出许多异议。平心而论，我们不得不承认，我们所处理的非常复杂的立法案件，并没有可供立法人员借镜的先例。

## 消费者保护法

在议院审议的各个阶段中，延期的决定不单是应对反对者的策略，也是我自己的意见，我认为同意延期可以使议院通过一个真正有用的、能反映出我基本见解的法案，这就是我认为延期讨论非常重要的原因。我曾经希望在立法时期快要结束的时候，议会议员可能会同意我的见解，因为这项法案同时也是一个消费者保护法。不过我们不必在这里回顾当时的战术了；我认为远比这回顾更重要的，是概括一下我对卡特尔的理解，这些理解历经时代变迁，但至今依然适用。

首先，我必须说明我为什么如此坚决地反对卡特尔。谈到这个问题，有必要回顾一下过去的情况。

我的论点基于一个公认的政治经济学的经验。这个结论是：竞争的经济制度是所有经济制度中最经济同时又最民主的制度。只有在完全竞争机制无法实现时，政府才需要对市场进行引导，这种政府的干涉对于维持竞争机制和监督某些市场都是不可或缺的。

人类文明发展史中的巨大进展，应归功于这个自由经济时代里任何经济学派都无法否认的事实。自从明确的行会制度在经济、道德和行会方面的目的成为经济进步的障碍以后，自由放任的原则解放出来的经济力量是意想不到的。行会制度限制了个人的创造力与进步思想。而在 19 世纪初的生产者却可以自己决定生产什么、怎样去生产、在哪里生产、生产多少，以及销到哪里去等等。由于所有的生产者都有同等的机会自由活动，竞争因而发生，于是，作为所有经济利益交汇点的“市场”也就随之而产生了。在自由市场上，由供需决定的市场价格能调节生产和消费，进而使各方受益。

在 19 世纪末叶有些现象愈来愈清楚了，它们一方面限制了市场经济的有效性，另一方面引起了社会与政治的紧张局面。

来自市场经济内部和政府管制的压力促进了垄断机构和其他控制市场的势力的形成。而现代技术发展再次助长了垄断的趋势，以至于完全竞争的实现处处都受到阻碍。

每种垄断的形式都隐藏着欺骗消费者的危险性，还会使经济停滞不前。国民经济总量越小，国内市场由于保护性关税而与世界自由市场越隔绝，或者私人垄断受到的保护越多，垄断趋势的不良后果就越容易显现。

## 成果必须由全民分享



我所相信的，同时也是我对卡特尔态度的核心思想是，只有自由竞争才能确保经济上的进步与工作条件的改善带来的成果都被转移到消费者手中，而不是转化为更高的利润、租金和私人收入。这才是市场经济的社会性含义，任何经济成就，无论是合理分工带来的利益，还是劳动生产率提高带来的增长，都应由全民享受，使消费者得到更大的满足。

因此，市场经济制度不能和自由竞争制度分割开来；没有了自由价格的作用，它也就无从进行。无论是政府还是卡特尔工业组织，谁排除自由价格的作用都会扼杀竞争，使经济停滞。

为了把这些思想贯彻到底，从货币改革以来我最重要的任务就是限制和减少政府所采取的有关物价形成的许多措施。在那之后，人们都知道我的经济政策是以自由和放任自流原则为基础，因为只有一个劳动力自由竞争和物价自由形成的市场，才能保持真正有机而和谐的市场秩序。

因此，我坚决反对任何形式的官僚主义经济统制和政府经济管制。我同时也坚决拒绝接受其他形式的集体经济势力。在原则上或在作用上，政府计划或企业经济计划是毫无区别的。既然我们想要实行一个自由的经济体系和社会秩序，那么，我们决不能允许任何人或者任何团体按照自己的利益来解释自由，以致限制自由。在我看来，自由经济与自由企业有同等意义。当企业家们起来反对自由经济的时候，他们简直不知道自己在干些什么。

依我看来，自由是一个不可分割的整体，是政治、经济以及人的自由共同组成的复杂统一体。分割掉其中的任何一部分，都会使整体崩溃。

## 市场经济的秘诀

每个关心全体人民利益的政治家，肯定懂得自由是不可分割的；在历经多年的政治自由缺乏之后，他必须意识到，该把自由还给人民了。为了国家利益，这种责任感使我一上任就把过去束缚经济和经济主体的那些恶魔驱逐掉。因此，我在我的管理范围内，为真正的民主制度创造了基本条件，并把自由放在第一位。

市场经济的秘诀就在这里，市场经济之所以胜过任何一种计划经济，就是因为它能使调整过程随时进行，能使供求双方、国民收入与国民生产之间，既在数量上又在质量上，趋于平衡。那些不赞成竞争与自由市场价格的人，也找不到任何理由支持计划经济。

有些反对我的人可能在这里要问，如果我们不允许企业家按照他的心愿来行使他的自由，甚至在某些情况下，将这种自由用于限制单个的企业家，那么我特别强调企业家的自由不是受了限制吗？我乐于承认，这是现代市场经济的中心问题之一，提出与回答这个问题，就是要我们阐明，1948 年在西德实施的社会市场经济与旧的自由经济之间，是有很大差别的。

按照我所想象的，社会市场经济并不承认企业家们有根据卡特尔协定而排斥竞争的自由；市场经济要使企业家们负更大的责任，通过努力与同行竞争来获得消费者的青睐。谁是市场上的优胜者不应由政府来决定，也不应由像卡特尔之类的企业联合组织来决定，而只应由消费者来决定。质量与价格决定生产的形式与方向，市场优胜者也只能根据这些标准来抉择。

在这个意义上，自由是每个公民的权利，不能为任何人所剥夺。那些要求限制和取消自由的卡特尔支持者所要求的自由，并不是我为了自由企业的前途而要首先实施的那种自由。谁使用“自由”这个名词，谁就该老老实实地对待自由。我再重复一遍，自由，在现在和将来，都是不可分割的。绝不能因为不同的意图，时而为它辩护，时而给予驳斥。

经济自由的对立面是极其高度的经济权力。法律必须保障竞争经济的优点不被集权的缺点抵消——这些缺点早已在历史上就得以证实。

难怪法律制定者对经济权力可能成为搅乱市场经济的因素之一这个问题，不得不予以特别注意。竞争以及随之而来的生产效率的提高和进步，必须受政府法令的保障，使它们不受一切扰乱因素的影响。特别要注意，不受操控的市场中的自由价格，在经济趋势中起着指导作用，它的功能，必须得到保证，不受任何因素的干扰。

## 经济势力的基本形式

经济势力主要包括三种形式：

1. 在法律的基础上，多个独立的公司被合同或决议联合起来，通过影响市场要素来限制或取消相互间的竞争。各公司的相对独立性减小。

2. 通过股权的形式，使一个在法律上独立的企业的决定权受到利益联合体或另一个控股公司的牵制，使它在市场上不能充分发挥其能力。

3. 利用一个单独大公司在市场上的强大地位，来影响商品供应和价格形成。

在一个完善的竞争性的经济制度下，价格并不是由单独一个市场参与者来支配的。然而当市场上存在集中的经济力量时，这些集中的经济力量可以任意改变价格，从而人为地操纵市场运行来符合他们的利益。这样形成的市场价格已不再是企业为了保持市场竞争力而必须遵守的"基准线"，相反企业可以根据自己的估计来操纵和确定这个市场价格。这样自然会滋生出欺骗消费者的祸根，也会产生盲目投资的危险，从而使技术进步与经济进步有倒退的可能。

立法者应该把排除扰乱市场的因素当作自己的任务：

(1)在最大可能范围内,保持完全竞争;

(2)在非完全竞争市场中,防止垄断势力滥用其权力;

(3)建立一个政府机构来监督市场,必要时,对市场活动进行诱导。

在这一基础上制定的经济宪法是政治民主在经济方面的副本。因为公民自决的政治权利在政治民主政体中占主要地位,所以这种竞争制度保证消费者的基本经济权利,也就是工作自由和选择自由的权利。

政治宪法与经济宪法两者之间的密切联系与相互依赖,使基本经济权利的确立显得迫切而紧要。所以,我所做的一切努力都是为了通过立法使有效竞争成为市场经济的主要推动力,用自由价格来规范市场。

谁要是忽略或轻视这些原则,那就是在损害市场经济和破坏我们的社会经济制度的基础。也许读者会感到,我们正在处理我们经济政策的基本问题。在讨论卡特尔政策的时候,我们所处理的不只是许多问题中的一个问题,而是我们经济制度中的一个首要的中心问题;只有从这个中心位置来看问题,才能理解为一个垄断法案而做出的持续几年的斗争。

请让我把这个问题再从社会意义的角度来说明一下。在原则上我反对卡特尔。因为,如果竞争保证了优胜劣汰,消费者的需要就能按照最好的品质、最大的数量和适当的价格得到满足,那么,一个健全合理的社会市场经济——我故意强调“社会”这个名词——才能有保证。这条原则同时也能保证一个优秀工作者得到较高的报酬;在这个社会意义上,也能保证一个优秀生产者获得较高的安全性与新的好机会。

关于卡特尔的道德估价问题（这一点经常会引起误解），我可以坦率地说一句，我不是从道德角度来判断卡特尔的，甚至也没有把不良动机转嫁给个别的实业家和企业家。

举例来说，假使一个商人认为他的产品价格不应该使他亏本，在道德上又没理由反对他。然而这种看法是与市场经济的内在规律相抵触，因为这种想法会保证一个效率最低的商人也能获利。

尽管我怀着最大的善意，我看不出卡特尔究竟有什么绝对的好处。尤其从国民经济的角度来看，我只能看到它坏的一面。近几年来，经常有来自这个或那个工业部门的人找我，他们坚持说他们不可避免地要破产了，除非我允许他们订立限价合同。我从未批准过这样的要求，他们所预料的破产也没有发生。

## 例外应当存在

在过去几年内，如果说我在维护市场经济原则的态度方面，已达到不屈不挠而又近于固执的地步，那是有充分理由的。同时，我的完全竞争制的理论方式并不是到处都能完全适用的。

这一种理论方式绝不是到处都能完全被实现的。从数以千计的实例中就可以看出自由竞争的理论掺进了其他因素，因而冲淡了它的本质。我还不至于脱离实际到连我周围的这些实例都看不见，我也不至于教条到在任何情况下都不肯对反卡特尔做出任何修改。在特殊情况下，是可以允许有例外或者放松对卡特尔的限制的。但同时，谁要是嘲弄这自由竞争的理论方式，那只会暴露他自己的智力缺陷。

如果把上述的概念制定为法案，联邦政府的草案就一点不会带有教条主义的色彩了。该草案并不是基于许多对完全竞争的批判，而是承认政府应该而且有必要出面干涉。所以，该项草案预见到条件卡特尔以及出口卡特尔，甚至可能会出现合理化卡特尔等等。谁也不能问心无愧地说，经济上的正当要求没有得到考虑，或者说，采取了这些措施，某些人的经济利益会受到歧视。

## 原则性的讨论并未击中问题要害

如果我对禁止法案与误用法案的支持者之间持续多年的争论闭口不提，那么上面这些意见不能算是完整的。按照我的看法，用这种方法提问题同道德观点估量问题一样，没有击中问题的要害。因此，我不得不再次强调，我之所以反对卡特尔并不是因为歧视商人，而是对不良动机的责难。不过，依我看来，集体限价这个问题，应当说是一种悲哀——哪怕这些限价在道德上和数学上是可以说得过去的。所以任何一种误用法案全都是行不通的。

我一向说，把物价定得太低跟定得太高在经济上是同样有害的。什么是经济上唯一“适当的”和合理的市价，是很难下定义的。它只能在自由市场上通过物价的平衡作用而产生。

依我看来，全面禁止法案总是合乎逻辑的。它排除了任何一种误用法案中可能出现的消极后果，同时允许了经济上必要的例外存在。

这些卡特尔支持者犯了大错误（绝不是偶然的——这也暴露

了他们的弱点），他们只从有关企业的角度来衡量卡特尔或反卡特尔措施的后果，而完全不从一般的经济角度来看问题。从一般的经济角度来看，正是那些组织严密的而能成功地实现它们目的的卡特尔才是最有害的。

卡特尔法必须以禁止卡特尔的原则为根据，这是不能改变的，否则联邦政府的全部政策就会沦为公众的笑柄。我也相信卡特尔法即使不是最好的，也是一个有用的工具，可以用来对付商业经济中的种种政治攻击。

如果自由竞争能使自由商人的作用成为不可缺少的话，那么它对商人来说就是无懈可击的了。如果消费者确信，在自由市场中他可以不受到隐藏的经济压力和势力的威胁，能够掌握自己的命运，那么消费者一定会对我们的经济制度越来越有好感。

要求制定监督法案或误用法案的卡特尔支持者比禁止法案的支持者教条得多，因为他们对任何异议都不假思索地排斥。即使有人对他们指出，误用法案没有击中国民经济真实问题的要害时，他们还是固执己见。我并不是在法律意义上或道德意义上谴责卡特尔的误用。所谓“误用”表现在价格的制定和缺乏灵活性这方面，也就是说，表现在取消自由价格的作用这方面。这就是我不要误用法案的理由。这些年来我从未听到过对上述异议的答复；我也同意，从卡特尔支持者的角度来看，他们不可能回答这个问题。

## 独一无二的指示器

要通过卡特尔来形成一个经济学上的“正确”的物价，这是一种幻想，简直没有这种可能。我认为自由市场里的自由商人是自由地由自己冒风险而产生的，那就不可能有卡特尔规定的物价，否则，从逻辑上来看，生产者的供给和千百万消费者的各式需求是不可能达到数量和质量上的均衡的。还有谁要反驳我这种基本想法？那种经济将必然会是盲目的，商人再也不能根据市场情况辨别方向，因为他不可能按照敏感的物价决定生产些什么、生产多少以及什么时候生产和哪里生产。如果整个经济陷于卡特尔中，那么供求均衡也就不可能存在。

“自由选购商品的几百万消费者，能在市场上找到他们所需要的东西，这究竟是怎么回事？”当我们提出这个问题时，外行也会认为自由国民经济或多或少是个神秘的东西。

谁也不能想象，成千上万的商人在制订个人生产计划时，从不犯错误。他们当然会犯错误；也有这种东西生产得太多，那种东西生产得太少的时候，价格与质量也经常有不匹配的时候，也就是经常出现不符合需求的情况。因为众所周知，消费者的需求是变化无穷的。



大众的消费随时在起变化，但是不管怎样，供给必须能适应这些变化的特点。每一个想要生存的商人，如果要做到这一点，最本质的，就是要在市场上“做得正确”，不损害消费者利益，并且随时为市场提供更好的商品，以便在同对手的竞争中生存下去。在这种市场地位的竞争中，自由价格的指导作用不能忽视。

间接地说，商人不应得到保证：他能从价格中收回所有的生产成本。如果一个卡特尔必须靠这种危险的道德理论来支持，那商人也就无法证明他有继续存在的价值了。那时的商人不过是个技术人员和管理人员罢了。他再也没有权利要求获得商人的利润。

在国民经济中，市场出清时的均衡价格可能高于其通过卡特尔制定的价格。反之，市场均衡价格，也可能低于成本。

因此，我必须反对某些人的见解，他们是站在有关企业的角度来为卡特尔做辩护的。我并不反对成本会计；相反，我希望一个企业能够有适当的人员进行正确的成本计算。成本会计是为了确定单个企业的恰当市场地位，并调查它能不能在竞争中保全它的地位或者能够维持多久。但是如果以这些推算为根据，在政治上要求实行卡特尔，那将是错误的。

那些反对联合管理极端趋势的德国商人，也应有充分理由不再支持卡特尔，因为，事实上，不管实行自由价格政策也好，实行固定价格政策也好，都要直接接触到联合管理这个问题。

一个商人只有准备利用一切机会，敢冒一切风险来发挥一个自由商人的作用，才能证明他有生存的价值；也只有通过自由市场的自由竞争，才能证明他存在的价值，证明他是不可缺少的、不可侵犯的。如果商人们想借集体协定的力量来减少风险，或者完全消除风险，也就是说，如果他想通过卡特尔把其企业层面的决定转移到同业水平上，那么，我相信，他对联合管理的反对，也不再具有合理性和说服力了。

组成了卡特尔，商人就失去了自己固有的作用；他终于变成了一个国家机关工作人员，也不再是少不了的人物了。一旦卸除了商人的责任，把他的企业和他的工人的命运交给集体来决定，大众对商人的态度也就有了根本性的改变。在 20 世纪中叶的社会环境中，商人面对这种决定命运的抉择要求组织联合管理，那是不足为奇的。如果商人自己决定放弃他们的行动自由，那他们的政治、社会和道德的地位也会遭到损害；那时，官僚制度就要得势了。

在这里我不能不提一提（那可能是卡特尔支持者的沉痛教训），就是在 1948 年以后卖方占主导地位，经济情况很有利于竞争与自由价格，但是在经济达到均衡之后，经济繁荣时期的内在规律开始起作用时，人们对此的看法也有了显著的改变。

## 用卡特尔来克服危机

支持卡特尔的人们所提出的一个主要论点是：无论要避免经济上还是结构上的危机，抑或是其灾害性后果，卡特尔式的经济协议都必不可少。



我从未说过，所有经济危机都是因卡特尔的剧增而引起的——这种说法当然很愚蠢。但我同样坚信，如果打算通过卡特尔协议走出危机，对国民经济来说不仅无用，更不会成功。

在任何一个特定的时期内，货物的总供应量总是受到一定数量的购买力的限制，因此，不可能所有商人在同一时间都获得更高的市场份额。那就像相信魔术一样了。卡特尔式协议的首要危害性，是那些满足重大需要的经济部门比它们在自由市场上获得了更多的购买力。既然有利于那些得益的部门，势必不利于另一些部门，因为它们的产品仅仅有较小的购买量。

这里所说的需求的紧迫性，对于那些要求优越地位的利益集团也是适用的。卡特尔的支持者一再指出必须防止经济崩溃，他们认为自己已经找到了一个能解决一切问题的办法，那就是卡特尔所规定的固定价格。

然而，这种做法阻碍了市场机制在危机出现前兆时所进行的自动调节。对于某一价格过高，因而销量不够的商品，或者对某些由于消费习惯变化而需求下降的商品，稳定价格毫无帮助。因为价格如果下降，会有更多的消费者被吸引，从而刺激商品销售；相反，价格过高，消费者就会减少。因此，想阻止降价、防止亏损的卡特尔就只能人为地减少产量，但这又会导致生产成本的上升。这样的计算永远没有穷尽，危机也只会越陷越深。

这种做法的内在规律不可避免地要引起国民经济活动的不断萎缩。如果采取这种做法的人太多，市场就要全部停滞下来。最后，危机会深化，直至无法解决。到那时，任何一种卡特尔协议都不足以使经济复苏，或者以再生产创造发展的空间。

然而，在一个自由市场中，由危机产生的畸形状态不太容易出现，因为自由价格能灵敏地指示市场上的波动和变化，并通过竞争引导市场实现均衡。

在一个自由市场经济中，市场周期性繁荣引发的紧张现象也是可以得到有机的调节的。这样的调节方式无论对整个经济还是单个企业都是唯一最易成功的解脱方式。虽然在这个过程中，企业不得不放弃盈利甚至承担亏损，但同时，自由市场经济却一再证明了其强大的适应能力。也正是市场这种自我保护的能力保证了经济的进步，将生产力提高带来的好处转移给消费者或全体国民。基于这种功能，我们的政策才能被称作“社会市场经济”。商人想要自己的道德地位，最好的做法无非是准备好承担所有风险，不寻求卡特尔或集体的庇护。商人指望集体的保护，往往比自己承担风险更加危险。

社会政策观点也难以证明，卡特尔能够保护企业和工薪阶级，甚至对那些只是略知国民经济的人来说，这样的观点也是站不住脚的。

受到卡特尔的人为保护和保障的产业，最轻可能造成无效率的就业，最重会危及整个国民经济使之停滞不前。在全球竞争中，这种停滞在长期势必会带来灾难性的后果，即使考虑到我们现在的出超还不担心这样的问题。

这种政策不能被称为社会性政策，因为它阻碍了进步，从而妨碍了新的、生产性的和可靠的工作的产生。在德国经济史中，失业人数从来没有像卡特尔最盛行的时期那样多。较低的生活水平是卡特尔不得不付出的代价。

## 中产阶级的童话

为了获得对卡特尔的支持，人们想尽了所有办法。最近竟有人提出一种奇特的说法，扬言卡特尔能保护和促进中产阶级的利益。说得客气一些，这是典型的现代童话之一，其中连一点儿真理都没有。因为每一个市场可供消费的商品与购买力是相等的。这就意味着，所有供应商品和服务的人，都在为给定量的购买力而竞争。

我们很清楚，并非所有的经济部门都有均等的能力或者愿望去组织卡特尔。如原材料和重工业部门的产品容易相互取代，因而更容易达成协议，这些部门组织卡特尔的倾向往往较强。但是，我们愈是接近了制成品的境地，朝加工品方向发展，花式品种的变化就愈大，达成协议的困难也愈大，从而卡特尔协议也越会变得无效而又无用。

对那些组织卡特尔的人们来说，其目的无非是更快收回成本和获取更高的收益，也就是为了他们的产品能比在自由市场上获得更多的购买力。当然，有些部门争取到了更多的购买力，就意味着经济中其他部门必须损失相等的量。失去这部分购买力的部门，恰巧就是中产阶级赖以生存的部门，那里有着十万家中小型企业。这里的购买力不足，原因是购买力已为那些能组织卡特尔的工业部门争取过去了。

显然，那些能够组织卡特尔的部门，不是中产阶级存在的地方。中产阶级往往存在于加工工业或制成品工业中。我们发现他们大多是在消费品工业中，在零售业中，在手工业中。必须时刻记住，通过卡特尔绝不会增加一点儿购买力。结果反而是，在一个拥有卡特尔的经济中，现有的购买力不足以吸收全部商品供应量——除非牺牲尚未卡特尔化的各个经济部门，而这些部门主要就是中产阶级所在的部门。



如果制造工业和消费品工业中的中产阶级接受了经验教训，也想利用卡特尔得救，他们会发现有太多妨碍统一协议形成的分离因素，技术上的困难也使真正有效的解决方案难以形成。即使协议真的形成了，人们也会学到，他们能拯救的只有价格，而绝不可能是销量。这也不足为奇，不过是个很自然的现象。假使通过卡特尔，国民经济有可能或者有力量将物价提高 10%，那么消费者的真实购买力就要下降 10%。这就是说，现有的购买力吸收的国民生产就要减少10%。在自由市场经济中,商品滞销现象会通过物价压力趋向于新的平衡。而在卡特尔盛行的地方,卡特尔的所作所为必然要引起难以解决的危机。

## 不是新的"经济管制"

另一种反对我的卡特尔概念的说法是:卡特尔管理局会成为一个新的国家管制的起点。

我很难相信,熟悉情况的人竟然会郑重地考虑这种说法。不管怎么样,既然在讨论中一再听到这种说法,我就要提出来谈一谈。

这简直是自相矛盾。一方面人们极力表示组织卡特尔并不容易,所以整个经济彻底卡特尔化的危险是不存在的。另一方面又认为,提请组织卡特尔的申请书多到使卡特尔管理局应接不暇。

如果反对政府计划的人们真的害怕一个庞大的行政机构即将产生的话,那么,他们一定相信德国经济极有可能再次大规模地陷入卡特尔化。不幸的是,我也有这种想法,而这恰好使我认为通过我的卡特尔草案来反对卡特尔组织是非常必要的。

前面已经阐明,卡特尔局的大小应由德国经济的需求决定。依我看来,它愈小愈好。卡特尔管理局究竟要多大,是经济本身应该决定的问题。

就拿大家害怕的国家"管制"来说,这种理论的内在矛盾很明显。在允许存在卡特尔的市场中,从未有人提到那些私营企业所成立的许多卡特尔办公室,虽然这种私人组织的经济"管制"的规模应该比任何一个卡特尔管理局庞大,因为后者只有一个任务,那就是阻止卡特尔的不合理发展，维护竞争，让市场自由发挥其作用。

不受欢迎的声音

自由经济抒情诗人艾哈德："她一直陶醉在我的弹唱之中！"
（承蒙《威茨拉新报》特许使用，汉堡北方新闻瓦尔特一格劳埃出版社）

注：图中艾哈德在向西德宣传自由的经济秩序和卡特尔法，然而却被泼冷水。在角落的联邦总理阿登纳也是支持经济联盟和艾哈德的观点的。

要把一个管理局说成是一个"管制机构"，那是不能令人十分信服的，因它的任务恰巧相反，在于防止卡特尔的"管制"，也在于防止私人企业组织起来的计划经济。平心而论，如果国家是在保障自由民主的社会制度的原则，这种行为根本不应该被当作政府干涉。

# 向商人们进一言

好几年来在有关卡特尔法案的讨论中，我一向被德国商人所误会。这就是为什么在本章结束之前我想向商人说句话：

我认为，自由商人是与市场经济的制度同生共死的。他在其他制度下，或多或少不过是执行外来意旨的工具；他在计划经济下，也会降到一个国家机关工作人员的地位。

如果商人再也不愿意承担自由竞争的任务，如果一种制度的建立使独立个体的力量、理想、智慧、才干和创造的愿望变得多余，如果强者不被允许打败弱者，并获得更大成就的话，自由的商业经济便不会存在。一种普遍的消沉和逃避责任的现象就要抬头了。力求安全和稳定的心理状态会导致与真正企业家精神不相符的态度产生。

我认识到，形形色色的集体主义者之所以向市场经济进攻，其目的在于破坏企业的作用。如果在商人阵地上，追求集体协议的力量占了上风，那么，“在生产领域内，还有什么理由来维护私人所有制，商人还有什么权利来做出经济上的决定呢?”是时候把这个问题提到政治高度上来谈了，而且这个时间来得比商人们料想的还要早得多。

如果把我的卡特尔概念解释为敌视商人的话，那我一定要怀疑这一种解释的严肃性与可靠性。其实，在德国再也找不出另一个更热衷于维护自由企业经济的人了。我负责联邦政府的经济政策已有八个年头，我始终忠心耿耿于这些主张，跟所有的猜忌、攻击和诽谤相对抗;同时我还有力地捍卫了自由企业经济制度。历史一定会证明,我在反对卡特尔法案的斗争中,保护了自由商人的地位和作用,比起那些目光短浅的、只看到商人在卡特尔中得救的人来要有用得多。

# 第八章　个人意见的价值

个人在国家中的地位，或者说得明确一点，国民对国家的态度，应当是执政者经常考虑的问题。在这个问题上，我必须表明一下我对热衷于组织的风气的立场(为了不将其述为组织狂热)——这种风气盛行于20世纪的德国。德国人喜欢组织团体的传统天性，以前曾受到过冷嘲热讽，现在却以一种新的而又危险的姿态出现了。它增强了德国人的信心。人们认为，如果能够组织起强大的机构来，这个机构又能以强大的政治力量来突出它的目标，那么，国家就要在这些势力集团面前屈服。很明显，许多大的势力集团就是按照这种原则行事的，如果这种狂妄的自信建立起来，国家必然要成为这些势力集团的掌中玩物。

随着这种形势发展起来的，还有一桩可以被称为不幸的事情：根据我多年来负责经济政策的经验，我一再体会到，在表示集体意见时，人们往往犯一种“以讹传讹”的毛病。任何人，不管他的职业和地位如何，他代表组织所表达的意愿、希望、担忧或是渴求，同他的组织提出来的要求，几乎毫无共同之处。

我可以举出许多例子来说明这句话。例如，在要求联合管理的那次罢工中，人们对参与者提了几个问题，并做了一个问卷调查。对这样一个“你为什么要罢工?”的问题，在被调查者中间，只有很小一部分能够大致正确地说出工会号召罢工的真正目的是什么。

这个例子说明的事实，也适用于雇主与被雇人之间的关系。在别处我也常常碰到过这种“传达错误”的例子。例如，当我同个别的商人谈到他对集团提出组织卡特尔的要求时所抱的态度时，或者，当我同个别的零售商讨论各种行业的法规时，又或者，当我同中产阶级人士讨论他们的集体要求时，我常体会到，那些宣称的“集体要求”与单个商人的愿望是多么大相径庭。

## 民主的未来

从这种经验看起来，我认为，一个组织只有认真地采纳个人的意见，并把它集中起来，且对实施强权政治的想法敬而远之，这一组织才是安全可靠的。



这是我们的这个年轻的、还没有最后定型的民主政体必须解决的难题之一。国家的任务，绝不是解决这个问题，当然不会把它摆在首要地位。它是每一个人的任务。每个人都应当设法恢复一种人与人之间和谐共处的合作关系；在这样的共存中，每个人首先能感觉到自己是在对自己的命运负责，不再无声无息地淹没在集体之中，也就不会无条件地容许一个机构肆意地下达命令了。

独立与自由的意志是人类最基本的动力之一。我们必须维护它，并且一天天地巩固下去。如果一个人把自己的一切希望都交给一个组织，我相信他绝不会感到快乐。我曾多次提到，我绝不相信最后的真理永远是在最强大的组织那一边。

只从集体的角度看问题和提出问题，这是我们这个时代所盛行的一种坏风尚。如果只偏听某个职业群体提出的单一且绝对的意见，岂不是很可怕吗？这样的窘境往往是无果的。我常常听到来自于这个经济，那个工业或这个商业的意见，我就追问下去，所谓这个经济、那个工业、这个商业是指谁说的？难道说集体成员的意见，真的是通过将每个成员的意见精炼和集体化而得来的吗？如果说，在这个或那个问题上，多数人有这一种意见，而少数人有那一种意见，多数人的意见得到支持，少数人的意见也允许被保留，那么这样的意见才是可信的。如果把一个集体决议建立在每个成员都要被迫执行的基础上，那么要形成一个集体决议，往往是行不通的。



上述言论，并不是要恶意中伤我们的组织形式，只不过想让大家意识到集体主张局限性的问题，借此指出我们社会经济中的，也是我们经济政策中的一个严重问题。因此我欢迎每个人发表他个人的意见。当一大批居民写信给我，提出他们个人的要求，表达他们的赞许或强烈反对时，我都不胜欢迎。

这种自由表达出来的意见，时常给我很大帮助，至少成为我了解人民对当前问题有何反应的借鉴。例如，在 7 月 8 日和 9 日的货币改革以后不久，德国社会民主党发言人说：货币改革及其相应措施并未带来供给状况的改善。我回答说：

> “如果前一个发言人说供给情况还没有改善的话，那么，女士们、先生们，我不知道西德社会民主党的发言人是在什么地方体验的货币改革。但肯定不是在大街上。如果你愿意到

我办公室来，我就要给你看一大堆工人、职员和各阶层人民的来信，他们都对货币改革和我的经济政策表示非常满意。”

尽管根据这批来信的不同意见可以把它们分成三大类，但是他们在心理学上或政治上的重要性并没有因此减少。第一类包括那些真诚提供意见的人，说出了他们的困难和深切的愿望，并且提出了值得我们考虑的建议。第二类包括那些一再来信的少数人，他们认为自己能提供一个现成的良方，照它做了就可以马上解决一切问题。第三类包括那些表示抗议有时甚至愤怒到极点的人。当然我认为第一类人是最具有同情心的，不光是因为他们支持我的政策，更侥幸的是，他们的人数也最多。

从许多来信中可以明显地看出，西德人民对货币稳定是多么地关心，然而这却是理论家们所忽视的，他们宁愿让币值永远轻度地下降。

为了证明我说过的一切，我从我每天所收到的信件中举出下面这几封作为例子。

1956 年 7 月 3 日科堡有一位公民写信来说：

“千百万西德人都注视着你，希望你能在任何困难面前成功地保卫我们的币制和经济。这个任务不简单。现在世界上分裂成几十个独立的经济区域，这些单个区域的自我保护本能往往引发误解，从而牺牲了区域间天然的相互联系；同样，这种无谓的态度在我们自己的经济体系中也经常看得见，它也是我们担忧货币不稳定的重要原因之一。对于我们国家和像我们一样追求完美理想的其他地区来说有且只有一个良方，那就是要进一步认识到人们对世界经济的一切贡献都是相互联系着的。”

1956年5月1日我收到从巴伐利亚的埃根费尔登寄来的这样一封信：

“好极了，部长先生，我和许多我问过的人一起满意地听到你在慕尼黑的演说。最使我们高兴的是，像你这样一个有公职的人，敢于说出每一个人的切身体会——那就是，今天很多人已经失去该有的分寸了。不幸的是，这种风气竟直达到最高领导。……大家总是有这样一个想法：且顾目前，只图私利。……”

巴克南有一位工程师来信说：

“……经济奇迹——通货膨胀！这种事我听过、见过一次之后，所有的通货膨胀都让我害怕。现在该是第三次了吧——又无法避免！结果怎么样呢？受害者还是我们这些人——小的储户。赚大钱的呢，就是那些所谓实物财产的所有者、负债者和投机家。……对于国家脆弱的责任感，根本无法承受如此大的打击。通货膨胀乃是绝不道德的事情，它窃取了民脂民膏。”

## 通货膨胀——工资和农业

经常有人问起通货膨胀的原因何在。1956年6月30日从巴特基辛根寄来的一封信，提出了下面这个意见：

"……补助农业的实施是令人遗憾的，它在目前所有的文明国家中很盛行；照我的看法，它跟货币问题倒有因果关系。因此，货币问题，也是个农业问题，它跟争取农民选票的党派宣传有间接联系。不幸的是，我们对议院席位看得比货币问题更重要。"

说也奇怪，倒是那些受过破产的惨重教训的难民们，经常提出警告。

有时他们看到了一些他们认为是通货膨胀的苗头，就表示极度的愤怒说：

"……如果我们能设法使物价最终显著降低的话，那么，所有的正派人都可以安下心来，从那时候形成的两派人——一派是近年来致富的人，另一派是因第二次世界大战而成为赤贫的人——之间的巨大差别也会逐渐消灭。这是降低物价的高潮时期。"

1956年6月28日有一位性情急躁的人从巴特埃姆斯寄信

来说：

“……你相信工会所说的童话吗？说什么工会与物价上涨无关。除了它们还有谁呢？难道货币跌价是一种自然现象，或者是蠢货们搞出来的吗？”

1956年6月14日奥伯门青有一位家庭妇女来信说：

“……我们做公民的，首先关心的是保持马克在国内的购买力。……部长先生，请帮助我们这些要在通货膨胀中受尽痛苦的人吧。”

从斯瓦比亚来的信特别多，其中许多人对有关问题讨论得非常全面。

我在1956年4月3日收到从美因河文德林寄来的一封信：

“人们认为慢性通货膨胀继续不断的这个信念已根深蒂固。请求和呼吁已不起作用了。经济势力的自由发展根本不受约束；没有人再谨慎地考虑节制的问题；每一个参与者（商人或工会人士）都想完全不顾后果地从中获取最大可能的利润。消费者这方面也同样缺乏纪律。他们随时随地在盲目购买商品。即使双方都还残存着理智，也免不了被卷入这个旋涡。因此，目前的问题，是要说服生产者与消费者，让他们跳出旋涡，重履坦途。这只有通过巨大的税收优惠才能实现，使储蓄者能获得巨大好处，这是非常重要的。在今后的三四年内存入的储蓄存款，应无限制地免除一切所得税与资本税等。……除了经济奇迹以外，或许我们也可来一个储蓄奇迹。”

关于工资与物价政策的问题要比一般的货币稳定问题提得多，例如：

“……我们要降低物价，因为增加的工资大部分都花在较高的生活费上面，那有什么用呢？此外西德马克正在不断贬值。到后来，西德的出口也因为工资的不断增长而受到抑制，反而引起失业。”

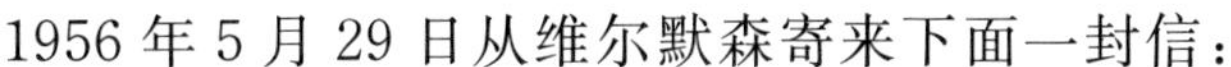

1956 年 5 月 29 日从维尔默森寄来下面一封信：

“……部长先生，你对工资的螺旋形增长竟一筹莫展吗？否则，通货膨胀就无法制止了。部长先生，我要大声警告你，不仅要坚决对待农业，而且要坚决对待德国工会联合会。如果再来一次通货膨胀，储蓄者的最后一点信心也都要失去了。”

1956 年 5 月 16 日帕辛的一位淳朴的妇女写信给经济部长说：

“……如果工资不变，四十小时不会做出四十八小时的工作来。所以物价上涨了。每个商人都提高自己商品的价格，受苦的却是消费者。五十年前，人们从早上六点工作到晚上六点，却没有一个人因工作过度而死或者害病。当时的人都比较健康，比较快乐。请不要一直提高工资。……”

工会所提出的工资要求常受到人们的批评，其次数之多异常惊人。1956年4月3日有人从乌尔姆寄来这样一封信：

“你已经简单明了地说明了未来可能有的通货膨胀问题，我完全相信你的说法。但现在人们听到工会不久又要提出增加工资要求，建筑业的工会肯定也会跟着提出。您就允许他们提出要求，答应他们的要求吧——这样建筑业就要停顿了，这些先生们就可以喝西北风去了。我认为，工资和薪金市场现在也该平静会儿了。也许你可以利用你宣布过的那些措施，否则太迟了。无论如何，工资的不断增加只会使人更加担忧下一次通货膨胀的出现。……”

1956年7月17日一个退休的人从库克斯港寄来了一封信，信中他表达了同样的意思：

“工资的螺旋式增长到现在一直都还未停止。如果我们不希望有一天面临衰退的话，现在就已经到了必须坚决采取措施的时候了。”

一次稳定物价心理战的试探，招来了一大批的来信，其中有许多提到他们自己反对物价上涨的“私人战争”。一个阀门经销商把他跟他的供货商来往的信件都寄来了。从这些信件中我们可以清楚地看到，之前该经销商在每个设备上可以拿到1/3的特别折扣，但现在那个供货商写信给他说：“有人告诉我们说，你最近利用这种折扣对最终的消费者减价。因此，我们通知你，从今以后，我们只能给你22%的折扣。”该经销商为了这事，请求我们出面干涉，因为“这些措施自然要引起物价的提高，使消费者增加负担”。

1956年6月11日，一个德国医生合作社来信说：

“我们每天都会收到一张价格单，上面的价格涨幅简直让人印象深刻。我们确定，您肯定不太清楚这样的物价上涨，因为它并未在该行业内的买主、批发商和经销商中引起民愤，所有人都拿到了更高的价格折扣。这暴露了人类在经济中目光短浅的心性，只重视眼前利益，而看不到最终可能引发的通货膨胀，人民再也不会有长期存款。”

## 并非所有怨诉都合理

并不是所有人都具有理性消费者应有的责任感。莱内佩尔有一位公民抱怨说，她修理一把椅子和一个小柳条篮子的把手，要花50马克。她要求经济部重新采取措施，平抑物价。我们从她以后的几封信件中才弄清楚，原来她同意支付这笔钱的时候太粗心了。一个主妇叫一个不相识的修篮子人修东西，怎么能事先连多少工价都不问清楚呢？这种例子是很多的。

我呼吁大家，对于讨价这个要求不要不问青红皂白地全部同意。这种呼吁收到了许多回应。有一位乘坐德国的火车旅行的旅客，在1956年5月14日寄来有关当时物价上涨的详细情况的材料，我们经济部就利用这些材料同德国火车公司进行了满意的磋商。

一个北德总工程师在与我们的来往信件中表示，他一直在强烈关注并考察某种太阳镜的价格。最后他计算出，同一工厂产的这一太阳镜在不同的商店中竟有2.5—6马克的价差。

有一个小制造商，平均年周转额为6万马克。他给我写信说，虽然他的原料进价涨了三倍，但他并未提高他产品的售价。他接着写道："有一群商人在真诚地支持你的方针。我相信，这对你来说，是很宝贵的。"



巴伐利亚有一家时装店寄来一本宣传册和一些传单，他们将这些印刷品发了10万份，并在里面向顾客们保证说，从1955年11月到1956年复活节期间，绝不会提高价格。

> "一定要有个人开个头。这是西德经济部长艾哈德博士在联邦议院柏林会议上向有责任感的西德商人提出的要求。他的意思是说，物价必须停止上涨。我们这家商店已经带头，帮助稳定物价。我们宣布，在1956年复活节以前我店的女装与童装的价格绝不会上升。"

1956年4月1日比勒费尔德有一位公民寄来了下面一封某

修理商店给他的原信，还把一副修理过的眼镜架也附上。这副眼镜架的修理费为 6.5 马克：

> “你是经济方面的首脑，我就写信给你。部长先生，我首先对你为重建我们祖国而操劳表示感谢。你一定比任何人更能理解到我们商人的自私心和许多老百姓的自我放任，这些心理变态正在稳步地、但势所必然地把我们引到那里去。……”

从许多来信中可以看出，每个参加经济活动的人向卖方提出严格审查物价的要求，不盲目接受卖方的索价，是多么关键。拿一个来往信件举例。海姆巴赫—魏斯有人来信说，他订购了某一种活塞，发票单价为 74 马克 20 分尼。经过他详细的调查，还同制造商通过信，最后从制造商那里知道了活塞的价格一律为 35 马克，至多也不过 40 马克。他就在信中写道：“当我最后从制造商那里知道了这个价格，而售主仍然索价 74 马克 20 分尼时，我就把原物退回给他，分文未付。

“1956 年 3 月中旬，一位符腾堡的来信人提醒我说，现如今人们在招揽生意时时常可听到这样一句话：“买下吧，物价要涨哩。”许多人也就这样不自觉地把这种毁灭性的毒药散播出去。

常常也有一些民众的抱怨和尖锐的批评都只是出于他们自己的误解。比如，来自路德维希的一位公民就愤愤不平，因为他认为某著名公司的刮胡刀将从 1.5 马克涨到 2 马克。他表示：“如果不采取任何补救措施，我们的储蓄一定会贬值，这样所有人都会去银行挤兑而不会再存款了。"同许多别的案例一样，我认真地考察了这个事情并发现，在这家公司原始的价格列表中早已清楚表明，刮胡刀的价格从1949年开始就没有变过了。

也有其他一些投诉得到了满意的解决。一位威斯特法伦的居民拒绝接受烟囱清扫费从3.62马克涨到5.53马克。明斯特行政区长官出面干涉并做出了解释。这个主要与人工费挂钩的清扫费用是被该区域一个扫烟囱的师傅无故提高的。最终该居民多支付的部分得到了偿还。

许多来信提到了变相的涨价。有一位顾客购买某种药品多年。他很烦恼地报告我们说，一盒药以前有51支，突然减为40支。经我部与制造商联系，制造商承认说，他认为这种20%的变相涨价，要比直接的、急迫的涨价更能迎合顾客的心理。

## 低关税是深得人心的

农业政策，或者不如说，关于"绿色战线"的批评，是人们经常谈论的话题之一。居然有多得出奇的来信讨论到这些问题。下面就是几封有关这方面的来信：

> "艾哈德教授，各阶层的人民都指望着你。因此我请求你跟你的反对派做一次无情的斗争。要知道他们不想降低物价，只想违反你的意旨来提高物价。"

有一位家庭妇女这样写道：

“……我们家庭妇女在报纸上读到了你有意要降低食品价格的消息，都非常高兴。……要降低物价不会很困难，依我看来，必须从农业开始。不妨检查一下屠宰场、制奶业和零售业之间的商业差额就知道了。菜牛价格一落再落，而牛肉与香肠的价格却依然不动。每一个屠夫都坐上奥帕尔·卡皮登牌或梅赛德斯牌汽车了。……部长先生，降低了物价，你会受到人们的热烈赞扬，而我们家庭妇女，更是感激不尽。祝你诸事顺利。”

斯图加特—特格洛赫的一位公民，由于农产品关税降低了30%，要影响到他原来的计划，因而大发雷霆地写道：

“我们是看惯了，到头来还是消费者受苦，这是加重消费者负担的最好办法。魔鬼的负担却最轻。”

在奥登瓦尔德的一个小村子里有一位建筑师也讨论了这个问题：

“关于降低关税30%这件事，让我告诉你我自己的经验：我在一个……小村子里有些地产和房屋。奥登瓦尔德北部地区被认为是个贫民区。在过去四五年内，差不多每两个农民中有一个建起了新农舍和新住宅，而且购置了新农具。每个农民的儿子也有了自己的摩托车。……我同农民们相处得很好，并不嫉妒他们过较富裕的生活，但是在另一方面，我不能理解他们的叫苦心情，他们担心农业遭到破产，以及降低了关税，农民就无法生存等。”

不仅在农业问题上可以听到猜疑的呼声，在有关降低农产品关税的讨论时，我也收到过一封措辞激烈的电报：

“农村选民竭力反对降低农产品进口税的打算。这种措施将沉重地打击农业，抵消‘农业计划’的作用。我们望你取消你那有关农产品的关税计划。”

尽管邮局和其他许多机构想尽了办法，也无法投递我们寄出的一封措辞非常谨慎的回信。



上面这些抗议也引起了反抗议。我收到过下面一个电报：

“整个联邦的消费者，特别是总理所劝诫的那些要珍惜每一分钱的家庭妇女，热烈欢迎降低关税，并且指望你的关税提案能够完全通过。采取有效措施的时机已经成熟。物价的不断上涨可以得到遏制。……不要在农业的抗议面前软下来，因为，尽管农业有它自己的困难，但基本上并不比成百万中小收入者的境况更差；这些中小收入者希望能关税的降低能使他们的境遇得到一定的改善。”

从法兰克福寄来的另一封信上写着：

“我们怀着钦佩的心情注视着你的事业，但是我们对你在讨论中的软弱态度感到遗憾。你会看到，人民会继续感到不满。”

(承蒙《南方信使报》特许使用，绘画：Harald Pohl)

注：图中艾哈德想要打开关税壁垒，而当时的农业部长吕贝克在一旁阻止，他为了保护农业发展反对拆除关税壁垒。

1956 年 5 月 13 日经济部收到从莱茵兰的莱茵贝格寄来的这样一封信：

“过去八年中之所以能获得巨大的经济成就，乃是因为人民对你的信任。……要制止物价上涨，肯定有许多办法。你为什么不降低关税呢？为什么重整军备的步伐要这样快呢？为什么不制止联邦政府、州政府与地方政府的建设速度呢？

……部长先生，我们这些储蓄者，希望你和联邦政府能在维持币值稳定方面获得成功。”

由于有关全面削减关税的谈判失败，一位慕尼黑的公民在1956年7月18日写信来表示愤怒。

“你所提出的降低关税的议案竟会遭到失败，真令我百思而不解。照这种情况来看，农业界人士或者不在乎物价上涨的其他一些人，似乎已占据重要地位，他们也许还可以从中渔利哩。……”

有些来信明确地提出了警告。一位斯图加特的公民对我的努力“愈来愈表示关切”。他在1956年6月2日来信说：



“……要使德国的经济奇迹不遭受到像其他奇迹一样的命运。你为什么不更积极地行动起来呢？物价平稳不是一切福祉的前提吗？……部长先生，我相信，经济活动中的一部分人不可能具有你所希望他们应有的那种社会良知了。……不要把注意力放在下一届的联邦议院选举上，你应当在德国人民的历史上为自己保全一个地位。坚定不渝地贯彻你的原则吧！这也是百万德国人民所支持的原则。我们的民主需要有坚强的领导，否则就要失败。”

一般群众往往看不到，任何一个政府的权力总有一条界限，超过了它就无能为力;经济部长也不能在所有经济领域内负责处理每一项重要的事情。

1956 年 3 月 27 日从斯图加特来的一封信上说道:

“我从报纸上看到,从 1956 年 4 月 1 日起,建筑工人的每小时工资又要增加 8 分尼。我感到吃惊,这可恶的第三次慢性通货膨胀,究竟会导致什么样的结果? 这是公开的欺诈行为,部长先生,你知道吗?”

类似地,另一封来自波恩的信件也没有考虑到政府的管辖权问题:

“从今天起就已经有上千的家庭无力承担孩子的奶粉钱了,然而物价还在继续上涨。这种使物价上涨的企图简直不负责任,它会成为物价无止境上涨的推动力。”



1956 年 3 月 6 日来的一封信说得很坦率:

“部长先生,你答应过我们有些物价要降低。到目前为止,未见实现。相反,有些物价已经上涨。糟糕的是,你的同事已经拆了你的台。目前我们的境况无异于第三帝国时的境况。今后的结局未可乐观。”

1956 年 6 月 11 日有一位来自欧斯基尔辛的公民更是激进地

建议:直接将经济部、财政部、社会政策部和交通部合并成一个部门。

## 巴西来信、手工纸与金币

人们经常提出细节问题。因此,有一些巴西人和一些移居巴西的德国人在 1955 年年底从巴西的圣卡塔林纳来信说:

> “从各方面来看,你是德国政府中最受我们爱戴的人,因为你无疑是个信仰自由的人。在你决定坚决反对一切要求组织卡特尔的尝试时,我们就百分之百地拥护你了。……垄断资本主义是反对自由的;人民中的一个群体靠剥削其余的人来为自己谋利,这是与自由相违背的。近几年来我们经常在问,艾哈德知道不知道这个道理:如果一群罢工工人利用威胁性的总罢工,这等于用讹诈手段要求更高的工资。他们是不是也在剥削别人而为自己谋利呢?如果卡特尔应受压制,那罢工也应受压制。”

另一位来信者希望解决肉价过高的问题:

> “经济部长先生,我在布鲁塞尔有一些从事批量屠宰的亲戚,他们把经过旋毛虫检查的新鲜猪肉以每千克仅 1.5 马克的价格送至亚琛边境。经济部长先生,请您与批发商们沟通一下吧,让我们的人民用微薄的工资也能吃上猪肉。”

当然也有许多来信受到了一些不受人欢迎的措施的影响，预言经济衰退。1956 年 5 月 12 日一位帕德博恩的制造商写信来说：

> “要想控制繁荣从而采取紧缩政策的话，只能逐步予以实施。如果操之过急，大祸就会临头。……我们的道路到目前为止，必然要向共产主义发展。……”

知名人士也经常对时事问题发表评论，例如某著名工业机构的董事长在 1956 年 1 月 14 日来信说：

> “你劝告说……工业应当在物价上涨的威胁面前如何行动，我听了非常感激。我们这个行业正在为自己的生存而进行一场艰巨的斗争，因为我们上游的基础工业正因为它们不可理喻的价格政策而获取巨额利润，这仅从最近的财务报表就可以看出。利用价格来弥补成本的想法是不该受到辩护的。”

精简行政费用的愿望表现在许多意想不到的方面。吉森有一位牙科医生寄来了联邦空防协会的三张通知书，这三张通知书都印在加工精致的优质纸上。他写道：“不幸看到这些纸张给人的印象是，一再强调经济纪律并不适用于政府各部门和公务机关。”

除了抗议和批评的来信以外，也有表示赞扬的信件，其中常有宝贵的意见和鼓励。例如 1956 年 5 月 8 日有人从斯图加特来信说：

“尊敬的部长先生，对于您的措施、行动以及坚定的信念，我表达最高的认可、尊重和激动之情。请您无论如何不要因为反抗的声音就得出伤害集体利益的结论。”

就在讨论德国联邦银行措施是否适合时，1956 年 5 月 8 日，又一封来自斯图加特的信说：

“我殷切地希望你在跟德国联邦银行的合作中，能成功地把控制权紧握在自己的手中，好让法案能加紧它的紧缩政策而不予以放松。”



1953 年 11 月 21 日一封从科隆来的信这样写道：

“我在报纸上读到你在社会市场经济行动协会上的讲话。你的行动无疑在选举的胜利中起着莫大的作用。希望你今后在对待行政管理问题上，能继续表现出你在支持竞争方面所表现出来的那种勇气和态度。这种庞大的行政机构不是一个本身已陷于激烈竞争的经济所能负担的。”

1956 年 4 月 30 日雷姆沙伊德—莱纳普的一位制造商来信说：

“我想告知你，这不是恭维你，整个经济都深信你能胜任你的工作，你的岗位太难了，我连想都不会想做。当几天前，我在电视机里见到你的时候，我觉得你的心肠太好了。如果你用另一种态度来对付你的反对派，也许更合适一些吧。”

2月22日近在普福尔兹海姆的鲍施洛特城的一位公民来信说：

“在过去几天内，我读到了你向产生新的不满情绪的德国多阶层人士又发出的警告。你说出了这样的意见是很受欢迎的……在工商业会议上讨论贫穷问题的时候，会议的大厅外面却停着许多梅赛德斯300汽车，这在政治上来说是很不明智的。我绝不反对发财致富，但是我认为老是怨天尤人也并不合适。所不幸的是，那些经济状况得到改善、财产增加了的人却对整个国家毫无责任感，他们只要有利可图，就会和魔鬼签订合同。……”

来信者中也不乏一些带有极端民族主义色彩的人。1956年3月31日一个慕尼黑的激进社会主义自由党成员来信：

“尊敬的部长先生，可能您对吸烟更加了解一些，而对货币政策方面的事务和消除住房紧张却一无所知。过去的经验已经很好地证明了这一点。”

在许多来信中，也有许多新奇的事情。西德大城市中有一位零售商人，他寄来几袋商品，不附信件，仅在袋子的背面写着："艾哈德是对的！假使人人都选购最划算的商品，那物价就会下跌。一切都由你决定。"

有几封来信也提出这样的或者类似的建议：

> "联邦银行在收回10亿纸币的同时，应该铸造10亿金币，用来偿付工资和薪金。然后马上将这些金币囤积起来，那么就有可能减少10亿马克的购买力。"

1956年7月14日一位柏林市民在他来信的结尾中说了这么一段话：



> "我手头有着一封你部给我的复信。为此，我向你表示谢意。尽管我认为复信内容远不能使我满意，但我仍然感到欣慰，事实并不像人们经常所说的，寄给政府的信件都被扔到接待室的废纸篓里去了。从现在起我要驳斥这句话。"

# 第九章　市场经济与工资

我之所以不断斗争是为了保障真正的和自由的竞争，其目的首先是支持我们国内的那些有益的力量，尤其是那些有助于西德经济，使它的生产力不断增加的力量。凡是没有竞争的地方，就没有进步，久而久之就会陷入僵化状态。在那种状况下，每个人只想保持他已有的东西，也就是说，他不想再提高他自己的生产力——而这种生产力是促进国民经济繁荣的一个极重要的因素。

提高经济效率本身绝不是目的。只有在生产力日益增长的同时，物价下降，使实际工资的增加成为可能，才能说是全面实现了社会市场经济。



我永远也不会停止向这个目标前进，哪怕在今天，许多人都认为降低物价政策不可能实现，或者不像会成功，我却还是要这样做下去。尽管我们目前正经历着一个经济发展的阶段，但我们绝不能忘记这个目标。在朝鲜危机的时候，我们不是也碰到过同样的问题吗？1950 年 10 月 22 日在戈斯拉尔举行的一次德国基督教民主联盟大会上，尽管当时物价波动很大，我还是能举得出那时候的事实：虽然原料价格更高了，同时工资和薪金也增加了 10%，但大众汽车厂还是把它的产品价格降低了 10%。我对这样一种政策解释为“完全符合社会市场经济的目标”。

这些例子足够说明，对竞争的追寻与提高生活水平的愿望之间是有着密切联系的。归根到底，既要得到这一样同时又放弃那一样，长期来说在经济上是不可能的。这种不可分割的关系也可以从另外的方面来证明：在过去八年中有过三次物价上涨的时期，即 1948 年下半年，朝鲜战争所引致的上涨时期，以及现在的经济繁荣和充分就业所形成的上涨时期；而我们体会到，只有竞争才能减弱这三次物价上涨的恶果，使物价回归正常，从而保证工资与价格之间、名义收入与物价水平之间的最佳比例。

维持竞争经济，在任何意义上都是一种社会使命。我们可以吸取我们自己过去的经验教训，也可以看看铁幕那边的国家，我们从那里可以看到，在一个计划经济中，尤其在国家管制的经济中，工资在国民收入中所占的比重总是比市场经济中的比重小。工资的比重在国家管理的集体经济中——像目前在布尔什维克主义的国家中——总是最小的。如果不是这样，倒反而奇怪了，因为不但庞大的官僚机构必然要消耗国民经济的一大部分，而且从国民收入的成分中也可以看出，国民经济并没有为人民的福祉服务。任何一个认真而严肃的人不会断言，更不会证明这一点，国家管制经济中的社会经济成就会大于市场经济中的社会经济成就。

我曾说过在市场经济中，竞争是提高生产率的最理想手段，而生产率提高反过来又可能使物价下跌，工资上涨，但这个观点还需要根据历史来说明。

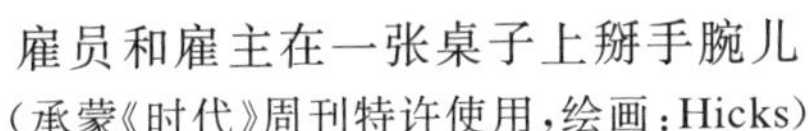
雇员和雇主在一张桌子上掰手腕儿
（承蒙《时代》周刊特许使用，绘画：Hicks）

注：艾哈德强烈支持劳资协定自主权，即工会和雇主要就劳动和工资条件达成一致，并对此负责。这样的合作由一场激烈的“掰手腕”来决定。

## 商人们的准则

当工资上涨的要求超过了经济上所能允许的限度时，以及当它由于政治上的原因而有超越生产率上涨倾向的危险时，作为经济部长，我就不得不公开讨论工资上涨问题。在我负责德国经济政策期间，这种情况曾经发生过两次——一次就在不久以前，另一次在朝鲜危机时期。在其他更长的时期内，我从未反对工资的上涨，尽管名义工资上涨幅度很大。凡是了解我的经济信念的人，都知道工资自由的增长在我的信念中占有很重要的地位。

我因抱着这种信念，曾一再解释，雇主们经常在原则上反对增加工资，是与市场经济制度不适宜的。由于我们国民生产力的不断增加，增加工资不但在原则上可能，而且从保持货币稳定这一点来看，也是必要而明智的。雇主们反对增加工资，完全漠视了我所理解的市场经济的目的。雇主们不肯抓住机会自愿提高工资，而是直到工会施加压力才肯提高，我认为这是不应该的。特别是在经济稳步上升的时期，如果雇主能因生产率提高而自动增加工资的话，那么他的行为不但在经济上是非常适当的，而且在心理上也是非常明智的。当然，降低物价这个办法也不应当全部予以排斥。如果在两者之间选择的话，与其增加工资，不如降低物价。

有人反对说，工会必须取得胜利，才可对会员们有交代，所以我宁可降低物价的观点未必可取。这种说法，在国民经济的意义上看来，是不合理的。

如果把生产率的实际提高看作工会提出要求的限度和雇主们自动提高工资范围的限度，那就会发生这个问题，即如何保护这个限度不被超越呢？

超过国民经济或某个经济领域内生产率提高的工资增长必然会引起物价上涨。但首先必须心平气和地指出这一点：在繁荣时期，雇主与雇员双方很容易达成协议；他们双方都关心生产，并认为，尽管协议有可疑之处，对他们也不会产生直接影响。但是任何一项协议，只要忽视了对国民经济所能产生的影响，就会增加个别收入变化迟缓的经济部门的负担。而对这些部门说来，任何一种物价的上涨，特别是生活必需品价格的上涨，都是有害的。

## 向往未来

当讨论所谓“积极工资政策”时，我已经提醒过大家留意这一点，即如果不注意物价健康性变动的限度，就会引起某些社会性的后果——或者倒不如说反社会的后果。这种通货膨胀性的工资政策会动摇物价结构，这当然是有害的，除非出于其他考虑，确实需要实现通货膨胀。我从来没有，也永远不会接受这种概念，因为这种政策会缓慢而必然地加强通货膨胀的趋势，直到一切储蓄意愿都消失为止。

我们对不以稳定购买力为目的的政策做出评价时，除了考虑它的反社会恶果外，关于它产生的一般经济后果也要考虑。如果我们不打算在长期损害我们的出口，那就不应该完全不顾经济状况，任意地提高工资。即使当我们把出超看作一种坏事时，我们也不应当忘记，外国人绝不是因为这些商品是德国制造的就来购买，而是由于我们不断提高的生产力。作为世界经济的一部分，我们必须了解各国在工资方面的联系性。也就是说，我们绝不能忘记，我们引以为自豪的一切对外贸易方面的成就，主要是靠我国币值的稳定，以及对我国货币价值的坚定信心。只有维护这种稳定性的政策，才能在较大规模的和较小规模的国民经济交往中，把安全感树立起来。

这种政治路线必须保持下去。即使在我国对外贸易中的有利趋势并未遭到来自工资方面的威胁时，我的这些话和意见依然是有效的。如果采取了带有通货膨胀倾向的政策,或者如果这样一种政策不再遇到阻力的话,那么就无法制止恶果之来临。随之而来的货币贬值和物价上涨将导致我们的出口盈余像白雪在阳光下那样融化掉。

我相信我们经济上的生产率不断提高是所有工作者共同努力的结果,但我同时也希望工会在提出工资要求时,要有相应的社会责任感,从而保证我国币值的稳定和经济的健康发展。只有当雇主们能想尽一切办法降低物价,或者至少能维持他们商品(特别是消费品)的价格时,向工会提出这种克制自己的要求才是合理的。

## 自主与责任



说到上述问题,不得不提到社会主体间的自主问题。大家都已知道我对这个问题所持有的见解。联邦政府、联合党派,也许整个联邦议会将自始至终在工资与工作条件问题上给予和维护劳资双方自主决定的自由。但这种自由必须与责任紧紧联系在一起,并被合理利用。也就是说,不应采取一种促使物价上涨、降低购买力、削弱德国经济的竞争力,因而最后危及币制之类的政策。不负责任和缺乏义务感的自由只会导致退化和造成混乱。

1955 年 3 月 6 日在法兰克福举行的国际展览会上,我满怀信心地说:“我高兴地宣布,联合管理双方已经明确地认识了他们的责任,因此,在我被证明是错的之前,我都深信没有任何因素会从这方面来搅乱德国的经济了。”但从 1955 年春季以来,事态的发展使人怀疑起来,这种以人类良知为基础的自信说法,在今天究竟是否仍旧正确？考察一下工资发展与生产率发展的差距，这种怀疑就更深了，特别是1956年工资的上涨远远超过了生产率的增长。1956年头九个月内的生产率较1955年同期上升了3.8%，而产业工人的每周毛收入在同期内增长了8.6%。

这里我可引用市场经济主要拥护人之一瓦尔特·奥肯的一段话：

> “如果说先有东西生产才能从事分配这句话是正确的，那么社会改革家首先注意的应该是选择效率最高的经济制度。只有在有了这种制度以后，才说得上其他问题。在任何一种制度中，如果大家同样都饿死，这绝不是合理解决分配的办法，也不是解决安全问题或任何其他社会问题的办法。不良的制度，即使尽量加以粉饰，或者呼吁大家关心共同利益，使它动听些，也是不能令人信服的。”

## 必须将蛋糕做大

这就是我要再一次强调我的目的是提高生活水平的原因。我所最关心的不仅是分配问题，更是生产与生产率问题。解决的办法不是分配，而是增加国民收入。只注重分配问题的人们经常犯的一个错误在于，分配的数量超过了国民经济所能生产的。

这并不是说，现在的分配制度在各方面都已十全十美，或者都是“公正”的。归根到底，还是有改善的可能性。但这种变革，如果要立刻实现的话，就会引起激烈的争论，以及提高工资的斗争，或许还要引起罢工。这种活动要消耗国家许多经济活动力。因此，把这些活动力用在增加生产方面，使每个参与者都能获得更多，才是比较明智的。

我在这里所说的，已为国民收入的发展趋势所证实。联邦政府在从1949年执政时起到1955年为止的这段时期内，把国民总收入从471亿马克增加到858亿马克（以1936年物价计算）。1956年头六个月内国民收入约为440亿马克，这跟1936年全年的479亿马克相差无几。在职工人的净收入也相应地从1950年的34,101,000,000马克上升到1955年的61,367,000,000马克，1956年头六个月的收入则为31,909,000,000马克。通常上半年的收入总是远较下半年为低，例如1955年上半年为29,393,000,000马克，而下半年则为32,974,000,000马克。

私人消费的增长率特别显著，在1955年头六个月内增长了5,205,000,000马克。如果以1936年的物价来计算（剔除一切物价变动因素），那么近几年来的私人消费增长率的数字如下：

**1949年以来的私人消费增长率**（以1936年物价计算）

| 上半年 | | | | | |
|---|---|---|---|---|---|
| 1950年 | 比 | 1949年 | 增加 | 17.01亿马克 | 12.6% |
| 1951年 | 比 | 1950年 | 增加 | 18.48亿马克 | 12.2% |
| 1952年 | 比 | 1951年 | 增加 | 10.37亿马克 | 6.1% |
| 1953年 | 比 | 1952年 | 增加 | 16.84亿马克 | 9.3% |
| 1954年 | 比 | 1953年 | 增加 | 17.61亿马克 | 8.9% |
| 1955年 | 比 | 1954年 | 增加 | 21.82亿马克 | 10.1% |
| 1956年 | 比 | 1955年 | 增加 | 23.72亿马克 | 10.0% |

（续表）

| 下半年 | | | | | |
|---|---|---|---|---|---|
| 1950 年 | 比 | 1949 年 | 增加 | 24.85 亿马克 | 15.9% |
| 1951 年 | 比 | 1950 年 | 增加 | 7.72 亿马克 | 4.3% |
| 1952 年 | 比 | 1951 年 | 增加 | 18.44 亿马克 | 9.8% |
| 1953 年 | 比 | 1952 年 | 增加 | 20.40 亿马克 | 9.9% |
| 1954 年 | 比 | 1953 年 | 增加 | 16.25 亿马克 | 7.1% |
| 1955 年 | 比 | 1954 年 | 增加 | 29.55 亿马克 | 12.1% |
| 全年 | | | | | |
| 1955 年 | 比 | 1949 年 | 增加 | 219.34 亿马克 | 75.5% |

从经济发展的新趋势中也可看出每一个经济家和社会政治家的巨大责任之所在。在自动化时代的前夕，即在许多人(即使带一些朱尔·凡尔纳式的幻想)称之为第二次工业革命的初期，我们德国正像其他许多工业化国家那样，需要大量的资本，而这些资本又必须按部就班地筹集来。在理论上，筹集资本只有三种办法。可以通过自由资本市场去筹集资金，每个公民都应当参与到这个市场。这里的资金通常靠人民大众个人的零星储蓄，积少成多地积累起来。因此，这种办法不但是传统的，也是一种最健康的方法。不幸的是，我不得不指出，除了政治方面的错误以外，由于人民担心物价上涨，尽管处在日渐繁荣的时期，最近储蓄已有所下降。

如果因人民对投资有顾虑，以致堵塞了资本市场筹集资金的自然途径，那么还有两种办法可以采用。一种是提高物价的办法。但我相信读者绝不会把它当作有效的或者在政治上行得通的办法。如果我们不惜采用这种办法，那么我相信我们的社会经济制度不久就会崩溃。这种尝试隐含了太多的社会炸药，只能导致灾难。

还有一种办法是求助于国家，那就是，由国家来设法筹集必需的资金。像在提出各种公开的政治要求的场合那样，没有人会想到国家究竟到哪里去筹集这种必需的资金。在不危害货币制度、不搅乱物价稳定的前提下，国家所能提供的资金绝不会超过事前从人民那里征收来的赋税额。因此，这种方法不但意味着为了庞大的国家所有制而对人民的财富予以无偿没收，而且也意味着每一个公民像奴隶那样被迫处于一个极权国家的控制之下。那么一个基于私人创业精神的自由国民经济必然会崩溃。

如果社会主义者拥护“积极工资政策”而且又承认投资有增加的必要，但他们同时还是坚持着自动化问题不能由私人经济来解决的主张，那么，只要略加思索就可以看出社会主义者相信他们已经找到了开展社会主义革命的钥匙了，不久就要采用国家计划和新的经济管制制度来应付发展新技术的要求。我只能向受了诱惑的人提出警告。

最后，还有一种可能性，即让资金的需要得不到满足，也就是让国民经济所需要的投资落空。这就显然会使我们脱离现代工业国的行列，逐步地、必然地陷入一种更加原始的生活中去。

如果我们要走上最有效的道路，那么我们必须为创造足够的资本打下基础。只有西德人对于政治、社会和经济制度的稳定抱有信心，我们才能达到这个目的。但对一般人说来，这种稳定表现在每个人购买必需品的价格上。价格，是我们一切努力汇合的焦点，是我们为了执行适当的工资政策，为了保障人民的经济、社会、政治前途拥有稳定的基础而做的一切努力的汇合焦点。

出于这些考虑，让每个个体都意识到他的个人要求和他所在集体的要求的尺度是必要的。例如，把工资增加了一些，好像有利于工人，看起来令人兴奋，但是，如果动摇了物价结构，它就会带来灾难的种子，会自然而然地损害着那些原来希望从中获益的人们。

尽管人类已成功地把原子分裂开来，但是永远不可能粉碎那条古老的经济法则。它劝告我们要生活得合理，要量入为出。它禁止我们的消费量超过我们所能生产的或者打算生产的数量。

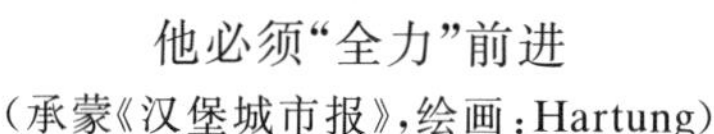
他必须“全力”前进

（承蒙《汉堡城市报》，绘画：Hartung）

注：为了控制物价水平而确定工资标准是艾哈德一个恒久不变的责任，所以他在很多地方强调“把握尺度”，即不能过分地抬高工资水平。

# 第十章　繁荣会导致物质主义吗？

近年来有这种流行的见解，认为社会市场经济政策，分明愈来愈把人们导向腐化的物质主义道路上去了。

对这种见解应当仔细加以分析。

尽管人们的经济立场有所不同，但参与经济活动的所有人的工作，以及不断提高生产率的主张，只有当它们能为全体人民开辟更加美好、更加自由的生活道路时，才有经济和社会意义。埃及的金字塔并不是为它本身的需要而建立起来的；不，每一部机器，每一个发电站，每一所新工厂，以及任何一种能提高生产率的手段，其最后目的都是要使那些在社会市场经济领域内生活和工作的人们，能够过上更加富足的生活。我永远也不会厌倦保证实现这一点，那就是经济进步的成果能使受益的社会群体愈来愈多，而且最后使每个人都能受益。



没有了生产，国民经济就不可能有收入；同样，没有了消费也不可能有生产，除非处在奴隶或极权制度之下。由于我抱有这种见解，每当有人凭借政治或经济势力要求某种特权时，我总是予以拒绝。那些想滥用职权的人们，必须知道这种做法是损害别人利益的。

根据这种见解，我认为现代经济政策的最重要任务，就是要运用现代知识来克服一向被认为不可避免的经济周期性剧烈动荡。如果能做到这一点，大众福利的增长就已迈进了很大的一步，至少也能使每个刻苦勤劳的社会成员有更好的机会来证明他的才能，从而获致成功。

## 消费意愿

一个永久的、各方面都平衡发展的经济制度，不仅能随时导致扩展而且能使进步的动力保持活跃。这样一种经济制度以人民生活态度积极且乐于消费为前提。我经常说，有了这种消费意愿，生产才能不断发展，人们才能不断地致力于提高效率，优化改进方法。只有不断受到来自消费方面（包括生产性消费方面）的压力，生产力才能保持活跃并自觉地适应消费的增长。

任何一种经济制度的最终目的是并一直是把人们从物质的匮乏和紧张中解放出来。这就是我之所以相信下面这一点的理由：我们在提高繁荣方面的成就愈大，人们陷入纯粹物质主义的倾向就愈小。因为增进繁荣会创造一种环境，使人们摆脱纯粹原始物质主义的思维方法。我对这种论据坚信不疑，因为当人们为日常生活牵挂时，他的思想就会被物质顾虑所束缚。相反，由于经济繁荣与社会安全，人们就会感受到自己的身价、自己的人格，以及人类的尊严，他也会看到自己幸福的未来，而且有从物质主义思想中解放出来的可能性。

因此，有人认为只要社会中还有人对其社会地位不满，就不可让经济发展减速，这是从经济角度出发的。然而，最近有人不肯让经济扩展迟缓下来，主要是从社会道德观念出发看问题。另外一个问题是，在经济发展的任何一个阶段是否都应同样大力宣扬经济的不断扩张。

上述质疑并不能动摇经济发展是繁荣的基础这一论断。只要经济扩展的愿望不仅从改善生活出发，而且从提高生产率出发，双方和谐就是有保障的。但是，扩展的愿望也会带来危险，如果不顾国民经济的产量多少，人们的要求超出了能够供给的数量，那么，有利于社会意义的一切努力，就没有一种真实的和道德的基础了。

如果不管提高生产率的情况怎样而一味想增加自己的劳动所得（即以工资计算的报酬）同时又指望减轻工作量（或许用减少工作时间的方式），那就同我所提倡的经济扩展的决心毫无共同之处了。



## 没有德国式的紧缩政策

经济扩展的正确意义，意味着国民经济产量的增长，使全体人民都能在增长额中分得一份。然而，我国目前正呈现一种不正常倾向，各个集团都想在全国总收入中为自己多争取一些。

抱着不切实际的幻想是毫无意义的。一国经济所能给予人民的，绝不能超出全体人民努力的成果和他们劳动力的总产量。在充分就业和繁荣时期，特别需要强调每个人的消费量应该有限度。我希望不会有人在这里得到结论，认为我所主张的是一种特殊的西德式的紧缩政策，一种克己的政策。谁都不会指责我，说我用过这类词句:“把裤带勒紧一些”,或是“不买也过得去,还是放弃了吧”等等。这种说法是跟我的基本经济见解格格不入的。

我在过去几年中的成就绝不会使人有这样一种印象,认为我为了限制消费而采取一种限制的政策,或者把我的目的看成损害一个有利的经济环境。不,我可以声明这一点,我们经济政策的成就一向是建立在这种事实上面:我们从来没有被困难所吓倒,我们的解决办法是积极地向前迈进,就是说,向着扩展的道路前进。

如果说既然市场经济正在把德国人民引向无灵魂的物质主义上去,它的成就便是表面的而不是真实的,经济也会因繁荣而萎缩下去,那么这些话果真是有理由的吗?

首先,我们应当提出这样一个问题,这种表面上的贫穷究竟是否与事实相符;如果其答案是肯定的话,那么再可以问,在繁荣的增长与物质主义的增长之间是否真的存在因果关系。如果这个答案也是肯定的话,那就无异于把西方自由世界的原则与目的一笔抹杀。

我不相信,从1948年以来德国改善国民生活水平的迅速和广泛会让我们对我国人民和他们的命运做出这样一个悲剧性的推论。我们对于过去的岁月里究竟发生了些什么事情,应当冷静地回想一下。

饥寒交迫的人民,丧失了谋生所需的一切,曾在个人自由已被剥夺掉的、没有灵魂的经济管制制度下挣扎,现在却在比较短的时期内成功地恢复了他们的活力与自由。还有什么东西比尽量消费、充分享受自己精力所生产出来的成果,更加合情合理呢?

此外还必须注意这一点,当群众都已民主化以后,一种社会性的变化正在发生，那就是被雇用者的物质福利尤其要提高。这种发展一定会产生这种结果，即愈来愈多的人能享受更高水平的生活；这就是说，以前他们望洋兴叹、无力购买的商品，现在都可以大量购买了。

我一向为了这个目标有意识地努力工作并且对取得的成就感到高兴。如果我们中间一部分富裕的人看到某些人寻欢作乐，虽然只不过模仿模仿他们，别无其他企图，却免不了要发起牢骚来，那不是一种法利赛式*的形式主义吗？

我认为德国工人以及其他阶层人民在物质生活上的提高是政治上、社会上和经济上的一种绝对胜利。

我着重提出这样一个问题：工人家里拥有无线电收音机、吸尘器和电冰箱等，难道跟有钱人家里拥有这些意义不同吗？是不是说这些东西在有钱人家里才算体现出文明与文化，而在工人家里却成为物质主义态度的证明？在这样一种评价中，我看不出简便摩托车跟一辆汽车究竟有什么区别——除了声音大小不同外。



这种模糊的想法，并不能把我国人民从贫乏的物质生活中拯救出来。收入的多少既不是对消费者进行道德评价的标准，也不是它的界限。因此，我不能理解究竟为什么，以及到什么程度，人类的灵魂会受到繁荣与财富的干扰。从逻辑上讲，倒可以提出这个反面的问题：收入达到什么水平，人类的灵魂才不致遭到财富的腐蚀？这问题本身就够讽刺了。

---

* 法利赛人，古犹太教一个派别的成员，该派标榜墨守宗教法规，《圣经》中称他们是言行不一的伪善者。——译者注

我们不应当批评目前正在逐步消费更多商品的那些阶层,因为现在充足的商品允许他们长期以来的需求得到满足,或者因为在当前阶段,他们还不能把精神、文化与物质三方面的需要置于适当的位置。一旦社会福利有了更大的保障,这样一个阶段总是会来到,那就是人们对于好的与坏的、有价值的与无阶值的之间的差别,能够更加清楚地认识。

## 错误的急躁情绪

从表面上看,有些消费要求无疑是很原始的。然而我们没有权利也没有意义对它加以非议。每个人都可以自由消费,这是他不可分割的自由。对此我们不能急躁。绝不能忘记德国人民曾长期经受物资的不足,那样就很容易理解为什么他们现在急于要消费他们辛勤劳动得来的成果了。

任何理由不能消除我这样一种信念:贫穷最容易使人因日常生活中琐屑的物质顾虑而堕落。只有天才或许能克服这种情况。一般说来,物质方面的顾虑不断地束缚着人们,因而在物质意义上,人们就被禁锢起来了。

我并不是过分重视单纯的经济因素。我相信,不论对个人还是对全体人民,我们必须保证有一个高效的经济制度,作为一切上层活动以及满足精神要求的基础。有了一个巩固的物质基础以后,人们才能自由自在,从而准备从事更加高尚的事情。

如果我们为了新的文明和文化形式而斗争,那么在讨论——特别是同东方讨论——这种精神问题时,只有人们认识到必须有了真正的内在自由和心满意足，才能保证真正的自由，我们才能成功。一种旨在不断增进繁荣的经济政策也就成为达到这个目的的良好基础。

这些话当然并不想改变《圣经新约》关于有钱人的那个成千年的老问题——骆驼与针眼的问题。我在这里所说明的思想是要把更多社会阶层的人引向更高程度的繁荣，而不是想为导向贪婪和罪恶的富裕生活铺平道路。

最后，必须记住，物质和精神生活的两方面，实际上并不像在理论上那样能够明确地分割开来的。举例来说，如果人们住在豪华的公寓里，如果他们体验到进步在他们家庭四周所产生的影响，如果母亲与妻子晚上不必再在厨房里被繁重的家务劳动所累倒，如果由于物质方面的进步，家人们能欢聚一堂，人们的精神生活就会向前迈进一大步。

当然人们如果能更适当地处理自己的收入，而不仅仅是多吃些牛排之类的东西，就最好不过了。这些无疑都是正确的和重要的。但不要忘记，用这些道理来教育人民并不是经济部长和政治经济学家的首要任务。

## 精神不接受命令

我毫不犹豫地说，我多么希望看到德国人民在提高生活水平的同时，能把注意力转移到精神生活方面去。可是我主观上却拒绝在这方面发号施令。现在已有明显的迹象可以看出，今天的奢侈品明天就会变为日用品。从表面上看来，这些都是物质方面的变化,但也正在改变着究竟什么才是更高生活水平的概念,同时也改变着究竟什么才能有助于提高社会地位的概念。

作为一个经济部长,我对全体人民的精神生活当然不应该负责。我有一项特殊的任务。我所理解的这项任务是,让每个人努力生产从而能从国民经济中获得足够的东西,避免为衣食担忧,每个人拥有财产并能独立生活。这样一来,每个人就会更充分地发展人类应有的尊严,从而不必依靠别人的照顾,也不再依靠国家的照顾。依我看来,经济部长如能做到这一点,他就在克服显著的或者实际的物质主义方面做出了他最大的贡献。

在这些解释中,我意识到要对物质做出评价,确实有一定的局限性。当劳动生产率和效率不断提高后,终有一天要到达这样一个发展阶段,那时我们将不得不向自己提出究竟什么东西更有价值的问题:工作多做一些呢,还是少做一些——为了过上更加舒适、更加丰富、更加自由的生活而有意识地放弃一些物质享受呢?但我认为我们还没有达到这个阶段。在认真讨论这个问题之前还得过一段时期。

到了那时候,我们当然可以希望人们的认识水平已达到这种程度,能够更合理地利用这种“较多的闲暇时间”了。有些国家的经验并不使人乐观,从中我们看出:人们期望享受更好的物质生活,获得更多的闲暇时间,但这些并没有改善其精神生活,同时也并没有使他们感到更加快乐。

# 德国的特殊情况

因此，德国特色的方法应当稍有不同的表现。我们的任务应该逐步深入，要考虑到个人和集体的愿望，不要机械地而要有效地使人民大众的需要得到满足。这当然不是容易完成的任务。

但有一点也不可否认，这里所讨论的问题同我目前所做的工作是相互交叉的。我虽然是经济政策的负责人，但也必须对“社会风气”表态。而在这样做的时候，我清清楚楚地意识到，那种有意识地养成的普遍的放纵力量会压制意识与真理。

全体德国人民在比较短的时期内有丧失全部现实感的倾向——这是国民性的一个缺陷，它在不久之前的历史中已把我们引到悲惨的境地。从心理角度上，也可以看出，由于匮乏情况已经消除，繁荣业已到来，到处出现了骚动不安的迹象。抑制这种情绪以免它发展下去，是非常重要的。德国人民在过去的紧张年头里表现出可敬可佩的品德，在欢乐的年代里也应能恰如其分地谨慎行事。何必在果实尚青时就迫不及待地享用？

胃口是愈吃愈大的。经济繁盛以后，新的需求也同样会不断增长起来。一个人在1956年对他的经济情况会表示不满；但同是这个人，在1947年或1948年时怎么敢想象，在八年之后他的境况竟会像现在这样好。尽管如此，在八年之内境况好转并不会阻止他目前所表现的不满情绪。忌妒是支配人的一种复杂的心理状态，德国人好像是由这样一种材料塑造成的，他们看到别人的境况，不论是他的邻居的还是他的朋友的，比自己好一些，就会受不了。尽管他自己的境况还好,他也有妒忌心,会产生不满。这种欲壑难填的特殊品质,是我国的特殊危险。每一个有理智的人都必须认识到这一点,和它做坚决的斗争。

## 最终目标

经常有人问我经济政策的最终目标是什么。这个问题含有一种恐惧心理,生怕按照目前的趋势无限制地发展下去会导致全面瓦解。这个问题是合理的,我绝不会回避答复。

我的回答很明确,是不会引起误会的:我并不相信,在制定现在的经济目标时,必须把永恒的法则表达出来。我们一定会到达这样一个阶段,那时人们会十分正确地提出这样一个问题,究竟有没有正当的理由或者需要,去继续生产更多的商品,增加物质财富呢?或者问,放弃了这种"进步"是否才更加明智,从而使人们有更多的闲暇、更多的时间从事思考和休息呢?但这并不是经济部长一个人的问题,而是与神学家、社会学家和政治家都有关系。

这个问题很复杂,只可意会。但我们还不能避免另一个更困难的问题:目前人们是否足够成熟,从而能更有意识地利用闲暇时间?人们内心上的成熟会使其认识到,把物质享受放弃掉是对他有利的。我们在这方面究竟应当做些什么?要做到什么程度呢?

同时也必须记住这一点,更多的闲暇时间会使人对生活的态度发生改变,对经济的态度自然也会发生改变。这些变化都不是人为地发展起来或者组织起来的,只能由其自己有机地成长起来。

如果我们在政治上坚持这一条格言,即"让我们工作少一些,消费多一些”,我们就会走错路。但是,如果让目前业已开始的那种趋势(即我国人民的物质生活业已基本上有了保障,而且他们看清了丰富的精神生活对他们有利)继续下去的话,我们终究会改变我们的经济政策。那时谁都不会再武断地认为经济的进一步扩展还会对大家有利。

我们今天还不能浪费太多的时间做这样的空想。举例来说,如果我国同美国相比,那就很明显,在扩展方面,在增进繁荣方面,在不使人们感到物质匮乏方面,还有很长的一段路要走。因此,我认为我们现在的任务,同以前一样,是要一鼓作气地为目前还在烦琐的日常生活中挣扎的几百万人民解除痛苦,直到这种现象完全消除为止。现在还有许许多多的人在繁荣的影子下生活,所以我们不得不继续努力。

# 第十一章　经济与心理

1955年10月19日议院在柏林举行第一次经济辩论时，我曾代表联邦政府讲过一条基本原理："如果我们能成功地从心理上改变人们对经济的态度，那么这些心理上的变化本身将变成一种经济现实，会跟过去采用的各种经济政策起同样的作用。"这条原理让我把心理当作像其他传统的、众所周知的经济政策一样的一种有效的工具。

在繁荣时期既用这方法来应付市场经济主体，同时又把它当作一种工具去应付物价，从纯粹的理论观点看，好像跟正规的市场经济不很适宜。但我不赞成因纯粹理论上的缘故，便要放弃这种辅助办法。

有人经常指责我，说我太过相信制度本身。那么，如果我作为一个政治经济学家有时离开了经济的"理想"，就不应当再受人批评了。依我看来，我并没有违背市场经济的真实含义。这是一个简单的经济心理问题：经济活动并不是受机械法则指导的。经济制度不像一辆自动化机器那样机械地活动，它要受到人的影响，由人来运用。这样看来，整个经济结构将根据人们的行动和态度的变化而大大改变，是毫无疑问的了。因此，我们对心理作用不可低估。

在这样一种思想认识下，那些传统自由主义者所提的意见就不能予以考虑，因为他们所采用的只是传统的方法。那些极端自由主义的批评家不必担心我对自由不忠诚。我甚至可以这样说，我在这里所主张的方法，在理论上和经济政策实践中，既没有被充分认识也没有被充分运用。

现代心理学确实要求人们不要仅仅在技术的意义上来认识国民经济的过程。同样重要的是在制订各种国家经济计划时也得把运用经济机构的人的因素考虑进去。核心是：我们如何行动，如何操作。不论我们所抱的是乐观态度还是悲观态度，不论我们所预期的是繁荣还是衰退，不论我们是在储蓄还是在消费，所有这些都能在经济统计数字中表现出来。反过来，不管物价是下落，是稳定，还是上涨，也会影响我们的行动。

有人认为有了近年来的繁荣和充分就业才使人发现这些心理影响，这是不正确的。有些怀疑我的人最近批评我，是因我办事太不官僚，离开了写字间到各处去演讲；我之所以采用这种做法，其原因不外乎此。尽管这样，我的这些观点直到近年才成熟，并有系统地加以运用。我深信我现在所推行的在当今国人眼中不过是安慰剂的心理运动将来一定会在经济政策中成为一项不可缺少的工具。

关于心理对经济的系统指导要写成一本书，恐怕为时尚早。在今后十年内，有了丰富的经验之后，很可能会有这样的经济学图书出现。即便如此，现在我也认同，通过道德上的呼吁来实施我们的经济政策是不切实际的。

当然，我的意思并不是说，我认为经济制度和人们的经济行为是谈不上道德的。呼吁人们为了让一个部长或政府高兴而牺牲自己的利益是没有意义的。关键在于要使人们懂得，按照普通的常识和经济的常理来办事，归根到底是对他们有利的。

## 永久繁荣

有些人在繁荣时期的收入因高价出售了自己的劳动力或商品而增加。而所增加的收入又因物价高涨而被抵消，结果他们还是一无所获。此类纯利己行为的弊害必须向这些人讲清楚，因为最终大家都会遭受损失。这种物价与工资的相互追逐，会破坏任何形式的经济秩序以及竞争的能力。

我对这种见解曾一度发表声明，我并不是仅要表扬那些遵照我的善意建议而行事的人们。在过去几个月中，我之所以一再向工人和工会警告不要过激，要有纪律，是为了他们的利益。我也向商人们同样呼吁，如果工资的增长超过了生产率提高的可能限度，对于增加工资的要求应该拒绝，因为超过了这种限度就不能使物价保持稳定。

我认为最重要的是依靠人们的理性和正直。这一点我非常重视，因为我们要在繁荣中享受，而不愿意重新遭受过去那样机械式的经济周期所带来的诸多危害。避免这种危险既是我们的主要任务。我曾一再这样说，如果人们只想抓住每一个机会为自己打算的话，那么他们所遭的损失必然会超过收益。反过来，如果人们切切实实按照当前的任务行事，那么我深信目前可喜的繁荣情况可以维持下去，绝不会趋向于通货膨胀。

根据以上所说,有一点是很明确的,自从 1955 年年中以来,在德国所经历的繁荣和所谓充分就业期间,我运用了我所提倡的心理原理。威胁着繁荣和经济进展的最大危险,并不像通常所说的那样,在于过分强调物质主义。我倒是认为对于从政客们煽动的幻想中产生的威胁,我们应当更加认真地予以重视。

关于提高物价或工资的要求,如果有求必应的话,就会很快地发展成为致命的通货膨胀。这种要求是因为对于国民经济的性质与运用抱有一种完全不切实际的看法。因此,我们不得不一再指出这一点:很少人对消费、储蓄、投资三者之间的内在联系能够充分了解。

除了作为一种政治幻想的所谓"积极工资政策"以外,工资与物价之间的关系是不能被否认的。目前高工资与高物价相互追逐的把戏正在进行着。这种事实证明不是对两者之间的联系认识不足,便是这种联系被政治考虑抹杀了。



我们能否使人们注意到工作与生产率之间的联系以及工资与生活水平之间的联系,从而使他们采取相应的措施,其成败的关键在我们对于未来有没有信心或者是否有所顾虑。在目前这个经济发展阶段,还没有什么理由把我们的经济看作不健康。在我看来,人们对原来可在经济上做到的事情还抱着不适当的态度,这是各种干扰因素的源泉。

为了详细叙述起见,还有一点应当指出,除了对现状估计太高以外,有人随时随地把这次繁荣看作一个可以不择手段攫取经济权力的时机。在这种场合下,用心理方法去应付都会失败。对这一问题发动大规模的反攻是有必要的。

物价指挥

“要有耐心，很快就会进入舒缓乐章。”
（承蒙《时代》周刊特许使用，绘画：H.E.Köhler 教授）

注：图中艾哈德是一位指挥，他利用经济心理学指挥着波涛汹涌的物价海洋里的德意志米歇尔这个代表着德国人的抽象人物。

## 国家仅处于守夜人地位的时代已经过去了

我已经反驳过某些评论家，他们号称如果把心理学作为现代政治经济学家的一个武器是不能跟正统的市场经济概念结合起来的。这种思想方法的来源，实际上是老掉牙的曼彻斯特派的自由主义。我不愿意无保留地，也不愿在发展过程的任何一个阶段中，接受这样的市场经济的正统法则：只有供给与需求是决定价格的，所以政治经济学家根本不应当干涉有关物价的事情。

我在这方面抱着根本不同的意见。一个现代的、对人民负责的国家决不能回到一种守夜人的地位。这种被人误解的自由埋葬了真正的自由和自由秩序。这种态度在今天更不合理，因为如果没有真正自由的世界市场以及货币的自由兑换，国际价格的功能就不可能充分发挥，从而国际竞争也就不能发挥其健康的调节作用。

要说明传统的方法和政治经济学中新的心理工具之间的关系，是非常简单的。我可以以我国目前的情况作为例子来说明。



德国联邦银行与联邦政府负责保持货币的稳定。所以德国联邦银行通过信贷和货币政策所要达到的目的就是我努力追求的目的。关于所谓过分刺激繁荣的说法，我在 1955 年 9 月 24 日德国工业展览会开幕式上曾说过下面的话："德国联邦银行和我的确是在进行着一场竞赛。"通常所采取的经济、金融和货币政策，其目的在于影响发展的趋势，使它向着指定的方向前进。如果我能通过心理方法成功地改变人们的态度的话，我就可以成功地按照我认为经济上合理的方式把统计数字和事实予以改变。关于究竟是因中央银行的政策使人们被迫改变自己的行为，还是因他们认识到自己的利益才改变的，这一点并不重要。这里的问题不是两端绝对化；两种方法不是相互排斥的，而是相互补充的。像我这样的把常识看作是一种最强大的力量的那些人们都深信，今后这种心理说服方法会成为自由的一种工具，在经济政策中占有一定的地位。

在进行这样详细估计的时候，有一点必须记住，现代社会经济的进展不仅由个人，而且现在也更多地由集团来决定。因此，我认为要使经济理性传播开来，就更有必要进行思想和知识的交流。

我认为在危机可能发生的初期，运用心理方法有着特殊的优点。例如，我曾在这次繁荣的初期就说过——德国联邦银行也同意我这种说法——问题不在于当时的物价而在于对物价的预期已经恶化了。这时如果直接使用传统的应对措施只会使情况恶化，除非是有理由地调慢这种有利经济趋势的发展速度。很明显，当时我们所处理的只是一种心理现象。危机的威胁并非来自繁荣本身，而是人们为了谋求物质利益，对获利的机会与可能性做了错误的估计。这并不是经济趋势而是人们自己制造出来的困难。这种情况到如今也是一样。

## 物价的意识和通货膨胀

我在经济方面要掀起一场重视心理的运动，不但在大会上设法获得了支持者，在跟个别经济部门谈话时我也设法动员一切力量来防止物价过分上涨。1955 年秋季以来我参加过数十次这样的谈话。我在这方面的努力很为一般人所了解——或许只有这几次，例如把煤价设法保持在适当限度之内以及把生铁涨价推迟几个月。

这几次讨论的目的都是相同的。我要营造这样一种气氛，使每一个消费者想一想他购买商品的价格是否合理，每一个制造商或销售商也要证明他的价格是否能确实保持物价平稳，由此来保证整个国民经济的安全。

我对这个目的是否已完全达到是有疑问的。不过有一点可以说已经得到了证明：如果没有这些努力，西德的物价就会像其他各国的一样，比目前的水平要高得多。

关于这一点，只需看一看生活费指数的实际趋势就可以证明。

**生活费指数**(1950 年 = 100)

| | | | |
|---|---|---|---|
| 1950 年 6 月 | 99 | 1954 年 6 月 | 108 |
| 1950 年 12 月 | 101 | 1954 年 12 月 | 110 |
| 1951 年 6 月 | 108 | 1955 年 6 月 | 109 |
| 1951 年 12 月 | 112 | 1955 年 12 月 | 112 |
| 1952 年 6 月 | 109 | 1956 年 6 月 | 113 |
| 1952 年 12 月 | 110 | 1956 年 12 月 | 114 |

总之，我再次重申，我关于物价问题不断地谈话，以及一再公开演讲，其目的无非是防止产生经济病症，向他们指出危机之所在。处在这种波动状态中，物价趋势必须逐日公布，以免人们遭受物价猛涨的袭击。这并不是说对于西德的经济繁荣要完全依赖人的心理，绝对不是的。但我必须重复强调这一点：人们所抱的态度是并且永远是有决定意义的。

# 第十二章　福利国家——现代的幻想

我每次提到“社会安全”这个论题时，就觉得有被人指责的危险，说我越界了。如果我不是以经济部长，而是以政治经济学者的身份来说话，那么凡熟悉这门科学的人当然会知道，在社会市场经济的领域内，经济部长有一切理由来关心我国社会政策的发展。作为社会市场经济基础的精神态度——那就是，愿意为自己的命运负责，从事于真正的自由竞争的态度——如果在其他相关领域内受到了社会措施的损害，那么社会市场经济就不可能欣欣向荣地发展。

只要对这个问题彻底想一想就可以知道，把职责范围限制得太窄是不明智的。除非那些能够影响经济发展的人，有一个共同的态度作为行动的根源，而且他们都毫无保留地支持市场经济所实行的制度。简言之，大家都必须向着同一个方向前进。

我曾一再强调，我认为个人自由是不可分割的。我因抱着这种信念，所以我从1948年以来始终致力于全面地取消一切经济限制。只有在整个国家的社会生活中蕴藏着最大限度的自由、个人的创业精神以及长远的目光，自由经济制度才能继续维持下去。

反过来，如果社会政策的目的是让每个人从一出生就给他全部安全，保护他绝对不冒任何人生风险，那就不可能指望他的才能、智力、企业雄心以及其他人类品质能得到充分发展——这些品质对国家的生存和发展都是非常重要的，对于以创业精神为基础的市场经济是必不可少的。我必须强调经济政策与社会政策之间的密切关系。事实上，经济政策的成就愈大，采取社会政策的必要性就愈小。

但是有一点不能否认，在现代工业国家中，尽管经济政策很对头，却还需要采取社会政策措施去补充。反过来，也可以这样说，每一项有效的社会福利措施必须建立在适当的、不断增长的国民收入基础上。这就是说，保证经济的稳定与增长，使指导经济制度的原则得到维护与发展，对于每一种系统的社会政策都是有好处的。

国民收入的转移，通过预算中的社会支出，在经济分配过程中起着重要的作用，所以经济政策与社会政策之间目前有着相互依存的密切关系。一种中立而独立的国民经济政策已经过时。它必须由另一种跟经济政策紧密协调的社会政策取而代之。社会政策绝不能损害国民经济的生产率，也绝不能跟市场经济制度的原则背道而驰。

如果我们要保障一个永久自由的社会经济秩序，那就必须采取以自由为目的的社会政策来获致自由。举例来说，市场经济秩序中如果排除了私人的创业精神、长远的目光以及责任心，甚至在个人还无法表现这类优良品质时，就会矛盾百出。经济自由与强迫保险是绝不相容的。

关于经济政策与社会政策之间在其他方面的特殊关系，后面将详加讨论，在这里必须指出一点：任何一项社会政策如果不把货币稳定放在第一位，必然会给社会市场经济造成最大的危险。

## 一只手在邻人口袋里

这种危险必须坚决予以回击。大家在这一点上的意见分歧比任何问题都要多。有人说人们的快乐和幸福有赖于某种形式的集体团结，还有人说我们必须循着这条道路前进，但在路的尽头当然就是国家权力。这样追求而得到的平稳而舒适的生活，或许说不上奢华，但却是更可靠的。这种生活方式与思想方式显然是在所谓福利国家中表现出来的。另一方面，每个人自己厉行节约，为自己的前途、家庭和老年做好安排——对这种自然的行为绝不能加以排斥，尽管我们已间接地做了许多事情损害着这种人类的天良。

近年来我时常看到有人大声疾呼要在社会领域里建立集体安全，这使我感到非常诧异。如果我们愈来愈多地采取这样一种生活方式，那就谁都不会为他自己负责，每个人只会在集体中去寻求安全；我们将走向哪里？这样怎么能保持进步呢？我对这种逃避责任的现象曾用戏剧性的话描写过：如果这种狂热病发展下去，我们势必滑向一种社会制度，那就是每个人都把一只手放在别人的口袋里。那时，生活的原则将成为：我供养别人，别人供养我。

盲目性与思想惰性正在把我们推向福利国家那里去，它所能给我们带来的只是灾难。只有这一种，并不是其他倾向，会潜滋暗长，肯定会损害人类真正的优良品质，例如乐于负担责任，热爱亲友，渴望证明自己的才能，以及愿意供养自己，等等。到了最后，随之而来的不是什么没有阶级的而是没有灵魂的机械社会。

等到繁荣遍及各阶层，经济安全日益加强，我们的经济基础也就愈来愈牢固。而在这种情况下却出现这种发展过程会使人感到特别费解，只注意保障一切成就不受未来危险的袭击，这就把其他种种考虑都置之脑后了。这里确实存在着一种真正严重的错误，因为有人意识不到通过努力得来的经济发展与繁荣是不能和集体安全制度相结合的。

这种要求安全的愿望势必容许更多的国家干涉，从而暴露出这种不切实际的政策是有内在矛盾的。这类要求如果用简单的话归纳起来，其内容不外乎要降低税收，同时向国家财政提出更多要求。拥护这种主张的人对于国家有无能力负担，同时用什么方法来满足这些要求（尽管这些要求单独地分开来看都是很合理的），究竟有没有考虑过呢？

## 需要安全的幻想

归根到底，这种思想方法会导致彻头彻尾的反社会后果。如果政府拒绝采取破坏币制的政策（这种政策会摧毁在建设中所已取得的一切成就），那么国家的购买力——不管其形式为社会服务支出、短期或长期贷款还是津贴补助等等——只能以事前从人民那里征收得来的税额为限。我认为政府为了发放私人贷款而通过税收筹集资本，是最不道德的。

凡是愿意对这一问题做深刻思考的人可以很快认识到追求安全是一种幻想。正像一国人民的消费量不能超过它事前的生产量那样，每个人所能得到的真正安全不会超过我们全体人民因共同努力而获得的安全。这个现实绝不是集体计划所能掩盖得住的。而实现这些用意良好的集体计划的大胆尝试，不得不付出很大的代价。所有要把个人从国家的过分干涉以及过分依赖国家的束缚中解放出来的努力，都是无用功，个人同集体主义的联系反而会愈来愈密切。国家或任何集体对个人所给予的表面上的安全总是有很大代价的。凡要求获得这种安全保障的人必须预先付出真实的代价。

有人认为集体安全所需的费用应当全部或部分从国家一般税收中支付，这样才能使国家逐步变成一个福利国家。这种想法也是错误的。推行一种通过个人缴纳保险金来筹集资金的全面强迫保险制，也不能避免这些危险。

全面强迫保险制——不管资金来源是个人抑或集体——跟普通的公民赡养金只是在程度上，而不是在原则上有所不同。当国家的强制办法不仅适用于最需要的人们，而且超出了这个范围，同时也适用于那些经济上无须接受这种强制保险、无须依靠政府的人们时，走向福利国家的趋势就已经形成。

在这里必须提出这样一个重要问题：国家公共机构或其他大型组织对个人生活的干预，从而增加预算以及向个人提高抽税额，所有这些是否真能使个人更加安全、更加富足，使他的顾虑有所减少呢？如果我把这个问题提得那么绝对化，我也同样愿意对它做出完全反面的回答。在国家或集体担负了更大责任以后，个人的安全（或者至少可以说，个人的安全感）并不是提高，而是降低了。

# 最后，谈谈“臣民”

个人拥有更多的安全是一种正当的要求，归根到底，只有促进繁荣才能实现。这样才能使每一个人感觉到人类的尊严，从而也就感觉到个人确实是独立的。我所服膺的理想就是以这一点为根据，从而使个人能有信心地说：“我要自己奋斗来证明我的才能；我要自己应付生活中的风险；我要对我自己的命运负责。你作为国家，应当让我做力所能及的事。”不应当让个人说类似这样的话：“国家，你来救我，保护我，帮助我。”而应当颠倒过来这样说：“不要担心我的事情。只要给我足够的自由，让我从我的劳动所得中保留足够的一份，我就能安排自己和我家庭的生活。”

如果向着福利国家这条危险道路去走，其后果必然是，收入愈来愈社会化，计划愈来愈集中。既然对个人给予广泛的保护，个人也就愈来愈依赖于国家或集体——一个自由而有条不紊的资本市场（这是市场经济扩展的一个重要前提）却从此被摧毁了。最后，就会出现“臣民”，个人的社会安全受到极权国家的保护，我们的经济也就瘫痪了。

依我看来，当客观事实，即物质条件，明显地说明还不能实现福利国家的时候，如果硬要向着福利国家走去，那么危险将特别大。如果因为现代经济，尽管在技术方面进步很大，但经济趋势和人民的生活情况却有可能恶化，那么人们向往全部集体安全的心情是可以理解的。但是真正的市场经济如果能实现的话，人民的生活情况就几乎肯定会不断提高。既然我们的收入一定会增加，生活水平就一定会提高，从社会角度来看，就有理由要求人们相应地提高他的责任心。根据现有的经验，在一个所谓福利国家里面往往万事齐备，独少“福利”，最后会使人民大众陷入“普遍贫穷”的境地。正因为这个缘故，就更有理由要求人们提高责任心。

我们分析社会政策时，免不了要从原则上讨论这些问题。但这样讨论并不是说我忽视了最近提出的一些特殊要求。读者在翻阅本书时，也可看到社会改革事业已经得到了法律肯定。① 虽然如此，我还怀疑对于有关社会改革目的的讨论，从此便告结束。我们只需看一看别国的情况——它们近年来也同样在尝试——就可以知道，在获致合理的社会制度方面，这些改革不过处于开始阶段。

我虽批评了人们急迫要求实现福利国家这种倾向，可是不应该误解为我的用意在于改变我们所说的社会保障系统。我相信进一步扩大社会安全保障是完全可能的。但是有一点我认为是完全错误的，即当人们在国民经济所处的职业和地位中已获得了自由以后，居然愿意逐步走向集体制度，而且更坏的是，被人逼迫去走这条路。

## 社会保险的限度

我们处在当前环境评述社会保险时，必须记住最近几十年来

---

① 1957年年初西德议院通过了一项有关保险的法案。其中主要条款之一规定，所有社会支出须随生活费用的变动而调整。

经济的组织和原则业已经过多少次的改变，社会方面和政治方面的结构已有多大的变革。如果目前的经济政策继续下去，那么那些对自己的老年阶段没有能力做好准备或者不打算做好准备，必须由国家来保护的“无产阶级”，不久就要消失了。工人的生活状况已经大大改善，自从俾斯麦时代以来已更加自由了。当个人能依靠自己来供养本人和他的家庭时，强制性的国家保护就应当停止。对依靠工资过活的人说来，这句话至少适用于收入较高的、在经济上或行政上处在负责地位的那一部分职工。

此外还需思考，那些本可以借助其职业能力和地位自食其力的人，现在被勒令参加强制保险，这会对社会生活产生怎样的影响。随着战争与货币改革而俱来的巨大变化或许使他们要求集体安全，这是不难理解的。但是现在再把这种不再发生的偶然事件当作避免生活风险的安全根据，那就错了，同时也是很危险的。

从我上面所说的一切来看，我对集体安全的范围宁可限制而不愿扩大。为了避免误会起见，我认为社会有责任注意这些人的安全——老年人的，或那些并非由于自己的过错而因政策原因引起的两次通货膨胀，以致全部储蓄遭到损失的人的安全。从社会角度来看，这里不存在什么区别；老年工人和老年公司职员应当同自由职业者、独立工人、本地人和外来难民一样，得到平等的帮助。但是这种德国特殊历史情况所引起的特殊问题，不应当导致那样一种混乱看法，认为强制保险和集体安全是必然的。在三十年内经历了两次通货膨胀的惨痛以后，人们的自信力一般说来是不会增强的。这种悲惨经验决不应忽视；相反，我们应当更加细心地分析所有的经济与社会措施，决不让它们再把我们引到危险的通货贬值的老路上去。

关于独立工人参加集体保险的问题，应该特别仔细加以研究。在一个自由的经济与社会制度中，随时准备自由地、负责地应付生活的风险，对独立是非常重要的。市场经济中的所谓独立，意味着自愿从事于一种有用的事业，一切由自己负责，因而成为冒险与创业精神的支柱。一方面，一个独立的人能利用经济进步所提供的一切机会向前发展；但另一方面，他必须准备随时应对潜在的经济风险。

在市场经济制度下，经济生活的这种地位绝不能由国家来加以保障。这种地位主要应通过经济成就来争取，同时要有勇气，要有应对风险的准备，主要是必须有单独开辟自己前途的决心，这样才有意义。因此，在我们的经济与社会制度中，那些独立的人们在应对生活风险时，也必须具有自信的远见。

给予人们独立工作的机会，又通过自由经济政策来促进独立的生活，与此同时却又通过国家强制措施，从这些独立的人们那里夺去他们自己照顾自己的责任，这样做不但自相矛盾，而且是不负责任的。

这种强制保险制基本上是一个典型例子，但忽视了这一事实，在独立行业和自由职业中包括各种不同性质的集体，因此，由于个别情况不同，它不可能满足各自不同的需要。这个问题如果仔细加以讨论，就不可能不涉及这一点！如果自由职业各自建立自己的一套集体保障系统，结果会怎样？

## 不要不合时宜的解决办法

我们在过去八年中不是曾经有过这样一种悲惨的经验吗？那就是，如果国民经济四分五裂，特别是在每个部门、每个阶级、每个集体都认为自己可以独立生存时，会造成什么后果？举例来说，如果自由职业中的成员，不管是医生、律师还是会计师都要把他们的养老金跟其他集体划分开来，那么这个小范围里的安全就愈来愈成问题，使独善其身受到鼓励，有害的利己主义会占上风。这种偏狭观点是为时代所不容的，特别是在我们已从保护主义和国家主义的思潮中解放出来，在个人生活与社会生活上已眼界大开之时，更显得格格不入。一方面能够在集体中找到安全，另一方面又能从集体中跳出来，走向广阔的天地——这是无法兼得的。

从其他角度来看，这种错误的做法也会引起严重的问题。例如，要把那些适用于工人和职员养老金的原理运用到各个职业集团中去，当然是行不通的。只有在以后几十年中组织结构没有很大改变的情况下，才能办得到。即使对广大就业者来说，目前的趋势如果继续发展的话，也没有人敢断言，特殊事态的发展对中产阶层会有什么影响，例如对于手艺工人或零售商人。我们在这里至少可以料想到可能会有结构上的巨大变化。团体在采用大规模社会保险的新原则时，团体人数愈少，问题愈大，这种秩序所依据的基础的不稳定性也愈大。

关于热烈讨论的养老金改革问题，不管人们谈的是指数养老金，还是以工资为根据的生产率养老金，或者是其他任何类型的养老金,必然和上面所说的看法分不开。有一点是肯定的,养老金必须自动地随着经济情况的改变而改变。这种灵活的养老金是以市场经济生产率稳步上升为根据的,同时也是根据一般的经验,即生产率的增长较少地表现为低物价,而更多地表现为高名义工资。这样一种以工资为依据的生产率养老金只有当货币或经济不受工资变动的干扰时,才不会产生不良影响。否则,破坏币制稳定的危险性就会增加,同时也有可能产生累积性的影响;其后果如何,后文中会加以讨论。

## 良好的社会政策要求币值稳定

从政治的角度来看,还有一个问题必须考虑,即在同工会谈判时如跟工资联系过于紧密,工会的对抗态度也未必能够缓解。这种想法显然可以说是根据一条既危险又错误的信条,那就是,“币值的稳定跟社会政策毫无关系”。



依我看来,不论从哪一个角度看,任何一种新的社会改革如养老金改革,决不能建立在像上次通货膨胀*那样的不负责任的事件的基础之上。如果认为一方面可以采取通货膨胀政策,另一方面又可设法防止受到恶劣后果的影响,那就是对人民、对国家犯了严重的错误。相反,我们必须集中力量来防止通货膨胀,反对它,设法在事前制止它。

通货膨胀不是什么鬼神播弄,也不是命运所注定,而是由不负

---

* 指 20 世纪 30 年代德国的恶性通胀。——译者注

责任的,甚至可以说是罪恶的政策导致的。养老金每增加一次从开始就注定会引起物价上涨,从而降低购买力,产生不良后果。它使大部分人民逃避对自己的责任心,因而设法获得在表面看来是绝对的,而实际上是虚伪的安全。

如果把所谓“积极工资政策”(它必然会使物价不断上涨)运用到养老金方面去,势必马上削弱人们对货币稳定的普遍支持,导致产生灾难的趋势。在一个有秩序的国家内,人民大众对保持货币真实购买力的关心是反抗通货膨胀政策的一种最重要的力量。此外,我们必须提出这样一个问题,如果各种社会法令公开承认物价可能会不断上涨,那么发展技术所不可或缺的投资资金怎么能形成呢?如果全体人民对货币稳定开始丧失信心,同时因达到完全安全目的的要求又需要这样大的保险基金,那么人民大众实际上就不会再有从事私人储蓄的意愿了。

在讨论养老金指数这一问题的过程中,我曾说过,放弃灵活的养老金办法是不明智的。因为我们对最低生活程度,即对适当生活方式的看法,是在不断改变的,所以赞成这样一种积极的养老金计算办法。按照传统的计算公式,根据全部工作年数计算出来的养老金,到了退休年龄时就不够了——期内变化愈大,就愈加感到不够。一种灵活的养老金制度的真正危险,即它的破坏性后果,并不在于它的灵活性,而在于它和工资趋势联结在一起。因为这样一联结,养老金的增加便可能超过货币稳定所能容许的程度了。

采用一种变通的计算办法,就有可能使养老金和不断变化的生活情况与标准相互适应。例如,把当前生产率的增长作为养老金增长的标准,其适应性就可以实现。这样就能保证领受养老金

心理学景气政策

“希望能起作用。”

（承蒙《德意志报》与《经济报》特许使用，绘画：H. E. Köhler 教授）

注：心理学对于艾哈德来说是经济政策中的一个中心元素，他认为控制心理对于经济政策的成功很重要。图中艾哈德是农田里的稻草人，乌鸦等在一旁，等他一走就能占领农田。这个像艾哈德的稻草人是为了防止乌鸦干扰国家的物价稳定。

的人参与经济上真正的进展。

计算的公式大致是按照固定价格来计算国民收入，以就业人数或居民人口总数除之。如果其结果表明生产率已有了增长，那么养老金基数就应当按相等的比例提高。领取养老金的人就会因生产率的增长而分得其中一份。因此，他在退休以后，甚至在退休以前，会经常关心经济效益的提高。这样，工人和职员（或退休人员）就不会把储蓄看作是多余的，从而意识到从储蓄积聚来的投资资金会提高他的福利，保障他的老年生活和他家人的生活。领取养老金的人，也会像尚未到退休年龄的工人那样，成为每次推行通货膨胀政策时的反抗核心。

最后，我必须指出一点，社会安全当然是十分重要的，但安全首先必须从人们自己的勤奋努力中得来。社会安全与全民社会保险有所不同——它由个人负责，不可能通过转移给某一集体负责的方法来实现。在开始时，一个人必须由自己负起责任。只有当个人负责还嫌不足的时候，国家和社会才有义务插手。

为了我国人民的利益，我们还是少提一些集体主义的要求，而多表达一些社会意识为好。归根到底，我们要提出这样一个口号，为了不让任何一个西德公民感到贫困，我们要在这个共同的愿望与义务之中团结起来。但是按照集体安全这种理想，对于这种最好的品质，又不得不予以扼杀，究竟能不能这样做呢？或者，我们在争取更大的繁荣，创造更多更好的机会使个人富裕时，对于有害的集体主义精神是不是需要宣战呢？我的主张很明确：我希望我所提出的警告不致被人看作无关紧要。

# 第十三章　军火经济与市场经济

我们必须扩军，但是要保证其经济效应不扰乱我们的自由社会经济制度。从我们一开始讨论德国重整军备问题时起，我一向就有这种主张。我对这一点一再强调，并不是教条地固执己见，而是出于对我们社会安危的担忧。说到底，所有军备开支的意义不仅在于保持，而且在于巩固这种爱好自由的西方制度。如果我们为了防御而使这种爱好自由的制度受到威胁，甚至被放弃，那就自相矛盾了。

增强国防所能产生的经济后果跟市场经济互相协调的根本条件是什么不是单纯的理论问题。它促使我们得出实际且具体的结论。

首先，必须向世界舆论提醒这一点，历史经验证明，德国军备扩张往往对于金融稳定和经济秩序的原则不加考虑，因而容易引起货币贬值。这种辛酸的回忆是以两次不幸的经验为根据的。这种不负责任的行为也影响着每一个德国人。上一次通货膨胀的诱因虽说是战争经费，但它的根源却在于筹集军备费用的方法方面。

要让人民第三次经历这种可怕的事情，那是不可能的。我们必须拒绝采用贬值的方法来筹集军备费用。对有过通货膨胀经验的德国人民来说，任何一点差错就可能引起严重的后果。因此必须老老实实办事，必须完全依靠税收的途径来筹集军备费用，而不应当滥用中央银行的便利。在这方面的一切蒙混手法，不管多么巧妙、多么隐蔽，都必须坚决而无条件地予以否定。

## 货币稳定未受损害

既然我们承认了军备费用给经济带来的负担有多么沉重，对危害币值的一切措施就更应当坚决拒绝——决不能使任何可预见的开支超出我们的经济所能提供的限度。譬如说，好几年来，我们已顺利地担负了每年70亿马克的占领军费用，却并未引起过货币稳定或类似的问题。我提议中的国防费用每年为90亿马克。尽管近年来人们对这一问题提出过许多批评，可是没有人能说国防费用超过了这个数字。国防费用较占领军费用多出20亿马克，是由国民经济每年的增长额支付的。近年来国民经济的增长额在100亿与200亿马克之间（1953年，1,343亿；1954年，1,454.6亿；1955年，1,640亿；1956年，约为1,800亿）。

每年增加20亿马克的负担并不是小数，但平心而论它还不致危害经济稳定。过去几年内我们曾负担过占领军费用，也并未使德国复兴受到阻碍；行将替代占领军费用的国防费用也绝不会阻碍德国的复兴。

只要我们继续执行带有内在稳定性的市场经济政策，那么这将近100亿马克的数目就不算大。由于遵循了这些原则，1949年以来的国民收入才能提高约1,000亿马克。如果联邦政府继续沿着这条道路前进，它就更容易满足国防上的需要了。而且对于实现提高德国人民生活水平的义务也不会有所影响。我国经济的扩张能力创造出了成功的最好条件。德国人民可以在这方面安心地展望着未来的发展。

市场经济制度与军火经济之间的关系已经从金融政策的角度讨论过。同样,军备生产也应从这个角度来讨论。在这方面,市场经济的准则同样也能适用。自由市场的功能应当在任何可能范围内任其发挥;或者,它的原则至少必须合理地予以采用。为了这个缘故,我总是主张采用公开招标的办法。跟民用工业方面一样,只有这种做法才能保证每个有意参与的商人都有提供的机会,也可保证所有定价最公道的商人能够做成交易(这并不是说定价最低的商人一定会胜利)。

除了有些特殊的军备物资不能用这种方法得出市场价格外,这种做法——在细节上可能有些变更——应当在常设的贸易机构内完成。在公开招标办法下,才能确定市场经济中采购的重要原则。因此,如果有人企图把交货方面的缺点归罪于这样的市场经济,我就坚决表示反对。

这些缺点并不来源于公开招标,而是来源于用官僚主义方式处理业务。在不小程度上应当归罪于尚在萌芽时期的订购机构。举例来说,根据规定,对于卖主提出的价格并无强制接受的义务。其他一些情况,特别是有关公司的资格及其实际交货的能力,也应当加以考虑。在订货的时候,品质和规格都应明确规定,在交货时一切商品都应加以检验,看它是否符合于原来的规定。

数量很少的标准货品当然不必提供到市场上去,只要去商店购买就行。原则订得太死,反而会使合理的原则受到损害。公开招标的前提是要有一定数量的供应商。在没有市场的情况下——或许在坦克这类重型武器的情况下——这种办法就不合理。但尽管处在这种情况下，在挑选向哪一家公司订货时还是可以采用市场经济原则的。要用给定的条件取得最好的结果。在运用这条普遍经济规律时，首先必须想一想：德国能不能重整军备，以及能够做到什么程度；是否能对人民负责，并负责到什么程度。

## 欧洲军备交换所

关于本国军事工业的发展要从两方面去郑重考虑，不仅在储蓄方面同时也在军备生产厂所需的大量投资方面。资金一旦投入了国民经济中的某种工业中，就不可能投到其他工业中去。当然，这句话非常简单明了。但对一个正在努力建设其资本市场的国家来说，却是非常重要的结论。

要使西德联邦政府单独生产这些重型武器势必要提高产能，这显然给整个欧洲提供了一个合作的机会。我曾为组建一个"常设军备委员会"代表西德同别国谈判，希望不久能组建一个欧洲合作军备交换所，因为任何国家都不能在军备方面采取自给自足的政策。

不幸的是，谋求合作的第一次尝试并未得出具体的解决办法，或许是因为看法太不一致了。可能当一些国家认为西德生产的武器太多时，而另一些国家却认为太少了。或许由于看法不同，就没有制订出一个固定的共同军备计划。

由于普遍认为德国军队中确实存在着物质需求的问题，人们必须再一次强烈呼吁西欧各国实行系统的分工办法。现在还有时间来防止错误的发展和精力的浪费。一旦到了不得不考虑本国军事工业的要求时(尽管还是在开始的时候),要遏止自给自足精神的发展就困难了。那时候,这种结构一旦固定就难以修正。

在建成西德自给的军事工业以前,应首先采取欧洲协议的方法,这种打算——除了从政治和军事的层面考虑以外——也是从经济的观点出发的。首先由于这方面的产量大,可以实行合理化生产,一切大规模生产和连贯作业法的优点都可以充分利用。在放弃了重武器生产以后必须进行的采购,也是减少西德对外贸易和国际收支顺差的最好办法。从这一点又可以看出,军备工业不过是经济整体中的一部分罢了。

## 要行动不要空谈

到目前为止,欧洲各国只有极少数几个达成共同生产协议的例子,就是在统一武器类型这方面也没有多大进展。这种不能令人满意的局面绝不是不可改变的;如果抱一种悲观态度,那就无异于说欧洲的统一不过是神话。我认为军备生产乃是最容易在最短时期内达成有效协议的一个领域,无须召开特别会议来制定复杂的规定,因为这样做至少需要几年的时间。协商的机构和技术方面的组织早已存在了。

但在军备方面接受了欧洲合作办法并不意味着,西德国内不必再设立研究和促进委员会了。这种委员会的工作对任何现代国民经济都有价值,它的功用超出了军事范围之外。单就私营经济部门来说，为了军事生产，必须想出一种组织形式，以后不会向国家要求保护，甚或再提出垄断的要求。这样的发展过程既与上面所谈的原理不相符合，也跟以后在欧洲合作机构中自由行动的愿望不相一致。

如果以市场经济的原理来处理重整军备在经济方面的工作，那就可能做出正确的决定。单举一个例子来说，西德要加入北大西洋公约组织势必需要一些存货，特别是战略上的某些重要物资。如果让国家从事这种贮存工作，最终积存了大量政府库存，那就跟自由市场经济的原理不相符合。如果用强制办法来积贮库存也与自由经济制度不相适应。要达到这个目的势必对经济各部门做出特殊的让步，例如以降低税收的形式，使防御上所必不可少的库存可以在各地分散地积聚起来。

按照这一原则，凡是私营经济部门能完成的工作决不让国家去做，这就是说国家不应该建立它自己的军事工业。这种意见已一再提出，应当予以坚决拒绝。

## 不是有用的经济刺激

把军备经济容纳在一般经济里面的打算，正产生着技术性和行政性的后果。因此，我曾提议组建一个所谓六人委员会，经济部长与国防部长可在该委员会内自由讨论有关两部的问题。我和我的同事施特劳斯（国防部长）一致认为，这个委员会在解决国防中有关经济的问题方面已做了出色的工作。

西德人民在考虑这些任务时，绝不能忘记这一点，政府在做出决议时，从来没有打算把扩军备战跟经济刺激联系在一起。我们从来没有犯过这样的错误。在我们看来，扩军备战之所以重要，不是由于经济的原因而是完全出于政治的考虑。

只有拒绝独立的经济利益，将来一旦扩军备战在执行方法上影响自由社会市场经济时，经济部长在道义上才有权出来讲话。我们记忆所及的一些事情似已证明，扩军备战会引起经济性的和社会性的骚动；但这里并不存在因果关系，而是说我们已走错了路。而真正的康庄大道也是存在的，这也是我们将来会走的路。

我们加强了国防，提高了我们自由世界的归属感，而这种觉悟反过来也给了我们维护和平的信心。

# 第十四章　来自直接接触的政策

为了避免把波恩看作世界的中心，近年来我曾离开波恩经济部办公室到各地去访问，这样对我的工作更加有利。当我几次出去的时候，常有人问道："经济部长现在又跑到世界的哪一部分去了呢？"我觉得有必要把德国的经济政策向国内外人士解释一番，使他们支持这个政策。我这样做经常引起人们的误会和许多批评。但我认为我到波恩以外去活动是我工作中一个重要而不可或缺的组成部分，同时我也相信所得的正面效果证明我是对的。由于我曾在本书中某处明确指出，我们必须注意从事于经济活动的人们的意见，在必要时还须推动这种意见的形成，我的这种行动就更加容易理解了。



从这种工作实践中也产生了这样一种愿望，那就是与经济机构中的全体人员——不管他是企业家、工人、职员还是消费者——直接接触。为了提倡这种直接接触的政策，我自 1948 年就任"经济署署长"以来已做过上百次报告。

有几次，由于当时的经济情况，我特别注意和各方保持密切的接触，甚至在某几个月中一切都致力于使全体人民理解经济情况与经济政策。我在这里特别想起货币与经济改革后的一段波动时期。在当时，成功与失败要看人民能否冷静地对待经济现实。另一个同样的时期是在朝鲜战争爆发以后。当时一切都有赖于市场中的每一个人——生产者、商人和消费者——了解真实的经济情况从而不致走入歧途。最后,第三个这样的时期就是最近这一次的繁荣。在这个时期内,更有必要指出我们的经济命运在多大程度上有赖于一切从事于经济活动的人们是否了解经济情况。

繁荣时期会有过高估计经济成就的可能性,因此必须不断地向大家呼吁,使他们抱着谨慎负责的态度。就是在目前也迫切需要用这一点提醒大家,因为每个人的态度同货币的稳定有着直接的联系。一方面是要防止工资涨得太高,促使物价上涨;另一方面要防止盲目地利用繁荣为自己谋利益。如果没有这种本人精心策划的,差不多是持续不断的直接接触,就很难向广大群众解释社会市场经济的哲学。

在现代国家中,舆论起着很大的作用。我因为认识到这一点,所以没有把直接接触的工作局限于西德国内。在多少次国外旅行中,我曾设法向那些对我们的经济政策和我们所获得的成就感兴趣的人做了解释,同时也建立了私人联系。

## 新式的贸易政策

建立直接接触的目的反映出这一点:经济政策对于形成政府与政府以及人民与人民之间的联系起着重要作用,其重点的转移也在贸易政策的新地位与重要性中表现出来。我认为贸易政策服从于外交政策或者甚至把贸易政策看作产生政府控制力的工具,已是过时的办法了。

不幸的是，有一点也是不能否认的，有些人因为不明白自由经济政策的意义，即便在目前还常常把贸易政策看作各种不同措施的总和，局限于一批贸易对一批贸易、一种商品对一种商品、一个国家对一个国家的个例性的双边协定之中。依我看来，这种办法很不自然，而且是自相矛盾的。它当然不能跟自由世界中人民与国家之间和平的经济来往相匹配。它所起的只能是干扰作用。尽管双边关系在各国人民之间也有它的价值以及重要性，尽管在各国人民之间建立这种双边关系必定是外交政策中的一项重要工作，但仅仅签订双边经济协定就认定会有利于两国人民之间的关系，那就犯了根本性的错误。

从经济角度看，这种方法难免对第三国有所歧视——拥护这种政策的人当然也不希望看到这一点。它会产生彷徨、猜疑，在每一个场合下，减少国家间通过交流得来的良好后果。从第二次世界大战后自由经济制度被破坏以来，各国一直都采用这种政策，但事实不足以证明它的存在价值，充其量只能把它看作是各个过渡时期内的，或者像在南美洲曾长期存在的那种特殊的连锁经济结构中的一种权宜办法。

由于1929年的经济恐慌，这种方式的贸易政策使双边协定网遍及全世界，不断地把全世界分割成不同的经济集团。但由于缺乏统一的经济政策基础，便把各国的经济推向孤立与割裂的道路上去。相反，第二次世界大战以来所推行的，也就是我所热烈拥护的经济政策及其实施，它的特点是在克服了狭隘的保护政策和国家主义以及消除了恶性竞争之后，努力设法实现一个最广泛的世界自由市场，达成多边协定以及实行消除歧视的政策。

如果从这种角度来认识经济政策的工作和目的，那么除了一个从属于外交政策的贸易政策外，也不太可能有一个独立的贸易政策。把贸易政策看作外交政策的一部分就会被人误用。如果按照“一手拿大棒，一手拿胡萝卜”的原则来运用双边贸易，那就势必形成集团，引起冲突。这样的贸易政策绝不会把各国人民团结起来，绝不会克服边境障碍，也绝不可能消除不同的意见。市场经济政策的优点恰恰在于它能获致以上所述的这些东西。

## 战胜过去的灾难

我一有机会就设法使各国放弃各自为政的贸易政策。国际间商品与服务的交换作为国家政治工具的成分愈少，其有害于国际氛围的危险也愈小。只有这种态度才能把对外贸易政策从过去的灾难中解放出来。头脑清醒而实事求是地思考问题才能占上风，才能在各国经济间开展真正的竞争。只有各国认识到这种需要，才会同意在一个自由经济秩序中放弃单方面行动。

西德应当从这方面，而不应从纯粹的政治角度去考虑这一问题。除了原则性问题以外，由于西德的国民经济在很大程度上有赖于进出口贸易，所以这种需要在政治上也会得到支持。有一点必须记住，近年来的对外贸易在国民经济整体中的重要性已逐渐有所增长。西德所生产的商品和服务运出去交换别国等值的东西一年比一年多。可见出口贸易愈来愈重要，社会市场经济的理想就更加重要了，因为没有这种理想，对外贸易的增长是不可设想的。

从长远的眼光来看，尽管有些人认为贸易政策不应取决于经济政策的需要而应用来达到另一些目的，也不应当忽视这种情况。倘若把贸易政策从经济政策中割裂开来，使显然已获得成效的经济政策丧失它的完整性，那将是非常可笑的。目前，我们正在把经济政策分割成几个不同的部分。

| 年份 | 国民收入总额 | 进口 | 出口 | 对外贸易周转率 |
|---|---|---|---|---|
| 1949 年 | 100 | 9.9 | 5.2 | 15.2 |
| 1950 年 | 100 | 12.7 | 9.3 | 22.0 |
| 1952 年 | 100 | 12.9 | 13.4 | 26.3 |
| 1954 年 | 100 | 13.3 | 15.2 | 28.5 |
| 1955 年 | 100 | 14.9 | 15.7 | 30.6 |
| 1956 年上半年 | 100 | 15.3 | 16.9 | 32.2 |

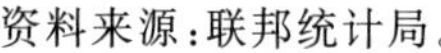

资料来源：联邦统计局。



作为西德国民收入总额中一部分的对外贸易周转率的发展情况（见上表）充分证实了这里所说的一切。

读者也许会产生这样的错觉，即认为这里所阐明的原则没有经过争论就为各方所承认。近年来，这些原则在实践的过程中，西德国内对其也有过热烈的讨论。我曾竭尽全力应对这些问题，使全部贸易政策的决策权没有转移到外交官手中去。现在还有许许多多的解释工作要做。不仅西德会碰到这个有决定意义的问题，在每个国家中，凡是支持世界性的自由经济政策理念的人们都必须在自己的国家里努力把这个理念变成现实。

负责任的政治经济学家们在会议中可能在这方面做出了许多有价值的贡献。因而，我相信关于建立“共同市场”——这是经济政策中的一个重要问题——的谈判应该属于经济部的管辖范围。

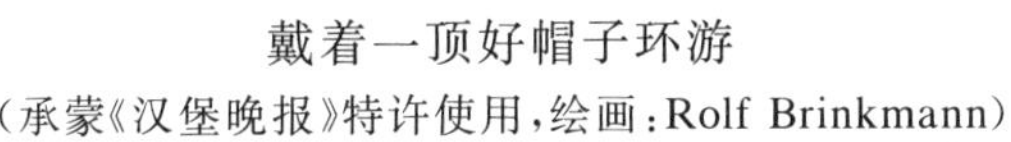
戴着一顶好帽子环游

（承蒙《汉堡晚报》特许使用，绘画：Rolf Brinkmann）

注：艾哈德在西德的出口经济中是个出色的推销员，因此他在国际经济对话中始终被看作是受人尊敬的西德大使。

## 外国的利益

非常肯定的是，西德与其他国家的领导人以及经济政治学家间频繁、多层次的交往使得世界以一种更加开放的心态面对西德的经济发展——这可能也是西德与别国交往取得的最重要成果。然而依旧有人迟迟不肯承认一国的经济优势到头来会促进其所有邻国的共同进步,并且这种声音还不小。虽然如此,但可以确定的是,在西德的发展这件事情上,不客观的讨论越来越少了,而越来越多的人以一种理解甚至是敬佩的态度来看待西德的发展。如果跳出这本书的框架,我们也可以尝试去弄清各国媒体在这一话题上的不同态度。在这本书的框架内,这种尝试仍然应当进行,至少应从各国的态度中挑出一些来,以表明我的理念在其他国家里可以找到越来越多的共鸣。我挑选了以下两段简短的新闻段落。

《经济学人》杂志在1956年8月4日发问:德国是如何实现的出口增长?

> "……对此,《商务部公报》(*Board of Trade Journal*)上发表的一篇有关西德竞争力的报道可以给出一些答案。
>
> 西德工业所享受的优先权已成为历史;事实上,英国的原材料和燃料要比西德廉价不少。虽然英德两国的公司所得税相差无几,但西德的地方税却比英国要高。到去年年末,西德出口商不再享受退税。与西德相比,英国出口商有更多的贷款来源,支付更少的利息,并且获得贷款也并不比他们的竞争对手困难……"

《时代周刊》也在1956年7月27日发文讨论了西德的经济繁荣。"根据上述资料,我们可以推测,"《时代周刊》中写道,"西德去年的生产能力肯定比英国增长得快。

这种更为强劲的生产能力提升可能是得益于德国更高的产业投资率。从欧洲经合组织的统计数据来看,1950—1954年间,英国平均每年将国民生产总值的14%用于投资，而德国平均每年在投资上的投入是国民生产总值的21%……”

## 从伦敦到纽约

1956年8月1日，《银行家》杂志在“货币问题的十字架”大标题下深入讨论了欧洲支付同盟面临的情况以及西德经济部长为解决欧洲支付同盟内部的不均衡发展而提出的建议。文章写道：

> “……要完全对抗苏维埃的攻击，西方只能使自己在经济上无懈可击，西方应建立一个共同的世界市场（正如1914年之前一样，这个市场要能无视所有的外界阻碍而运转），而各国也要对自己的经济负责。艾哈德博士希望欧洲经合组织以及国际货币联盟商讨出的正是这样一个办法。”

1956年6月30日的《经济学人》探讨了控制高度繁荣的经济政策措施：

> “一个主要贸易国宣布降低关税是一件极为罕见的事，而西德联邦议会批准的关税降低尤其值得尊敬。……艾哈德教授希望以此利用西德巨额的外汇储备，他再一次将自由的经济政策作为抵抗通货膨胀的主要武器，这将造福世界贸易，而不仅仅是英国的出口商。
>
> 但是关税降低的程度要远远小于艾哈德教授在几周前建

议的30%的降税幅度。艾哈德教授将他的建议呈至内阁，然而农业却限制了该项建议的执行并在生活最必需的领域，也就是食品价格上剥夺了其最重要的作用。这已经不是艾哈德教授第一次不得不悲伤地听着这样一场辩论了：发言者站在他呈给内阁的建议的对立面，赞成的却是他先前的观点。……过去几周的平静预示着西德人有能力对抗这样一场通货膨胀。……”

1956年6月15日的《纽约时报》在“来自波恩的部长催促西欧货币升值”的大标题下写道：

“……这并不是艾哈德博士给欧洲其他国家的经济部长第一次出大难题了。他早就给他们或公开或私下解释过，欧洲各国必须使其货币能和美元进行自由兑换，货币间的限制必须废除。对此，他的观点没有变过。‘如果英国今天有能自由兑换的货币，那他们今天面临的巨大困难有很大一部分将根本不会出现。’艾哈德博士如是说。

‘真正的困难在于，’他说，‘我们在今天仍然没有统一的价格体系。在不同国家，价格变化可以各有不同，那么现有的汇率就变得没有意义，而各国政府采取各种措施维护汇率的地位……’

艾哈德博士同样践行着他所劝诫的：他一直使西德经济不断向开放经济（或者说开放市场）这一理想靠拢，而这一开放市场也会对世界市场价格做出反应。货币完全实现自由兑换，当然，对资本外流进行的名义上的控制不在此范围内。”

“马克取得先令的位置成为国际货币的危险日益增长，而西德政府争分夺秒完善国际收支平衡。”1956 年 4 月 11 日，《金融时报》杂志针对货币问题如此写道，“马克区最近不断扩大，几乎绕地球一圈。……”

《新苏黎世报》在同年 3 月 20 日写道：

“……大约差不多在八年前，艾哈德教授被任命为西德经济政策的决策者，一开始是经济管理部门的部长，之后成为阿登纳第一届及第二届内阁的联邦经济部长。在这个相对来说较短的时间内，艾哈德教授并没有实现他自己‘社会市场经济制度’理念框架内的所有目标。但是他在短短数年内复兴了西德经济。这种复兴远远超出了各方的期望，并为西德创造了经济基础，使得西德承受住了崩溃带来的政策上与社会上的巨大负担。

今天，联邦经济部长艾哈德指出，一项艰巨的任务已摆在眼前：要抑制住繁荣发展的幽灵——虽然这幽灵是艾哈德自己招来的。因为在这一繁荣景象中，隐藏着市场经济迟早要受到损害的危险。艾哈德教授在转变的立场中表现出了这样一种个人品质：果断地告诫团体利益要有所收敛，并深知需要维护大众的利益——即便是采取不太受大众欢迎的措施。

经济部长艾哈德一直深受瑞士的欢迎——在苏黎世同样如此。因为他不断重申瑞士的重要性，同样也因为他在欧洲外贸以及国际汇兑自由化上的贡献，艾哈德教授一直是我国最好、最重要的朋友之一。……”

## 相信市场经济

《多伦多星周报》于1956年3月17日以“德国自由经济的传播者”为题发表了一篇内容详尽的文章，部分报道内容如下：

“1948年6月，即货币改革的前夕，西德的工业生产值只达到1936年工业生产值的一半。而现今西德工业产值已经约达1936年的两倍。去年的同行业产值已超过1954年17%，并达到了德国有史以来的最高水平，超过欧洲所有其他国家。

能达到这种经济状况，我们首先要感谢一位59岁，有着蓝眼睛、双下巴、身形敦实的先生，他展现了他的乐观主义精神和强烈的雪茄爱好。作为一位雪茄爱好者，艾哈德以每日12根雪茄的消耗量打破了丘吉尔每日7根雪茄的纪录。作为一个乐观主义者，他也丝毫不逊于丘吉尔。……

艾哈德是自由经济的传播者，也是德国政府中最具争议的人物。经济领域的领导人物把他的话奉为金科玉律；社会学家强烈地抨击他，并预言他将会毁了劳动者们。1949年8月14日的西德联邦议院选举是一场关于支持或反对艾哈德的投票。多数民众表示支持艾哈德……关于艾哈德的激进主义或许还存有争议，但是如今我们几乎可以达成共识的是，西德稳定的经济增长要感谢许多西德人对于艾哈德的社会市场经济的信任。……

艾哈德并未利用因西德奇迹的实现而给他带来的名望。他清楚地知道，美国的资金和劳动者们的帮助也是功不可没的。来自马歇尔计划并投入德国的每1美元最终都实现了10—20美元的实物或产业价值。……

当被问起如何评价自己做出的伟大功绩时，艾哈德回答道：‘纳粹欺骗了整个世界。纳粹的诡计摧毁了世界对于德国经济的信任。我感到自豪，我们又成功地重建了世界对德国经济的信任。’”

1956年1月13日的《金融时报》写道：



“西德是西方世界中为数不多的工业生产的增长超过苏联的国家。这不仅仅只是1955年的情况，苏联上一个五年计划整个期间都是如此。

根据前几天苏联最高级别经济部长兹维列夫所做的数据报告，苏联的工业产值在1955年增长了12%，而西德的工业产值增长了16%。去年莫斯科给出的官方增长率为13%，西德的生产增长率虽然稍低，但是仍然处于相当的数量级，即12.1%。此外，苏联的生产增长实际上是有下滑趋势的。……”

1956年1月11日的《纽约先驱论坛报》也认为，1955年西德经济在各个方面都呈现了稳定增长：

“因此鲁尔区的钢产量又可以创造新的纪录了。其年产量达到 2,000 万—2,100 万吨，也就是说，这个数额超过英国使西德成为仅次于美国和苏联的第三大产钢国。

当有人认为，如今的西德只是在向战前状况恢复，讨论这个发展数额尤其具有意义。就算不考虑以前的德国萨尔区和现属于波兰的西里西亚所产的 300 万吨产量，现今的产量也已达到战前水平了。……”

《纽约先驱论坛报》的见解促使我们看一下钢产量的具体数据。



| 年份 | 德国 | 美国<br>（单位：千吨） | 英国 | 法国 |
|---|---|---|---|---|
| 1947 年 | 3,060 | 77,015 | 12,929 | 5,733 |
| 1949 年 | 9,156 | 70,740 | 15,003 | 9,154 |
| 1950 年 | 12,121 | 87,848 | 16,554 | 8,652 |
| 1952 年 | 15,806 | 84,521 | 16,681 | 10,867 |
| 1954 年 | 17,435 | 80,115 | 18,817 | 10,627 |
| 1955 年 | 21,336 | 106,143 | 20,107 | 12,592 |
| 1956 年* | 23,300 | 104,300 | 20,900 | 13,400 |

* 目前的数据。

资料来源：联邦统计局和高层部门。

1954 年的一些报告可以对以上摘自 1956 年的出版物的简要数据进行补充，这里我们选取一些对于德国重建的新的阶段的评价。

泰伦斯·普里蒂(Terence Prittie)在1954年1月21日的《听众》上发表了题为"作为贸易竞争者的西德"的文章：

> "……艾哈德教授不仅相信，竞争是在双方之间公平展开的，他也相信，中止剩下的出口补贴和激励计划并使英镑和马克实现可自由兑换，这对英国和西德都有好处。他告诉我，解放马克将让他为成功、自由和公平的西德贸易所做出的所有努力走向巅峰。西德的出口活动应该是公平的，但是随之而来的英国的威胁也不容小觑。……
>
> 艾哈德关于自由经济的措施带领经济又一次走向了繁荣，并受到普遍的欢迎。德国人对于纳粹和战争时期的控制措施感到抱歉，他们已经完全准备好，要更加努力地工作，以赚得更多并消费更多。……"

1954年2月1日的《每日汇报》将西德联邦经济部长称作"现代自由党人"。"博士路德维希·艾哈德教授作为西德联邦经济部长，通过他具有远见的、与这个崇尚计划经济的时代格格不入的措施，为德国经济走向更强打开了道路。他称自己为'现代自由党人'，并且在各方面都是一位为解放国际商品和资金流动而争取的坚定的斗争者。……"

## 欧洲经济基石

1954年3月24日，巴黎的社会共和主义者集会谈及了德国战后重建的核心问题：

> “我们不是想要低估德国人民诸如组织才能、纪律性、方法性和实践性相结合的思维能力之类的传统美德，但在经济领域，如果没有合适的经济政策将美德转化为事实行为，上述品质都将是镜花水月，即使是德国也不例外。经济领域没有奇迹。
>
> 我们不能太过乐观地估计德国人民的政治现实主义思维。但有一点是确定无疑的：经济上的自由主义是成功的基础，而人们对这种自由主义或许会同时表现出欣喜和不安。西德经济部长艾哈德坚定不移地向着他设定的目标努力，这种坚定来源于传统经济理论的启迪与灵活适应的结合。我们拉丁国家或许可以效仿他提供的经验。”

据1954年4月21日美国合众新闻社报道，在周二于纽约举行的第七次德美工商协会联谊会上，主讲嘉宾瓦尔特·哈尼施费格(Walter Harnischfeger)将西德描述成“建设一个健康的欧洲经济所必需的基石”。

意大利《人民公报》(Gazetta del Popolo*)在1954年5月29日的报道中写道：

---

* 原文写为 Gazetta del Popolo，实应为 Gazzetta del Popolo，应为作者笔误。Gazzetta del Popolo 是一份于1848年创建于意大利都灵的报纸。——译者注

“……将西德在市场上的成功归功于日本式的倾销策略是完全错误的。很久以来德国的产品都有着很好的性价比，然而除此之外，德国产品的受欢迎更多是因为其制作精良，而且多样的产品可以应用在高度专业细化的领域。……

这是艾哈德推崇的自由市场经济的胜利。在这种精神指导下的德国重建由个人精神和私人企业主导。他的社会市场经济理论基于价格（对市场）的监督和刺激功能——由执政者来确定价格是对上帝意旨的违抗（艾哈德语）。他坚定地相信私营企业主导的经济，相信那些不要求依靠某些保护或特权，而是敞开欢迎竞争的企业。

一个好的德国企业家要珍视国内的竞争，因为这样他就不必害怕国际市场上（同样存在）的竞争。他不应该追求某种垄断地位，因为这样的话他也就失去了成为并保持自由的市场企业的可能性。……”

《米兰24小时报》(24 ORE-Milano)在1954年6月5日撰文分析了西德“成功的心理学”：

“……这一成功的心理学的核心特点是什么？……是一种自豪，是走出一条把纯粹的竞争经济和一个现代国家的社会性需要相结合的中间道路，即发明了‘社会市场经济’的自豪。……”

外贸中的协调

（承蒙《时代》周刊特许使用，绘画：H. E. Köhler）

注：西德的出口发展离不开艾哈德领导的经济部和外交部长布伦塔诺领导的外交部的共同努力。上图展示了两人协作的必要性以及两者的竞争——同时争夺一根雪茄。

## 卡里加里博士的神奇小屋

在1954年8月20日的争论中，休伯特·朱安对“德国经济奇迹”做出了说明：

“我认为波恩的经济部长路德维希·艾哈德的书《德国经济扩张》具有超群的启发意义。虽然门德斯·弗朗斯先生早在《世界报》上就开始对这个题目进行讨论，但是任何读物都无法代替这本整整350页的书；整本书都充满了数字和数据，甚至连书页边缘都写着几百万美元这样的数。

这本书简直就是‘卡里加里博士的神奇小屋’的现实版，这体现在进出口中，体现在满钵的钱币中，体现在那些远远领先现有最高纪录并且将德国制造带向世界的最终数字中，同时它也揭露了一种生存和胜利的欲望。这就是这个坚韧、勇敢、充满扩张欲望的民族的真实面貌。

从1949年9月开始，艾哈德先生就引导西德实行了纯粹的自由经济。也可以说，通过降低生产成本和提高投资，他使西德走上了传统的资本扩张道路。”

1954年10月11日，联合经济新闻社有一篇来自巴黎的深入报道：

“艾哈德博士这本关于西德经济发展的书在几天前出了法语版。法国总理皮埃尔·门德斯·弗朗斯在今年夏天继任之前，对该书写了一篇批判性的评论，并于本月中旬发表在一本激进的社会主义杂志上。

在这篇评论中，门德斯·弗朗斯表示，西德经济重建的奇迹不仅是自由主义对自给自足经济的复仇，从某种程度上来说，也始于独裁的措施。此处所指并非传统的自由主义，而是一个‘社会市场经济’，因为艾哈德教授和他的政府都不以抑制经济在发展中的日常波动或经济周期总趋势为目标。

从自由主义思想里，艾哈德教授和他的同事有了重视传统自由主义教义的坚定愿望，但这种重视仅仅在人民和市场活动允许的范围内。我们不能质疑这位部长想要重塑自由市场的坚定想法。

他的整部作品充分证明了物力论和乐观主义，他要真诚地信任商人、企业家和出口商。但这种信任却丝毫没有误导他，使他像传统自由主义那样指望他们，在遇到如今的困难和阻碍时让他们决定命运。相反，这位部长只在他们保证与国家合作时，才对他们给予积极的支持。如此看来，传统的原则都不适用。真实的感受才有决定权。……

这些西德的部长们必须受到赞扬，因为他们采用了一个强有力的政策并且坚定地维护它。门德斯·弗朗斯在这篇评论的末尾写道：'我们法国人错误地谴责他们明确地选择了自己的目标，谴责他们为了外贸平衡和因此而来的经济独立而艰苦奋斗。我们的邻国已经做出了示范，而这个邻国，另一方面又是我们政治和经济上的竞争对手。在过去，我们的政策中从未有过这种明确和远见，但此时此刻，我们必须做出明确且有远见的决定，并且为之奋斗。'”

# 第十五章　欧洲前途

1956 年 9 月 2 日，我在法兰克福举行的国际秋季展览会开幕典礼上已经不是第一次讲道："欧洲的一体化目前比以前任何时期都更加急需了，解决这个问题的时机业已成熟。但我所能想到的最好的一体化形式不在于成立新的办公室和制定一套行政规章或官僚制度，而是首先要重建一个自由的国际秩序，一个能完全表现在货币自由兑换上的国际秩序——货币兑换当然包括商品、服务和资本的绝对自由流动。"

这一段话说出了我对欧洲一体化目标的基本看法。依我看来，世界上充满着无数的机会，只待我们理解如何利用。在世界范围内实行自由经济政策的好处是不能想象的。但要实现今后鼓舞人心的远景还得考虑目前的艰难现状。

尽管对于实现欧洲团结，特别是成立一个共同市场的问题各方均已达成共识，但还有几个基础问题要拿出来讨论。认真讨论欧洲的前途是解决这些问题必不可少的。

根据几年前所达成的欧洲煤钢共同体协定的经验，我们必须谈谈这个问题：究竟应当把各个局部的集团联合起来使欧洲团结呢，还是说有迹象表明这样行不通？目前经济中的各个部门和各个系统都倾向于成立自己的协会，所以这个问题在近年来变得非常重要。如果说经济一体化——不管它包括哪些部门——只以个别产品为限(这就是说,如果我们只想把各个局部一体化起来的话),那么我认为这种做法是不对的。

关于这一点应当注意的是,欧洲煤钢共同体的创始人也曾意识到这种缺点。他们并不想把欧洲的合作限制在欧洲煤钢共同体的各国,也不想局限于煤、铁、钢三种产品上。他们仅把欧洲煤钢共同体看作是第一步,强制各成员国坐下来讨论共同的国民经济问题,采用和平方式来解决相互间的纠纷。支持共同体的人们不久就看清楚这种方式也可以运用于其他问题,例如,投资问题、经济政策问题以及货币问题等等。欧洲煤钢共同体经验的成功或失败要根据它向真正的一体化形式的发展速度以及范围和方向而定。

近年来在这一方面并没有取得决定性的进展,尽管在布鲁塞尔举行过有关共同市场的讨论,但目前正处在一个中途停顿的阶段。

## 目标:广泛的一体化

尽管这些问题显得很严重,尽管我们也在尽力寻找新的解决办法,我们绝不能忘记,欧洲煤钢共同体所提出的问题事实上必须采用其他办法才能成功而有效地予以解决。

如果想实现绝对的一体化,首先必须建立真正一体化的基础;依我看来,这种基础可以先在另一个领域里即在货币政策秩序中去找。在理论上我们必须先认识这一点,一国的经济秩序不是以局部秩序的总和为基础的，正如一国的经济不能理解为经济各部门的总和一样。关键在于它的功能，在于完整而不可分割的东西。问题在于人和物质之间的关系，这些难以分解的关系是不可能随意予以分割然后再以人的意志随意结合起来的。

在这里还有一点必须指出。目前人们对于竞争好像已经缺乏热情，这是在一个更大的市场出现以后的必然结果。如果认为在欧洲一体化的体系中，自由竞争的条件很差，所以不能采取市场经济原则的话，那么这是一种错误的想法。正如某些经济学家所说，我们必须首先消除市场中的差距，也就是说，在打开大门迎接自由竞争以前应当把这些差距先消除掉。

这种做法固然可以在一定的狭隘范围内获得一些成就。但如果认为在一个相互竞争的世界中，一开头就想使不相一致的成本因素等同起来，那就全然是一种幻想，即使设法去达到这个目的，也必然会导致某种形式的管制经济。因此，一开头就会失败。



我们要知道各国的有利条件是大致相同的，分配得很"公平"。上帝很公平，他给予这个国家某些有利的自然条件，对于另一个国家也会给予另外一些有利条件。不管成本的内容是什么，他们都结合在物价里面。只有物价才是衡量工作好坏的经济标准，工作的好坏当然也包括质量在内。因为这个缘故，我们绝不能把一体化看作仅是机械的、数量上的结合；如有这种看法，我们将很快重复以前所犯的错误。对每一个真正明白的人来说，一体化意味着自由和广泛的竞争，也意味着在更高一级功能水平上的经济合作。

## 西西里不在鲁尔区*

上面这些批评当然也适用于同样错误的见解：在“一致化”之类的口号的掩盖下，想拉平一切经济条件。我所说的有人要把工资、养老金、假日以及超额工资等都包括在这些口号之内，并没有夸大其词。如果我们接受一致化的理论，那么在逻辑上就毫无限制，如电力、运费、税收等都有同样理由包括进去。

如果要把一个国家和另一个国家甚至许多国家内的各个公司不同的成本都设法一致化起来，也就是说，把它们都等同起来，使竞争不那么“讨厌”的话，那么，这绝不是什么一致化，而成为最坏的一种分化了。

我说这句话并不否认这一点，一个国家的任何一种弱点必然会同时搅乱国家与国家之间的关系，但这一点绝不能使人承认，一个国家有权要求共同市场内的伙伴们，甚或强制他们去采纳有问题的原则。

在“一致化”的口号下，有人建议在过渡时期快要结束时，应当拉平各成员国的工资，又说工作总成本应当“相等”。我们对这种建议简直可以置之不理，因为这是在经济上无法实现的，西西里和鲁尔的生产率既然有所不同，工作成本也就不可能“相等”。要实践这条原则必然会导致经济上的停顿。各个工资成本本来是由生

---

* 鲁尔区位于德国西部，富产优质工业煤；西西里岛属意大利，物质贫乏。——译者注

产率决定的，并不能由假想中的同等表现来决定。

谁都不可这样认为，凡是各个成员国的所有工业都能规定一个同样的生产率，而且他们规定的生产率都有同样的进展。尽管在一定的日子可以用人为的方法拉平一切条件，但到了第二天就会发生变化，因为即使在一个共同市场中，人们对储蓄和消费的看法和态度，以及他们的成就、他们的辛勤劳动等因素都无法以同一个标准来衡量。

提出这种要求的人对于经济法则和客观事实做了完全错误的解释，同时也说明这是一种绝不会成功的精神状态，除非把人类的主动性和创造力，乃至把生命本身在一个所谓一体化的欧洲中完全加以扼杀。

这些见解是建立在这样一种妄想上面的，即认为这些自然因素是能够改变的，在国与国之间的结构条件也可用人为的方法来拉平，直到各国国内各部门的成本都一致为止。我认为这是不必要的，而且这种空想的目标是永远不会实现的。那时，各国可以不受任何阻力回复到孤立状态中去，因为如果各国的商品价格都划一了，那么为什么还要到别处去购买呢？这样，各国间的商品交换便失去了它最终的和真正的意义。问题的关键在于各国在不同条件下进行工作，所以一个国家在这里占着优势，另一个国家却在那里占着优势，一个国家在这方面的成就大些，另一个国家在那方面的成就大些。从这些事实出发，才产生了互利互惠的需要。

对于一致化理论表示拥护的人绝不能逃避究竟由谁来承担损失，以及一切费用怎样支付的问题。这种妄想要是实现的话，势必有人会要求筹得一笔资金，用来贴补那些生产条件较差的，或者自以为较差的人们，或者用人为的方法去帮助改进他们的条件。但这种原则是与市场经济格格不入的。这样做会使人们丧失创业的动力。其结果会适得其反，使弱者（不管原因是什么）受到贴补。照我看来，这不是促进真正进步，亦即是欧洲所迫切需要的迅速进步的正确原则。如果走上了这条道路，要实现改善我国人民和欧洲人民生活的目标就是根本不可能的。

针对这些理论，我曾一再指出，在这里所表示的“社会浪漫主义”是非常危险的。但是我却支持这样一种见解：既必须有一笔公用资金来设法提高生产率，同时又要维持经济中的某些重要部分。问题不在于能否尽早成立一个共同市场，而在于要有一个秩序原则和精神指导问题。

## 欧洲不要受到官僚主义的操纵

一个不相信人心的欧洲，一个不将自己看作命运共同体并愿意为集体牺牲的欧洲，一个不以自由为其最高纲领反而对其压制的欧洲，一个精神及政治都轮廓不清的欧洲，是对世界及欧洲人民没有任何吸引力的。欧洲如果受到官僚主义的操纵，它所培植的就并不是什么集体感而是互相猜忌，其全部观点将是物质主义的，从而带来的弊害也会多于利益。西德因采取了稳健政策而没有受到来自东方的渗透的影响。正因为这个原因，共同市场必须采用同样的法则。放弃这种政策便意味着摧毁这种幸免于共产主义影响的基础。

所谓社会一致化除了会带来政治危险外，这种概念在学术上也难以成立。社会一致化的实现不应当在欧洲一体化之前，而只能在一体化之后。它不能用人为的方法去实现，只能在一体化的进展过程中，把各种生活方式和生活理念等同起来以后去实现。我虽然支持共同市场，但我相信，即使在这样一个一体化了的欧洲中，生活条件和生产条件也永远不会相同。相反，共同市场的功能是以各国的特殊而不同的能力、自然条件和结构条件以及对商品交流的可能与需要为基础的。

如果部分联盟以及绝对的平均等同都行不通的话，那么，能采用一种新的机构形式来建立新的欧洲吗？按照目前各国的经济情况来看，一般的趋势是要建立各种新机构来实现超国家的合作，这似乎是唯一的办法，但亦非完美无缺。

## 松弛的秩序

从经济角度来看，我们不能把欧洲看成一个组织或一个机构，而必须把它当作是一种功能，这必然会使我们提出这个问题，我们究竟应当怎么办才能使欧洲发展它的功能？如果我们的思想已经僵化，把秩序的意义局限在“组织”这一个概念中，那就很不幸了。我们已经忘却秩序的真正含义，它纯粹的形态完全是从人们疏忽而不注意的地方表现出来的。

我这样说并不意味着我在原则上反对欧洲的结合，而是主张要建立这种结合的基础要首先巩固各国经济的内在秩序；否则，欧洲一体化将难免导致一种超国家的管制经济。

没有足够的资源是不能把欧洲建设起来的，必须把欧洲理解为一个复杂的经济与政治功能。也许有人会认为，某些部门应当逐渐脱离本国的管辖而交给一个超国家机构去管理，或者到了某个时候超国家的功能会自动免除本国对该部门的责任；这些想法，依我看来，完全是脱离实际的，经不起经济理论的考验。一国功能的总体不可能分割成不同的部分。

超国家机构的发展或许在政治上具有一定的重要性，但对这里所提的各个经济问题却不能提供任何决定性的解决办法。因此，我还是抱有这种疑惧：我们过于把欧洲一体化看作是一个机构的建立问题了，也就是说，我们过分重视了机构方面而忽视了功能方面——近来承认这种疑惧有道理的人愈来愈多了。

某些计划家们所抱的希望，亦即他们所提出而不能在一个国家内实现的主张，现在可以在欧洲范围内实现了。我在这里不得不说几句话。我们本国的经验已足够说明，为什么计划经济和指令经济的原则现在不适合发展欧洲的生产力。这种经济理念甚至也不适用于最原始的分工制度，更不用说会在各国的经济间产生有效和容易的协作了。

在制定关税政策时，对商品与服务、货币与资本、人口流动的处理，我们没有别的道路可走，只有把违背上面这些原则的一切政府操纵予以放弃。对实现这些自由原则所必需的机构我都赞成设立。依我看来，一个真正善良的欧洲人应该把这种共同的行为和态度看作每一个成员自己的义务。

我曾指出过这一点，政客们同政治经济学家或许以不同的眼光来看待超国家组织这个问题。那么我以政治经济学家的身份对这个问题不能不表示忧虑。人们或许没有权衡轻重缓急,欧洲的政治制度形式可能在经济一体化实现之前已先建立起来。今天的危险在于,当我们大家渴望着一个自由欧洲时,如果政治向前猛进而相应的经济发展却没有跟上去,那就可能产生一种中央集权制——这种中央集权制可能会毁掉古老欧洲文化中那些灿烂而独特的东西。

## 欧洲支付同盟的成就

所有这些考虑必然使我们对现有的欧洲机构做出批判性的分析。我曾提及欧洲煤钢共同体在迅速打开欧洲全面一体化的大门方面所起的作用。如果这种期望不能实现的话,当然不能责怪欧洲煤钢共同体。现在他们对于建立一体化的欧洲究竟能做多少事情必须由各个国家自己来决定。在他们自己的领域内,欧洲煤钢共同体一定能做出不少有益的事情。

为了避免遭人指责,说我只见树木不见森林,我要提醒大家对我们在欧洲支付同盟所获得的巨大成就予以注意。同盟各国有了这种共同的多边制度,便可以跳出双边协议的圈子,使欧洲的经济发展向前迈进了决定性的一步。这一点,只要看一看统计数字就可证明。例如,西德对同盟各国的出口从同盟成立的1950年的6,320,000,000马克上升到1955年的18,530,000,000马克。西德对同盟各国出口上升的详细数字如下:

**西德对欧洲支付同盟各国的对外贸易**(十亿马克)

| | 1950 年 | 1951 年 | 1952 年 | 1953 年 | 1954 年 | 1955 年 | 1956 年(8—10 月) |
|---|---|---|---|---|---|---|---|
| 进口 | 7.87 | 8.87 | 10.15 | 10.62 | 12.30 | 15.49 | 4.36 |
| 出口 | 6.32 | 10.63 | 12.19 | 13.24 | 15.78 | 18.53 | 5.64 |
| 差额 | −1.55 | +1.76 | +2.04 | +2.62 | +3.48 | +3.04 | +1.28 |

各国在欧洲经济合作组织中的对外贸易从 1949 年的 175 亿美元增加到 1954 年的 300 亿美元。1955 年又增加到 34,176,000,000 美元,在 1956 年上半年为 18,066,000,000 美元。

尽管承认支付同盟有这些成就,我也不得不指出,它在组织上是有缺陷的,还有不足之处。将来还有一些事情是不能在这一同盟中完成的。我在这里对这一机构提出批评并不是要抛弃它或者指责它;恰恰相反,不过是向大家呼吁要采取果断的行动罢了。

欧洲支付同盟究竟有什么缺点?其答案是:不能强使参加该同盟的各国在经济和金融方面采取统一的行动,使他们在本国内保持内在的稳定。甚至在欧洲支付同盟的内部,由于国家观念的敏感性,对于经济自给政策和国家主权等概念的错误认识,还在起着重要的作用,当时还没有一个欧洲国家准备接受具有普遍约束性的原则。欧洲支付同盟充其量只能提出建议,而没有权力去强制任何一国根据它的建议来行事。

## “稳定从国内开始”

美国有这种说法:“稳定与自由兑换从国内开始。”欧洲所缺少的就是这一点。只要各个成员国没有勇气和决心来强制维持秩序，共同市场也会跟现在的欧洲支付同盟一样，遭受同样的命运。一个国家加入了这样一个共同体就要在经济和金融方面做些事情。作为一个成员国，只有愿意建立一种内在的秩序，而且始终保持这种秩序，它对实现一体化才能做好准备。

只要我们思考一下欧洲过去和现在的四分五裂，就会觉得目前的情况不是那么令人吃惊了。各国经济已经把不少传统的主张尝试过；对经济和金融前途还有许多不同的看法，使人们又想出了不少新奇的理论。只要回想一下凯恩斯的理论，如“赤字开支”、“低利率政策”以及其他有关的理论，我们就可以理解要使大家一致行动采取有效的统一政策是多么困难。这种统一行动就是实现货币自由兑换。

如果说在金本位时代，某一个独立的国家认为它自己不需要有一个秩序井然的经济与金融政策和负责的信贷政策，或者如果某一个国家所抱的见解跟已有的内在的秩序和平衡不相同，那么其行动的后果不久就会暴露出来。所有这些后果不得不由它自己负责。在金本位下，如果借款借不到，而黄金储备又已耗尽，那么世界上便没有任何力量能够阻止其汇率下降。在金本位时代，人和机构都不能发号施令。受了这个制度所制约的一种无形秩序是存在着的。它既不受国家主权、自给自足等概念所牵制，也不受偏见和国家观念的敏感性之类因素的影响。然而，现今的情况还不如当初。

我们仿佛把欧洲支付同盟当作一根拐杖。只有当同盟中的所有成员都认识到它们负有责任，要在自己的国家里建立秩序，才算具备了满足同盟真正目的的最低条件。

欧洲支付同盟的首要宗旨是，通过商品和服务交易的自由化，各成员国可以逐步实现自由兑换制。这就是说，在自由化尝试的最后，各成员国的货币就会像成熟了的水果自然落地那样，自然而然地可以互相自由兑换了。但是现在究竟还有多少人相信或者满怀信心地说，欧洲支付同盟对这个目的是能够达到的或者强制实现的呢？我提出这样一个问题并不是有意低估同盟的成就。

对同盟进行评价时同样也不能忽视这一点，即同盟在实际工作中仍旧对美元集团抱着歧视的态度，尽管没有扩大歧视的范围，却因而阻碍了西方自由世界较大范围内的一体化。美国帮助了欧洲而且愿意帮助欧洲，它所预期与担心的是同盟跟美国的商业来往将愈来愈减少。我在几次巴黎会议中曾一再强调说，我们在这里所处理的是一个组织上的缺陷，因为欧洲各国和美元区之间商品更加自由的交流将被人看作间接地妨碍着支付同盟的有效性。当我们不断扩大对美元区的自由化时(目前已达到90%)，我们一再体会到这种估计是不正确的。

总的来说，欧洲支付同盟取得的成就并不会被上述这些批评所抹杀。正是支付同盟建立所取得的巨大成功使得原本仅限于双边合作的国际关系得到解放，使得多样化的多边支付结算成为可能。欧洲支付同盟是我们走向联合迈出的第一步。

## 关于双边主义

双边主义如今已不能带来好的结果。这一点无须再加证明：

要把两个国家的需要与愿望全部或有机地结合起来，使双方都能感到满意，这一点是难以想象的。在双边模式下，总有一方的需要得不到满足，因为双边的商品交易量总是因一方的购买力或交货能力比较弱而受到限制。这就使商品交易总额停留在这样一个水平上，那就是两国之间永远不会实现最大限度甚至适当限度的合作。

欧洲支付同盟和欧洲经济合作组织的工作当然只能根据这两个机构的有关条件来衡量。尽管在两个机构的内部实现了更大的自由化，但我们很容易看出，只要货币限制尚未取消，它们的目的是就无法达到的。

读者或许要问我，我设想中的欧洲是什么样的呢？在具体答案尚未成熟时，我只能这样说，如果所有参与国没有勇气和毅力来逐步执行商品、服务以及资本交流的自由化政策，迅速降低关税，并减少其他保护性壁垒和操纵措施，那么任何政治和经济一体化的尝试都要失败。正像以前的金本位制那样，一个自由的共同市场所重视的不是财富和实力，而是要人们认识到，一个政府也像一个人一样，不能在“入不敷出”的情况下过活。

从经济角度来看，我宁愿在小范围内尝试在一体化之前先采取一种自由的工作方式。这种方式的适用范围不限于个别几个国家或几个国家集团。我相信用这样一种方式走向较大的集体，从逻辑的角度看，对西德也最为适宜，特别是因为西德的繁荣要靠它愈多愈好的市场关系。

开战……

联邦政府："路德维希，现在去干掉那头讨厌的物价恶龙！"

（承蒙《时代》周刊特许使用，绘画：H. E. Köhler 教授）

注：图中艾哈德是石器时代的展示，他要刺死"物价恶龙"。他是被他的政府同盟派来战斗的，即图中在他的剑头缝上罩子的体贴的老太太。

## 欧洲——分裂的岛？

如果在政治上我们循着六个欧洲煤钢共同体国家的道路前进，那么我们必须特别记住这一点，自由化和自由交往在这种较小的范围内，比在整个西欧这样一个较大范围内，发展起来显然快一些。要在较大的西方国际机构范围内把目前分割各国经济的壁垒取消，绝不会比西欧共同市场各国范围内快些。如果这个欧洲联盟竟变成一个分裂的岛，那真是太奇怪了。

只有当欧洲本身一体化,首先针对着关税同盟,不再产生新的分歧和紧张时,它在道德上、经济上和政治上才有存在的理由。这就是说,关税同盟对外界的贸易政策必须自由化,对第三国不应加以歧视。

必须指出,1956 年初秋英国提出的一个重要建议把欧洲煤钢共同体六国的共同市场范围扩大到所有自由贸易区。我对伦敦主张的这种观点非常明了,它认为把较小的欧洲共同市场同外界隔离开来的关税壁垒并不符合欧洲的一般利益。在这种说法背后正隐藏着我早就指出的危险。

这种见解实施的结果虽然人们不愿意公开说出来,但必然是取消各种货币管制,恢复自由兑换制。目前躲藏在原始式协定背后的国家政策将阻碍真正的、自由的经济社会进步。这种阻碍力非常大,只要爱好自由的人民对事实真相茫然,就不会起来反对。

我们不能忘记这一点,只有消除了这种壁垒(这或许是唯一的方法),我们才能恢复那种真正的社会秩序。

我们如能使人感觉到他是一个独立个体,有个人自由,能意识到自己的能力和尊严,那么这个社会秩序就会愈好,对人民也愈加有利。这样的社会将有其自生美德,而不必不断设立新的机构来解决不停出现的乱象。我之所以非常热衷于拥护自由,因而不孚众望,是因为我的动机在于关心自由世界的前途和自由人民之间的合作。我甚至也愿意看到在一个超国家机构的内部有一个公正的秩序。它的主要任务就是要维持人的自由。我们必须在经济和政治领域内承认保障人与人之间自由与正确关系的原则。

我们为了达到这个目的必须注意这一点:我们不能像在 1914

年以前那样仅有一套程序和手续，而是要有一个共同的精神准备，通过新的、真正的交往形式使我们克服民族自我主义和贸易保护主义。真正的一体化要能在更高的道德和精神水平上通力合作。

这里的差别，在合作的质量方面要多于数量方面。一体化和自由兑换制不是相互排斥的，不是努力争取了一个就不能争取另一个，或者无须争取另一个了。它们是相辅相成的。

我们必须经常问问自己，为什么欧洲的经济生产率远不如美国呢？两者之间之所以存在巨大差距并不是因为美国人比欧洲人更加刻苦耐劳，生产效率更高，而是由于美国的经济规模大，而且美国人享有更多的自由。一体化和自由兑换制都可以提高生产率，也可更加充分地利用人力和技术方面的生产力。

我们这样比较以后，就应当把这两者作为我们努力的目标，将其在欧洲实现。我们必须努力改造我们自己。最重要的是，我们必须具有一种新的精神，同时建立一种团结的基础，把欧洲的经济和人民团结起来，实现这个目标。

从这些探讨中我们可以明白，首先要有一种功能上的一体化，我对它的特点已一再解释。像我的全部经济和政治思想那样，这里所说的也是从自由的不可分割性这个基本概念出发的。

## 自由是不可分割的

凡主张在国内建立自由经济社会的人，同时也就是在国际间为争取实行自由经济分工和密切合作而斗争的那些人。在我看来这一点是很自然的：由于认识到在一切国际领域内和国际机构中，经济自由是不可分割的，西德曾竭力主张使国际贸易从目光短浅的严格限制中和烦琐的事务工作中解放出来。

让我再来简单地谈一谈一般人在讨论时所触及的原则性问题，特别是在私人讨论中，但在公开讨论中也会出现：在自由世界之中，一国的繁荣是否一定会引起邻国的担忧和恐惧？

当然，这一点是必须断然予以否定的。

经济中无可否认的真理告诉我们，只有别人富裕自己才能富裕起来，跟乞丐是做不成什么交易的。

一个国家中人们认为正当而认可的行为，在国境之外也一定会被认可，这是我的信念也是我的经验。在我们自己的国家里，我们有必要把人民从贫穷与匮乏中解放出来，有必要增加享受更高生活水平的人数，有必要给予人民自由扩展的机会，使他们不必依赖国家的权力，而同时又有义务遵守国家秩序。这些原则必须同样适用于自由国家间的经济合作。

谁承认了这些努力的严肃性，谁就会同意我的意见，同时也会提出这种要求，即自由不应被政府单方面的措施摧残。只要存在这种退步的可能性，那么欧洲一体化的宣言便会成为柏拉图式的无用表白。

这对于今天的我们是没有帮助的。

这条原则当然也适用于历次布鲁塞尔会议中所提出的共同市场和关税同盟。让个别国家在一体化的道路上向后倒退当然是不明智的，结果或许要运用逆差保护条款来重新应付国家主权的叫嚣。有关国家——根据布鲁塞尔会议讨论期间所提出的建议——以后由适当多数通过，使这些条款被迫取消也不是很好的解决办法；因为这样一种决议显然会被看作一种不友好行为，所以没有国家敢于采取这种行动。此外，这些规定不能体现一个休戚相关的社会所抱的鲜明觉悟，对这种觉悟我们应当加以发扬光大，因为缺少了它我们就达不到目的，就没有足够的精力来建立一个可同北美比拟的社会。

我们在这方面所需要的是行动。讨论已经够多的了。

尽管有理智的人愿意从事讨论，但我坚信只要我们拿出勇气来处理这个问题，它不久就会得到圆满的解决。在我的一生中，我一再发现，自由特别是争取自由的勇气，总是值得向往的。凡是在这方面已开始做的工作最终都获得了良好的结果；但当我们缺乏勇气争取自由时，事情就会以失败告终。

不幸的是，我在这一点上不得不提出一些警告，根据目前(1957年1月)的情况，还不能希望未来的共同市场组织会有取消运用所谓保护条款的可能性。但另一个危害较小的危险，即一个国家停止发展，甚或向后倒退，因而妨碍别国迈步前进的危险，必须予以防止。这种情况一旦发生，就必须同这种踌躇不前的国家加强联系，以保障既得的成就。



如果在商品和服务自由交易的同时，人员却不能自由流动，那么尽管人们带着热情来讨论欧洲一体化问题，依我看来，这种讨论也是没有说服力的。如果一个欧洲国家内还存在着几百万失业人员，而在另一些国家中却无法找到足够的劳动力和技术力量来满足全部工作需要，这种情况是我们不能容忍的。

我这句话不是今天或昨天才提出来的。我一直这样认为，只有当每个人都能在另外任何一个国家享有同样的工作机会时，才能说得上统一的欧洲。在这个目标尚未达成以前，我们的信念归根到底还不能算是真实可靠的。

如果我们没有勇气处理这些关键性问题，而是空谈一体化或者空谈纯粹经济行动准则的办法，在我看来，都无助于达成政治、经济和社会方面的目标。

所有欧洲一体化的尝试如果用一句话概括的话，那就是，在生活的各领域去实现自由。

## 自由化是最好的药方

请允许我举个例子告诉大家，自由能发挥什么作用，即便是现阶段这不完全的自由。我国在对外贸易方面实行自由化以后所获得的良好结果是令人信服的。就在 1950 年和 1951 年交接之时，德国虽经历了战后最严重的危机之一（或许是最严重的一次危机），但它并没有丝毫否定自由化的成就。当时有许多人乘机说我的政策完蛋了。当 1948 年我在英美联合区内任职时，每月出口平均数约为两亿马克左右，出口的商品主要是强行运出的德国本国也急需的煤、木料和其他原料，制成品的出口额非常小。现在每月出口额平均约在 24 亿与 30 亿马克之间——向欧洲支付同盟各国运出的就有 17 亿—20 亿马克。这种令人信服的结果不能不归功于西德的自由化政策。正如我一再说过的那样，在国际关系中，给予人们自由的确有许多好处。这并不是单方面的赐予，而是有报酬的，可以获得丰厚的、医治创伤的良好回报。

为了加强对自由化优点的认识，让我们看一看我们的出口结构。对西德经济有决定意义的制成品出口现在已经超过80%。这就更清楚地说明了这一点：自从贸易自由化（虽然我认为还远没有全部自由化）以后，各国出口的方式已在各国不同的经济条件下适应各种结构上的需要。

最近几年来，所发生的情况通过下面这些数字能明显地表达出来。我以欧洲支付同盟成立的那一年（即1950年9月19日）为基期，而故意摈弃战后第一年，因为当时对外贸易中的强制交货的数额太大了。

**每月平均出口额**（单位：百万马克）

| 每月平均 | 出口总额 | 原料 | 半制成品 | 制成品 |
|---|---|---|---|---|
| 1950 | 697 | 97 | 131 | 452 |
| 1951 | 1,215 | 110 | 176 | 888 |
| 1952 | 1,409 | 107 | 212 | 1,058 |
| 1953 | 1,544 | 124 | 227 | 1,153 |
| 1954 | 1,836 | 141 | 240 | 1,412 |
| 1955 | 2,143 | 131 | 272 | 1,683 |
| 1956年10月 | 2,867 | 158 | 343 | 2,288 |
| 1956年11月 | 2,812 | 146 | 338 | 2,244 |

我们把这种乱七八糟的状态——我们指的是外汇管制——叫作“秩序”，岂不是十足的笑话吗？我们必须永远摈弃这种见解：凡是必须雇用许许多多工作人员来强行维持秩序、使混乱不致发生的地方，就是最有秩序的地方。

如果人们看不见有人在那里工作和维持秩序，就会有许多人误会说那里没有秩序。这种说法也跟我的信念一样：在有关欧洲问题的讨论中，我们不但要考虑应当安排些什么，同时也要考虑为了让欧洲有机地、自然地成长起来，我们应当放弃些什么。由于自由兑换制对许多问题可以提供正确且最好的解决办法，我们可以指望这种秩序的后果差不多会影响到社会生活的各个方面。那时，经济政策会表现得更加明显。我甚至可以这样说，谁能设法取消外汇管制，谁对欧洲的贡献就超过所有政治家、议员、商人和公务人员全部贡献的总和。

我经常呼吁和警告大家说，要创建一个新的欧洲，必须保证把“功能”放在第一位，但这并不是说，我完全反对在全欧洲层面上建立任何形式的机构。我所坚决反对的是那种认为只要建立机构就可以成功而有效地克服真正的困难的观念。

## 谁是好样的欧洲人?



用建立机构的办法解决问题的尝试会导致陷入幻想的危险。在我看来，要解决这些复杂问题，不应抱着“要么这个，要么那个”的态度，而应当抱着“既是这个，又是那个”的态度，其重点显然应当首先放在功能的一致化上面。

我一再体会到，如果大家一起坐下来寻找一致同意的解决办法，那就一定会收到很大的效果，但其关键在于机构工作不应当排斥、代替或取消功能工作。机构必须也只能为支持共同市场的功能服务，必须有助于发展自由。如果机构本身“发号施令”，那就僭越它的本分了。

实际上，现代的人已养成一种想象秩序的习惯，只能在看到了一个机构、一群官吏，或者看到了机构运转不灵的时候，才能觉察到那里有一个真正的秩序。因而，我所建议的自由道路常常遭到人们的攻击。大家称我“不是个好样的欧洲人”。这种情况使我于1955年7月21日在《德国通讯》杂志上对“谁是好样的欧洲人”这一问题，详详细细地阐释了我的立场。我说：

> “我对欧洲统一问题的提法跟别人不同。我也问过有关国家，要拯救欧洲，是不是只有一条路可走？是不是还有一条更快、更有效的道路可以到达目的地呢？不能因我的提法不同而忽视我在欧洲问题上的态度和信念。我所要明确说明的欧洲不是一个较小的欧洲，而是一个比建议中所谈的进一步局部一体化的欧洲还要大的欧洲。
>
> 每一项真正的功能都是不可分割的。由于我关心欧洲的前途，我生怕这样的合并与联合既不会达到经济上的目的，也不会达到政治上的目的。此外，我并不反对欧洲各国的联系，事实恰恰相反。当我提醒大家说，一国经济的内在秩序首先必须在本国国内建立起来时，我不过是在设法创立欧洲联系的基础；否则，一体化必然导致超国家的管制经济。
>
> 从这种态度中显然可以看出我并不把欧洲一体化看作经济秩序最后的和绝对的目的。在这一方面政治经济学家可能跟外交决策者有着不同的意见。在我看来，一体化应当是众目昭彰的第一步。它首先必须取消阻碍国际商品交易的一切壁垒。
>
> 不管在什么情况下，我所为之努力的是在所有西方国家间——特别是在欧洲国家间——建立自由与广泛的联系。在

这个意义上，欧洲就是经济或政治一体化的一种形式。但其目的是很深远的，也就是说，我们不应当再次把西方国家重新分成若干不同的经济部分。”

# 第十六章　浴火重生

西德的月出口额从 1949 年年初的 3 亿马克上升到 1956 年年底的 30 亿马克。对外贸易政策取得如此显著的成就，其基础更加值得我们注意。

这种成就的基本原则可以归纳为本书中一再提到的两个方面：一方面是一种假定，即相对于政府对经济事务的计划、指导和管制，自由有着绝对的优越性；另一方面则是了解自由的不可分割性。



对这样一种见解绝不容许有任何犹疑，也不能有讨价还价的余地。这种精神同国际贸易关系中的双边平衡概念是不相协调的。这一类对外贸易政策的目的与国内经济政策所要实现的目的完全相同。它旨在取消各种形式的保护措施，如外汇管制、高关税壁垒以及其他限制出口的行政措施，以克服导致欧洲人民生活困顿的那种狭隘的利己心理——这种“落后观念”必须迅速而彻底地予以清除。

因此，当德国于 1948 年重新开始对内实施经济自由时，对我来说，在对外贸易方面尽快实施自由化政策，可以说是一种道德上的义务。尽管德国还有工业落后以及其他一些不景气的情况，但截至 1949 年年底，我国从欧洲经济合作组织各国私人进口的自由化程度，已提高到1948年10月至1949年9月基期水平的58.2%，到1950年10月又提高到63.7%。当时我们之所以要做出这种改变既不是由于傲慢自大，也并不是出于假想的帝国主义理由，而是迫于现实的需要，我们的信念——自由的优越性——必须在实践中经受考验。如果我们不能在最短时期内促使德国的生产赶上世界最先进国家的水平，那么衰败的德国经济就养不活全体德国人民。

## 转向成功

我们必须毫不吝惜、毫无成见地选择我们的道路：只要德国经济和德国人还有足够的精力与毅力，能够通过竞争恢复世界市场，那么德国复兴的道路就可以打开了。如此，使几百万难民有机会找到适当的工作，并使德国人民享受相当于西方文明的生活水平，也就指日可待了。如果缺乏这种毅力，那么成功复兴就不可想象。也就是说，不与世界市场相连接，德国就不会有幸福的前景。不管是作为原料的买主还是作为制成品的卖主，德国有赖于世界市场这一点是不可避免的。

在这方面德国人民特别感激马歇尔计划。首先，这种慷慨支持所带来的道德影响力就十分值得我们感谢。它使德国人民感觉到自己并没有被别国人民所抛弃；相反，他们感觉到他们也能享受到自由世界的进步成果。这种援助在经济上和金融上的重要性也不小。尽管有了这些援助，西德从未忘记这一点，那就是它必须自己负责，依靠自己的劳力和智力，用制成品来换取自己需要的食物和原料。这种政策使我们不得不打开大门，进行着伟大而又充满挑战的尝试，强使西德的经济向着更高的成就迈进。

因此，西德的贸易政策就从那时起在经济部的管辖范围内以最广义的自由化原则为指导。这种情况在西德面临欧洲支付同盟危机的时候更加显而易见。1951 年 2 月，由于我们在欧洲支付同盟中承担了巨额债务，不得不暂时停止实行自由化政策。当时，各方面都建议我背弃自由原则，并放弃在执行自由化政策中的带头作用。反对派表示，在解放欧洲贸易的一切尝试中，我们应当满足于只做一个追随者的角色。

在这种目光短浅的劝告面前，我们应当就我们能力所及来鼓励那些没有受到同样压力的国家，保持他们的动力，最终设法克服当前的困难。



当时西德的出口额还不到全世界出口总额的 3%，要用这样一个水平去支持一个有效的复兴计划是不够的。在 1950—1951 年的欧洲支付同盟危机期内，西德所采取的一切措施，其目的在于不仅为了我们自己，同时也为了其他国家而捍卫自由化的原则，使我们的自由化政策可以迅速恢复。

## 全面自由化

这个目标在 1952 年 1 月 8 日达到了。当时私人进口中的 56.8%(以 1949 年为参照)恢复了自由化。这个政策终于在 1956 年 11 月 30 日完全取得胜利，联邦公报第 233 期公布了这一消息。西德从欧洲经济合作组织各国可以无限制进口的货物清单大大增加，西德从欧洲经济合作组织各国的私人进口几乎已经达到100%的自由化（只有少数例外）。对于从非成员国（即那些可利用欧洲支付同盟的便利却不属于欧洲经济合作组织的国家，如澳大利亚、新西兰、印度、南非、越南等）的私人进口来说，这种早已存在了一些时间。

在这方面，1952 年年初早已开始实施双边自由化政策，到1954 年 3 月以后，一般性的自由化政策在欧洲经济合作组织范围内逐步广泛推行。目前非成员国的私人进口已有 97.7% 自由化了（根据 1953 年的数据）。

西德从此在克服保护政策方面做出了巨大的贡献。由于西德对其他各国的贸易也在执行减少数量限制的类似政策，所以上面这句话就更显得正确了。由于 1954 年 2 月 17 日以来所采取的措施，特别是 1956 年中进一步扩大了自由化，我们已把来自美元区的私人自由进口额成功地提高了 92.8%。

1956 年 5 月 16 日我们对另一些国家如巴西、智利、芬兰、日本和乌拉圭等国又采用了统一的自由化货物清单。这种大规模推行自由化政策的结果就是：在 1957 年年初全部私人进口中大约有90%（以 1953 年统计结果为基础）、全部进口中有 80% 已经不再有数量上的限制。出现以上差异，是因为除了少数私人进口还有数量限制外，还有些政府经营的商品，即在西德受管制的某些农产品，还不属于自由化范围之内。作为我们对外贸易政策的一个特点，自由原则在取消数量限制这方面最容易表现出来。

这个原则同时也表达了这样一种强烈的愿望，即为了多边贸易规则，我们应当克服双边制度。这个原则的成功实施同时也为西方世界最终创建一个单一的货币区做出了贡献。因此，西德外贸政策的首要目标仍然是实现货币的自由兑换。在这种情况下，我们应当采取一系列措施来使西德马克实现真正意义上的自由兑换，这些措施在过去的几年中就应当被推行并发挥效力。随着1954年4月1日以24∶54的表决结果通过的设立“限制性可兑换西德马克账户”，我们已经向进一步克服双边制度迈出了一大步。比如说，尽管1954年年初仍有17个国家不属于欧洲支付同盟双边支付协议成员，将来也只会和阿根廷进行双边清算；从1954年4月1日起，同捷克斯洛伐克的支付往来也同样会转换成限制性可兑换西德马克。（此处不考虑属于欧洲经济合作组织的土耳其的特殊情况。）1954年资本马克进一步自由化（1954年9月16日开始生效），而1931年起就作为外汇管制经济最显著特征存在的封锁型马克就此消失在历史舞台。

## 普遍适用的准则

双边主义代表着过去悲惨时代最坏的后遗症之一。这种信念使我们愿意支持一切旨在找出一种适用范围更大的统一准则的计划与方法。西德正是因此才加入欧洲经济合作组织、欧洲关税同盟以及关贸总协定的。在这种跨区域的层面上，所有个别或有限的双边性准则已没有采用的余地，因为这些准则必然跟自由和歧视原则相抵触。只有当各国不再采取性质不同的贸易政策，只有当自由世界同意采用一种普遍适用的准则和原则，我理想中自由世界良好的贸易政策才算实现。这个想法我已经在第十四章中详细解释过。

取消双边协议意味着各国的中央银行不再像过去那样提供信贷资金。这也并不是它们的职责。把双边主义取消之后，国际间的资金交流将更加密切、更加重要，这将使国际收支平衡的必要条件变成一种私人经济基础上的商业事务。

自由化，以及多边主义，为经济打开了合理的贸易关系道路。在对外贸易中，一旦取消了各种限制，国际间商品的流通便按照各国最大的经济需要来进行。

运用对外贸易中的其他武器时，我们也应当以这些自由原则为依据。我之所以长期以来不断设法取消各种特殊的出口津贴，其原因就在于此。津贴的形式虽有所不同，但必须一律予以取消，因为它们总是引起不和谐、不信任的气氛。对德国来说，它们是从历史中传承下来并得以延续的东西，而这也成为了我们长期以来放弃对外贸易自由的借口。由于这个原因，我特别欢迎 1955 年 12 月 31 日这一天，就在这一天，《出口鼓励法》到期了。在 1954 年 5 月 8 日的布特勒—艾哈德宣言中，我反对把该项法案延长下去。

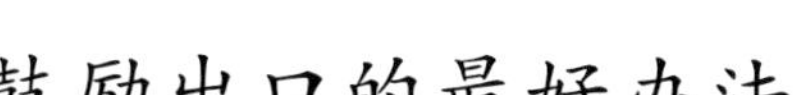

## 鼓励出口的最好办法

西德经济界中有些人时常想要实施出口津贴制。他们大可听听我的一句老话，那就是西德物价应当保持稳定，至少应比别国更稳定，才是对出口最好的帮助。这种政策的正确性目前可以从我国良好的外贸形势中得到反映。比起许多其他鼓励出口而未必有效的方法,它至少能获得较大的成就。为了取消影响商品自然交流的出口津贴,我曾在几年前建议,各国只能在法定的和明确指定的交易中,采取鼓励出口的措施。此外,几年前(在 1953 年 2 月 22 日举行的法兰克福展览会上),我也曾建议各国向一个欧洲组织提供一份鼓励出口的所有措施的清单。这样就可以为取消人为的保护性措施提供基础。

“艾哈德,干掉他,把他的腿扯下来!”
(承蒙《时代》周刊特许使用,绘画:Hicks)

注:财政部长舍费尔是艾哈德在德国基民盟中永久的对手之一,他对艾哈德把货币和信贷的管辖权从财政部转移到经济部尤其耿耿于怀。

取消一切贸易障碍的要求当然也要在关税政策中表现出来。我经常(如在讨论有关自由化问题时)提出应贯彻这一原则;只要

原则对了,便不用等到贸易对手采取相应的措施以后再去实施。因此,从1955年以来,当西德国内的情况表明有必要增强竞争时,我就通过降低关税把竞争从国外带进国内来。虽然我希望把关税降得比西德政府和议院所能同意的还要低一些,但是降低关税只能采取逐步与自动的方式。

在降低关税过程中的几个里程碑值得一提。首先是1955年4月1日第一次削减关税,它影响到700项税率;接着就是1956年7月1日的"经济政策的关税削减",它将削减范围扩大到全部进口商品。对某些商品规定的最高税率为21%,而且对其他商品将逐步降低税率。同时,今后还将对某些食品个别地降低税率。结果,凡是在1956年的关贸总协定会议上通过的降低关税的规定,差不多毫无例外地都在规定期限之前付诸实施了。

## 自由化商品清单

探讨取消商品、国际收支和资本等交流中的一切限制还必须指出一连串的其他措施。例如,国外小额付款不受限制的办法,向政府交纳外汇义务递减的办法,无偿进出口不受限制的办法,取消过境商品通过国境时的烦琐手续的办法等。其余值得一提的还有国外旅行申请办法的不断自由化,以及保险事业的自由化。总之,读者应记住,凡是外国人在西德投资以及西德人在国外投资的限制都有所放松了。最后还应当述及有关进出口的行政手续也已逐步简化,同时"每个人"都可经营进口业务的条款也得到了批准。

毫无疑问，这些措施对西方世界走上自由市场的道路都非常重要。可是我们不能抱着这样一种幻想，认为在欧洲经济合作组织和欧洲支付同盟的合作机构内，以及在它们能力所及的范围内，最后可以找到自由的全部表现。在欧洲支付同盟成立以后的六年，我还说过这句话，我不打算低估同盟已取得的足以自豪的成绩，特别是它战胜了双边主义的这项成绩。由于有了这个机构，在关贸总协定以及国际货币基金组织的帮助下，我们今天的国际商品交流已有了显著的增长，尽管我们还没有一个行得通的国际价格水平。例如，欧洲经济合作组织各国的出口已增加了一倍以上，从 1948 年的 710 亿马克，增加到 1956 年的 1,500 亿马克左右。

## 具有决定意义的最后几个百分数

在实现对外贸易自由化的道路上存在最后几个障碍，它们也是不容忽视的。当我们到达这关键性的边界线，任何变化都会在国内引起显著而严重的后果，主张保护性关税的人们的反抗也将愈来愈强烈。简单来说，从没有自由化到 70%或 80%的自由化是相当容易的。在达到这个限度之前，自由化几乎对全国都有利。可是自由化程度从 80%到 90%时，问题就比较复杂了。当我们从 90%、92%走向 95%时，每增加 1%就要经历一番激烈的斗争。在这个幅度内正确的思想必定会得到证实，因为自由化能产生效果的关键就在这里。许多欧洲国家都没有成功走过这最后一步，只有极少数的国家有坚持克服困难的勇气。

在欧洲支付同盟结构内取消数量限制的机会并不多，不幸的是我们同样也不能期望该同盟在实现自由兑换、取消货币管理工具这方面有所帮助。在欧洲支付同盟制度中，常常有人提到结构上的债务国和债权国问题，使人想起要获得最后有效的解决办法，它的计算基础还太狭小。有些人，包括我自己，虽衷心爱护这个“欧洲支付同盟”，但不愿意否认这一点，那就是把这个地区有限的支付同盟扩大开来，使它最终成为一个适用于全世界的货币兑换秩序。这在任何情况下都是比较可取的。

## 祸患的信号

自由化精神同货币管制精神的关系如水火之不相容。对我来说，不管什么形式的货币管制都是祸害的信号；货币管制是由战争准备和战争孕育的厄运的果实，并在它们带来的破坏性的无秩序状态中生长。正因管理不善，各国才产生通过停止竞争来促进经济繁荣的想法。因此，对外贸易愈来愈成为政府实施权力政策的工具，愈来愈不能为自由世界全体人民的福利服务。

与我最初就任时不同，对外贸易中再也没有以出口来偿付大量进口的那种焦急情绪了。反之，目前的情况是要解决出超带来的问题。1956 年进口增加 16%，而出口约增长 15 亿马克，约增加 21%。在 1955 年，一般人都认为以后进口与出口可以愈来愈趋于平衡，但是这种看法已被证明是错的。在此期内德国联邦银行的黄金和外汇储备差不多增加到 180 亿马克，增加的具体数字见下表：

**德国联邦银行黄金与外汇储备**

（年末数字，单位：10 亿马克）

| | | | |
|---|---|---|---|
| 1949 年 | +0.38 | 1953 年 | +8.17 |
| 1950 年 | −0.66 | 1954 年 | +10.95 |
| 1951 年 | +1.52 | 1955 年 | +12.81 |
| 1952 年 | +4.64 | 1956 年 | +17.58 |

资料来源：德国联邦银行。

这种出超情况说明了德国经济真实的生产效率，但无可否认的是，把这种趋势全部归功于高生产效率也未必正确。这种出超情况在最大程度上也反映出，西德比其他一些国家更有勇气拒绝执行通货膨胀政策，或者换句话说，我们比我们的贸易对手在这方面犯的错误更少。

我们的物价趋势同别国相比也更为有利。1962 年，我们的生活费指数为 114(1950 年 = 100)，而我们主要的欧洲贸易对手的生活费却增长到了 135、140，甚至更高。这种情况当然使我们的出口机会大大增加。我们可以在物价上涨和出口机会增加之间寻找差额区间。但是，长远考虑出口方式时完全依靠对他国的猜测则是一项危险的、不值得信赖的价格政策，因为其他国家可能已做出改变了。

目前的繁荣与充分就业情况几乎普遍存在于所有参加国际贸易的主要国家中，这使我们愈加感觉到我们在国际间多么需要一种稳定的因素。我一再碰到这样一个问题，各国的物价趋势虽然不同，汇率却始终不变，好像这两者之间并没有什么内在的联系。这显然是一个奇特而又怪异的现象。这种矛盾的政策必然会造成出口机会的大大转移。无论如何，这是西德出超不断增长的主要原因，而出超带来的不利影响便是加大了发展国内经济的困难。

事态的发展使我一再要求的自由兑换制不得不推迟实现。在我看来，只有货币自由兑换制才能成为真正能发挥自由世界市场功能的合理基础。根据所有实际经验看，只要有了自由兑换制，便能在各国经济范围内实施一种稳定、统一的经济金融政策。有了自由兑换制，现在各种失调情况，如国际收支中的极端不平衡状态，都将消失。

货币自由兑换制广泛的功能绝不能用其他措施来代替。所有一切想代替它的尝试都只会有始无终。我在设法减少德国贸易的过多顺差时，绝不会利用那些把货币政策当作贸易政策工具的错误措施。在我看来，这种做法比起用贸易政策来平衡汇率这种不现实的尝试，未必更高明。如果采用这种办法，那就可以问一问：究竟谁在欺骗谁？关于这个问题，实际上只有一个办法，那就是最后还是放弃那种扭曲汇率的办法。尽管我也知道政治上、战略上和技术上的困难和顾虑，我仍认为有必要讨论这个存在于国际前沿的亟待解决的问题。

今天，我们面临着一个巨大危险：如果我们不赶快建立一个实用的国际货币秩序，并根据共同的经济、贸易政策的准则来行事，那么所有一切促使世界贸易自由化的尝试都将无法推行。

## 不要回避解决办法

一方面我深信，只有这种做法才能把西德在欧洲支付同盟中过多顺差的不平衡状态调整过来，另一方面我也看到目前的情况也要求西德采取相应的措施。如果在国际讨论中我们只是掩盖自己的过错，或不切实际地一味要求别国把它们的物价降低到我们的水平，那就有失我们的身份。它们向我们要求的是改变我们的贸易政策，从而使各个债务国(尽管它们的物价较高)会有新的更好的机会向西德出口商品，或者使它们用别的方法减缓黄金和外汇流向西德的速度。从下表可以看出每月国际收支结余的大小。

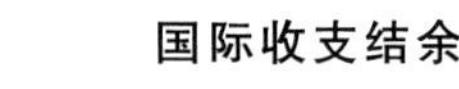
**国际收支结余**

(按月平均数，单位：百万马克)

| 1950年 | -25 | 1954年 | +227 |
|---|---|---|---|
| 1951年 | +168 | 1955年 | +160 |
| 1952年 | +203 | 1956年 | +389 |
| 1953年 | +299 | | |

资料来源：德国联邦银行。

照目前情况来看，必须尽快把全部对外贸易从政府的束缚中逐步解放出来。凡是可能的地方(也不限于欧洲支付同盟范围内)，必须扩大自由化；仍有数量限制的地方必须把限额提高；近年来的关税虽已一降再降，不过还要进一步降低——这对西德也是有利的；此外，也必须想尽办法把行政手续再进一步简化。

我们在西德国内局部狭隘势力的包围下，执行增加进口的政策时，不能迷失方向，因为到目前为止，没有一次降低税率曾使我们蒙受不利。我认为，归根到底对于农业方面所执行的进口政策不应改变而应继续下去。

"我觉得你们二人中有一个奏得不对!"

(承蒙《鲁尔信息报》特许使用,多特蒙德,绘画:O. Brandes)

注:农业始终被排除在自由经济秩序的竞争规则之外,在西德农业属于"绿色阵线"。图中的抽象人物德意志米歇尔听出了从"绿色阵线"的大号中传出的不和谐声音。

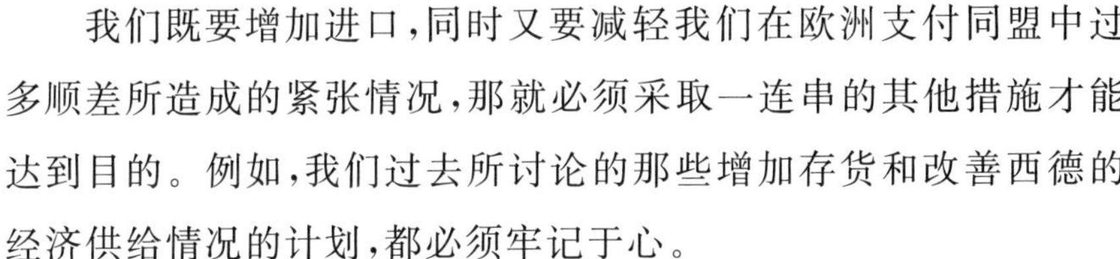

我们既要增加进口,同时又要减轻我们在欧洲支付同盟中过多顺差所造成的紧张情况,那就必须采取一连串的其他措施才能达到目的。例如,我们过去所讨论的那些增加存货和改善西德的经济供给情况的计划,都必须牢记于心。

## 慷慨是正确的

尝试用这种方法来放松进口归根到底将意味着取消政府对进口的限制,特别是提高某些进口品(奢侈品)的价格。那就会产生这样一个问题:采用财政措施是否同样也可以减少西德的贸易顺差,例如,把债务提前偿还?有人提议对整个欧洲支付同盟或者对于其中个别有贸易往来的国家给予外汇信贷或者其他形式的财政援助。这些建议都需要加以认真研究。

我们在考虑这些问题时，必须记住这一点：西德对战后初期所得的援助在心理上充满感激，而这里就是一个表示感谢的机会。此外，从政治角度上看，西德很可能用一种光明磊落的方法解决它的债务问题。如果从真正私人资本出口机会的角度来研究，这种办法也是合理的：我们虽不能过于高估，认为不久就有实现的可能性，但西德本身也会在可以预见的将来感受到缺少资金的市场。

## 对外贸易的极端重要性



让我们再简单地回顾一下西德在过去几年外贸发展中的一些现象。1956 年对外贸易总值为 590 亿马克。在解释这个数字时必须记住这一事实：当 1950 年欧洲支付同盟成立时，进出口总值是 197 亿马克，仅为当前值的 1/3。对外贸易周转额与国民生产总值之比已增长了 30%以上。

近年来进口额和出口额都不断上升，已从全面货币管制和对外贸易绝对官僚主义化逐步过渡到愈来愈自由的贸易形势。这一趋势优势明显。对外贸易的统计数字可以证明这一点。

这种顺利的发展形势使西德在世界贸易中的排名恢复到第三位。美国虽还遥遥领先，但在最近几年，英国的领先地位却明显地削弱了。仅仅在几年以前，西德出口在世界中的比重还远不及加拿大和法国。

**各国出口额在世界出口总额中的百分数**

| 年份 | 美国 | 英国 | 西德 | 法国 | 加拿大 |
|---|---|---|---|---|---|
| 1950 | 18.3 | 11.0 | 3.6 | 5.5 | 5.3 |
| 1955 | 18.8 | 9.9 | 7.5 | 5.9 | 5.3 |

资料来源：联邦统计局。

下表反映了西德在世界市场上所占比重的发展情况：

**西德对外贸易占世界市场中的百分数**

| 1.在世界进口总额中的% | | 年份 | 2.在世界出口总额中的% | |
|---|---|---|---|---|
| ①12.9 | | 1913 | ①13.1 | |
| ①9.1 | ②6.5 | 1929 | ①9.9 | ②7.5 |
| ①8.1 | ②5.7 | 1937 | ①9.4 | ②7.1 |
| | 4.6 | 1950 | | 3.6 |
| | 4.4 | 1951 | | 4.6 |
| | 4.8 | 1952 | | 5.5 |
| | 4.9 | 1953 | | 6.0 |
| | 5.8 | 1954 | | 6.9 |
| | 6.7 | 1955 | | 7.5 |

①1913 到 1937 年包括全德国。

②根据西德经济部的估计。

资料来源：联邦统计局。

没有什么比上表更能如此简洁地反映我国对外贸易结构的图景了。我们有必要认识到，对外贸易只有为国民经济创造一个完整的基础，并且在西德为几百万难民提供就业机会，它的任务才算得以完成。

值得我们注意的是，制成品的比重在不断地增长，目前已占总出口额的 80%。

这种发展趋势也可从原料出口比重的不断缩减中看出来：目前原料出口比重还不到6%；而在1948年，出口收入的1/4来自原料的销售。

对外贸易结构分析(%)

| 年份 | 进口 | | | | 出口 | | | |
|---|---|---|---|---|---|---|---|---|
| | 食品 | 原料 | 半成品 | 成品 | 食品 | 原料 | 半成品 | 成品 |
| 1948* | 49.2 | 26.2 | 13.7 | 11.2 | 2.0 | 25.2 | 29.5 | 43.3 |
| 1953 | 36.6 | 32.6 | 15.2 | 15.6 | 2.6 | 8.0 | 14.7 | 74.7 |
| 1954 | 37.0 | 28.5 | 18.0 | 16.6 | 2.3 | 7.7 | 13.1 | 76.9 |
| 1955 | 31.2 | 29.7 | 20.1 | 19.0 | 2.7 | 6.1 | 12.7 | 78.5 |
| 1956 | 31.5 | 30.4 | 19.4 | 18.7 | 2.7 | 5.7 | 12.4 | 79.2 |

* 包括联合经济区。
资料来源：联邦统计局。

我们对外贸易的有利趋势很明确地表现在数量指数方面(1950年=100)。尤其与别国相比，成绩就特别显著。下表所列数字已把一切物价变动因素剔除以便比较。

出口总额指数(1950年=100)

| 年份 | 西德 | 法国 | 英国 | 挪威 | 瑞士 | 加拿大 | 美国 |
|---|---|---|---|---|---|---|---|
| 1952 | 154 | 104 | 93 | 102 | 119 | 123 | 130 |
| 1954 | 223 | 125 | 99 | 120 | 136 | 117 | 133 |
| 1956* | 335 | 113 | 125 | 157 | 183 | 139 | 153 |

* 9月或10月的数字。
资料来源：联邦统计局和经济合作与发展组织。

# 第十七章　展望：信心和疑虑

本书的目的不是要在理论上建立一个完整的体系，而是把到目前为止的发展情况向西德人民做个汇报。这就给了我一个良好机会在这里谈一谈对今后的展望。这并不是什么经济预言，而是对我们目前经济、政治生活的形势做一个估计，也是对我们社会和国家可能的几种发展前途提纲挈领地描述一下。

我在这里是以经济部长的身份来说话，经济部长的日常工作不仅牵涉到“纯粹经济学”，而且涉及整个“政治经济学”。他一方面经常要研究合理的经济常识和科学知识，另一方面又要考虑到政治与党派的政治要求，从而寻找一个适当的折中办法。



就连本书书名“大众福利”也是一个问题，因为我还不确信西德人民会愉快地生活，而且感到满足，尽管这个目标已有成效，我也不确信繁荣本身是否足以保障社会的和谐和秩序。

如果希望经济部长对全体人民的精神生活负责，那就要求太高了。西德在八年内成功地实现复兴以后，尽管这里或那里还存在着一些贫穷问题，我们的确已不再遭受来自物质生活的沉重压力，同时对于保障我国人民未来的幸福也有了真正的最终解决办法。但是我们还被犹豫彷徨的气氛笼罩着；我们不仅在心理上，甚至在精神上或灵魂上也都感到迷惑不解。我可以肯定地说一句，许多人集中精力于恢复和巩固生活的物质基础的做法或许是错的，在这个过程中，真实而正确的价值观已经丧失。我们能不能对这个紧迫的问题做出满意的答复将会决定我们的命运。

## 生活不单靠面包

我曾一再指出：经济的目的固然是为消费服务，但这绝不是我们经济活动的唯一理由。我要感谢我年老的教师威廉·弗尔肖先生教我懂得这一点。人民生活各个方面的经济流动意义，其最终根源却寓于难以捉摸的价值之中。这就是说，目前西方文明国家里的人们至少还没有体验到对生活抱着统一、共同的态度的好处。如果我们把我们周围环境的价值归纳成为一个公式，并致力于对它进行营销，我们会发现幸福是买不到的。

但是，我们目前的情况是不是已经没有希望、没有出路了呢？我在这里也敢于给出否定的回答，因为我相信，同时也感觉到，内心上的不安会促使大家进一步反省。但我认为这种要求已被集体主义的言论掩盖，有时甚至被它所窒息。集体主义对这些心情既不懂得，也不肯承认，其目的无非是为了它所宣扬的目标不受到影响。人类的良知同权力组织所提出的集体要求显然是不相协调的。因而我们在公众舆论中所听到的只是一些抱怨与要求，而听不到内心发出的真正声音。但这种说法又致使我们回到政治行为这方面去了。

诚然，经济部长如果不分析、不认真处理经济人的困难，那是不对的。比如说，他应当乐于承认，人们要求更多的灵活性、更多的经济安全，要求减轻过重的赋税负担，要求国民经济分配更加合理，以及要求职业保障等等，这些要求都具有一定的合理性。但经济部长必须不断警告大家，不要提出过多的要求。凡提出这些要求的人们必须了解，在经济衰退以后果实不可能在一朝一夕就成熟，还必须等待一些日子。

但是，德国人品德中所缺少的就是这种可以鼓励我们的智慧和慎重；相反，每当物质生活提高一步，我们就愈来愈骄傲，并失去理性。虽然没有人会违背良知抹杀八年来复兴工作使我们获得的难以获得的成就，同时也不会否认联邦政府正在真心诚意设法使各阶层的人民都能享受进步与繁荣的成果，但是各处都还能听到不满意的呼声。为了避免不必要的误解，我要特别强调，那种呼声并非来自那些生活有困难的人们。当然这没有什么值得高兴的。要提高那些为数几百万人的经济地位，必须继续执行我们的经济政策。因此，这一点就显得特别重要：凡是阻碍着向这条道路前进的一切威胁都必须予以反对。

## 自由意味着牺牲

这是我对德国命运前途首要而最大的忧虑。只要在思想上信服，事情就好办了。同时也不要忘记，我们并非独自在地球上生活，我们的幸福既有赖于我们怎样稳步前进加入自由世界，同时也有赖于各国人民之间的友谊与信任。依我看来，从外面观察我们的人不会了解我们；也许我们甚至会给人一种自鸣得意的印象，似乎已经丧失了共同的责任心，丧失了自由世界中的真诚团结。

我们自始至终问心无愧，这种判断可以说是错误的。可是到外却都可以听到错误而尖刻的声音，不切实际地说别国对统一的德国应当给予保护与安全，不需要由德国人民自己来做出牺牲，又说别国也会为了维护自由而承担物质费用，如果不是为了应付外来威胁，他们更愿意将这些钱花在社会福利方面。不过我们在德国国内，也听到有人说，政府的工作与人民的福利背道而驰，因为要保障这种福利，唯有同自由世界合作来保卫我们的自由。如果有人对波兰和匈牙利事件无动于衷，看到了那里攘夺政权的悲剧还相信那里有正义与法律的话，那他真是无可救药了，同时，他对德国命运的走向也没有任何发言权。

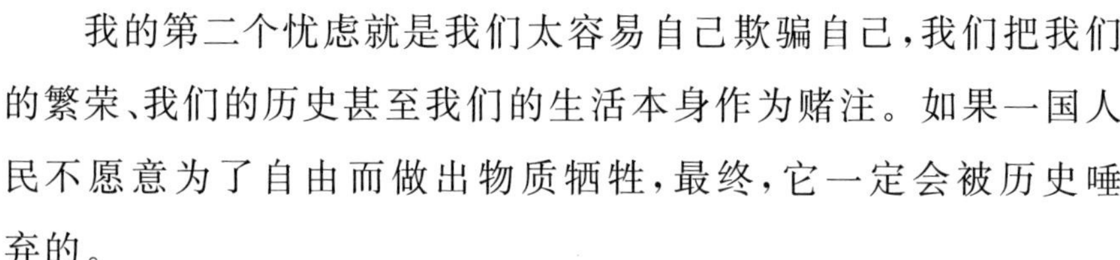

我的第二个忧虑就是我们太容易自己欺骗自己，我们把我们的繁荣、我们的历史甚至我们的生活本身作为赌注。如果一国人民不愿意为了自由而做出物质牺牲，最终，它一定会被历史唾弃的。



## 欧洲共同体是必不可少的

我在上面所说的一切意味着，我们同任何其他各国一样，不能单独找到有效的解决办法。我不愿在这里从政治方面来看问题，虽然这些方面是值得认真考虑的。欧洲的自由人民只有在美国的支持和紧密合作下，意识到要有一个不可分割的政治共同体时，他们才能在世界中保持他们的影响力。但是我们用什么方法达到目的呢？现有的经济合作形式要达到什么程度才足够发展他们的政治力量？

由于我是在向前看,所以我不再回顾欧洲煤钢共同体、欧洲经济合作组织、欧洲支付同盟、关贸总协定以及国际货币基金组织的历史,而是马上讨论六个欧洲煤钢共同体国家所提出的组建共同市场和关税同盟的建议。我在这里也可以说,没有比我更坚决拥护欧洲一体化和建立欧洲联盟的人了。基于这个立场,我要求保留我提出批评的权利——一旦我发现有任何不利于这个目的威胁。

正因为我看出经济秩序的原则能决定社会、政治共同体的形态和精神,所以我很希望能有一些办法来保证共同市场不会引起全欧洲性的计划经济,因为在计划经济中,进步和扩展的力量会受到束缚从而造成整个经济的瘫痪。相反,我还希望在这个欧洲实体之中,每一个加入共同体的国家在政治上、社会上和经济上的美好未来都能得到保障。如果有人认为只要在组织上结合在一起就够了,而对于经济合作精神、对于从错误与教训中产生的进步发展的自然力量却不加重视,那也许完全只是自欺罢了。

我们可以看到,任何一种制度的经济原则对国家的生活与精神起着多大的决定性作用,同时,各国人民的不同遭遇,很容易变成阻碍政府间合作的因素。但我并不是说,有关共同市场的规则——像我在这里所说的那样——在原则上有什么错误。我可以坦白说一句,目前所达成的各种折中办法并不完全符合我所设想的自由国际秩序。尽管在自由世界中,共同市场必须以竞争原则为基础,但我们只要把已经达成的协议读一遍,就不难看出有些地方可能会引起不良的后果,同时也有人试图钻这个规则的空子。由于缺少精神上的密切联系,为了到达这一明确的决定性阶段,这种协议的实施就具有决定性的重要意义。

由于我反对所谓的“社会一致化”，因此如果定出了一个含糊其辞的协议初稿，我担心这会使极端危险的原则变得合法化、固定化。这并不是说我不希望所有国家根据它的生产率提供最大的社会支持，只是它在实践中该怎样进行呢？个别国家通货膨胀趋势（在汇率固定的情况下）的原因可以追溯到对社会福利的保障上，它使国民经济负担过重。但是从政治角度来看，福利金的支出只会增加而不会减少，尽管有些国家一向保持着平衡，但它们要么不得不被推入通胀趋势中，要么就由于别国引用保卫条款的过错而不得不蒙受它所带来的灾害。

## 决不恢复大集团概念



如果“共同市场”对其他经济区域不采取明确的自由贸易政策，我们就容易重拾过去不幸时期的各种意识概念。那就是，把世界分割成几个所谓的大集团，它们会在经济上引发只顾自己的利己主义，从而使自由世界内的冲突尖锐起来。凡能理解这种危险的人绝不能缄默不言，也绝不能自我安慰地说，只要组织建成以后，就能强使各国联合起来，那么一切都会变好的。在过去三四十年中，没有任何东西比民族自私主义和保护主义表现得更为突出。我认为这种罪恶应当受到更坚决的回击，因而我的第三个疑虑是未来欧洲合作的形式。

我认为货币自由兑换制必须恢复，这一点我虽已在本书内讲得非常明确，可是我必须提一下由于拒绝了良好国际体系而引起的不幸情况，认为这种自由形式会自动实现的想法只是一种幻想。相反，各国政府对这种自由必须首先提出明确的要求，甚至对它抱着坚定不移的态度，尤其是必须制止各种各样的经济、金融政策可由私人经济去执行的错误想法。尽管各国的实施方式可能有所不同，但其主要目标应当是负起责任，保持一个平衡的体系。

在这种情况下，各国目前有时抱着一种离奇的见解，认为必须放弃良好的秩序基础才能获得更好的效果。这种错误见解使我们的政治理论观点与经济政策之间出现了矛盾，甚至在理论知识方面矛盾更大。这种国家主权和政治第一的错误见解使建立秩序的愿望与努力徒劳无功。

如果对一这问题的认识使我们跳出民族孤立主义，进一步沿着一致化的道路前进，如果追求局限于狭隘经济范围以内的政治生活要以损害社会进步和社会安全为代价，那就可以首先得出这样一个结论：在未来的国家经济中应当防止各国采取那些扰乱或破坏国际关系的经济与贸易政策。因此，我很希望能在共同市场协议中更加明确地规定这项特殊的义务。



欧洲支付同盟内的不正常的债权与债务关系已经向我们提出警告，不能再让完全不同的物价趋势与固定汇率之间的经济矛盾继续下去了。如果再这样进一步发展下去，就会使各国的物价水平的差距进一步扩大。那时，所有政治家都不得不注意到这样一种理论知识，即到了这个阶段，进一步采取有效措施必然危害自由，我们也就不得不恢复从前那种可怕的管制经济形式。只要人们想保持自由经济兑换关系的基础，每个国家就都要关心同伴的行为。特别要注意的是，如果各国不能同意采取一致的行动和态度，那么各国的经济是不可能一体化的。

所以在共同市场之中，好处与坏处两方面是紧密地联系在一起的。要么是自由精神取得胜利，那时我们就会有一个幸福、进步和强大的欧洲；要么是采用各种控制手段把不同的制度结合在一起，那时我们就丧失了实现真正一体化的良好机会。在管制经济控制下的欧洲会丧失其反抗集体主义观念的能力，从而使来源于自由的幸福感归于消失。

## 在最大范围内的自由兑换制

货币自由兑换制的范围愈大，参加的国家愈多，其好处与效果也就愈大，这个问题不能从共同市场的层面上来看，必须在最广泛的条件下，同美国、英国和欧洲其他国家采取一致行动。我不得不再三指出，国内经济界所提出的一切反对言论，总是以目前的经济状况作为标准来衡量一切新的尝试，而不用直觉或想象来考虑这一点：只要改变货币制度就可以使其他新的因素发挥作用。

这一点就引起了我的第四个疑虑，因为我深信最好的国家秩序与纪律已不足以保障内在的稳定。

## 自由与责任

在上文中我写到了走向计划经济的灾难性趋势以及对竞争的恐惧，它们同样也存在于西德国内。这里我还要向读者指出本书前面几章所说的话。只有当每个人不再准备为自己说话，并放弃了个人责任时，所有关于建立组织、集体计划和秩序的要求才能实现。毫无疑问，政治家，尤其是党派政治是鼓励这种发展的。这个问题能否求得一个比较平衡而综合的解决办法，我不能妄加猜测，但对我说来，有一点是肯定的：对于个人来说，自由不能跟责任感分开来谈。如果把一切社会经济的决议混合在一起，就不容易看出当中的联系了。

举例来说，有人提到要编制一个国民收入账户[①]。我承认这的确有一定的好处，它能提供一些有用的资料，经济政策当然经常要利用这些统计材料。但国民收入账户还意味着计划的完成。因此，它不仅仅是一项资料，而且很容易成为制订固定经济计划的基础。除此以外，我们绝不要期待经济势力集团在扮演其政治角色时会承认那些对他们不利的后果。

## 第二次工业革命正在来临吗？

我的第五个疑虑是，我们正在被政治势力推入歧途。这种疑虑来源于反对派社会党对工业技术的自动化程度会不断增长的预测。我姑且不谈朱尔·凡尔纳式的幻想，把它称作“第二次工业革命”也是不恰当的。一方面，这并不是什么具体事情，而是一种没有时间限制的过程；另一方面，促进其发展的是社会政治背景，其特点不是劳动力过剩而是劳动力不足，而且劳动力不足的情况还

① 这一账户大致相当于战后英国政府每年公布的国民收支账户，战后每年作为一种政府公报来发布。

会日趋严重。在某些部门中，确实进行着技术方面的革命，它使人的工作局限于调整和管理机器，可是这还不能说是一场工业革命。毕竟一谈到工业革命我们就会痛苦地回忆起第一次采用机器给社会带来的种种困难。

话虽这样说，对熟练技工日益增长的需要确实会产生影响深远的后果。但它也不一定导致革命性变化，相反，采用了现代技术以后，人类至少可以期待拥有更加丰富的物质环境。理论上，我们不能把自动化和机械化不加区别地混为一谈。机械化总有一天会完成向自动化(假定我们能够正确理解它的话)的演进过程。这当然也存在一些困难，因为自动化的机会与可能，在不同国家的不同部门各不相同。因此，各部门间生产率增长的差距将比现在还要大，相应地，工人工资所引起的社会问题也将有更重要的政治意义。

同时我们也不应当忘记，在工业发展的过程中，不发达国家会跳过技术发展中的某些阶段而直接使用最先进的机器。但是其结果——如果西方各国给他们这个机会的话——都还有赖于不发达国家人民的智力是否达到使用自动化机器和发明自动化机器的水平。我们深信，将来能够决定人类命运的不是机器大脑而是人脑。到了那时，如果自动化能使各国的经济一步一步地一体化起来(因为自动化首先要有一个广大的区域和广大的消费者)，那么它将大大有助于满足全世界人民的要求。

但是最有决定意义的问题还在于怎样利用这种趋势。社会主义者大谈原子技术、机械化与自动化。他们认为我们经济制度中的私营部门不适宜，甚至也无助于解决新技术问题与财政问题。按照有些人的看法，对专利权保密的现象以及政府经济管制的锥形已经重新出现了。无可否认,从逐步机械化达到自动化的过程需要大量资本。但关于国民收入怎样合理地分成消费部分与资本投资部分,在政治讨论中还很少有人注意到。

在这些场合,国家有没有必要出来干涉,或者国家是否应进行投资,这一点没有讨论的必要。因为当私营经济方面的收入以及全体人民的私人储蓄都不足以满足投资需要时,国家也是无能为力的——除非它采用通货膨胀来创造资金,或者利用税收进行投资和创造资本。但这两种方法都是取之于民而对人民毫无补偿,必须坚决予以反对。在这一问题上,我也得出这样一个结论:人的自由、创业与勤劳精神比国家管制更有效果。

尽管我在这一章的开头里写的是信心与疑虑,但我对后者谈得多些。然而这并不是说,我们对未来怀着疑虑就使我们的信心化为乌有。这种信心虽不能在具体的计划或目标中固定下来,但它是扎根于一种精神状态之中。这正像我在以前也不能预先估计到国家统制经济怎么能过渡到社会市场经济,也无法预测在发展的各个阶段中究竟会发生些什么,可是我始终坚信我们所走的道路是正确的一样。所以我现在也满怀信心地说,作为人类的最强大力量和最高价值的自由,会战胜一切而获得胜利。我们或许应当再次认识到失去自由的危险性,从而鼓起新的力量来保持我们这笔宝贵的财富。我希望大家在认识到最后这一章所强调的那些危险以后,会受到鼓励,根据自己的信念来考虑问题,从而采取行动。如果有人企图破坏我们在1948年恢复的市场经济秩序,我们就必须挺身而出,对它加以保卫。那么,这本书的目的也算是达到了。

# 附　　录

表一　工业净生产指数

| 基期:1950 年 = 100 | | | | | 每工作日 |
|---|---|---|---|---|---|
| 时 | 期 | 全部工业 | 原料和生产品工业 | 资本品工业 | 消费品工业 |
| 1948 | 上半年 | 45.3* | 42.4 | 39.9 | 37.4 |
| | 下半年 | 62.3* | 62.0 | 59.5 | 53.6 |
| 1949 | 上半年 | 74.8 | 75.9 | 74.6 | 69.0 |
| | 下半年 | 84.8 | 80.9 | 77.4 | 81.7 |
| 1950 | 上半年 | 89.9 | 90.0 | 87.5 | 91.2 |
| | 下半年 | 109.8 | 109.8 | 112.1 | 108.6 |
| 1951 | 上半年 | 115.2 | 116.9 | 128.1 | 113.9 |
| | 下半年 | 121.1 | 118.3 | 132.8 | 113.2 |
| 1952 | 上半年 | 120.3 | 118.7 | 143.1 | 106.1 |
| | 下半年 | 131.1 | 125.6 | 148.1 | 123.4 |
| 1953 | 上半年 | 131.3 | 127.9 | 148.5 | 125.4 |
| | 下半年 | 145.7 | 136.5 | 158.1 | 142.4 |
| 1954 | 第一季 | 138.4 | 132.6 | 161.5 | 136.3 |
| | 第二季 | 154.4 | 153.0 | 182.2 | 142.3 |
| | 第三季 | 154.6 | 157.1 | 177.6 | 143.6 |
| | 第四季 | 172.3 | 161.1 | 203.9 | 162.2 |
| 1955 | 第一季 | 161.0 | 158.3 | 203.8 | 150.5 |
| | 第二季 | 178.4 | 179.0 | 225.9 | 156.7 |
| | 第三季 | 177.8 | 179.6 | 219.8 | 159.0 |

（续表）

| 基期:1950 年 = 100 | | | | | 每工作日 |
|---|---|---|---|---|---|
| 时　　期 | | 全部工业 | 原料和<br>生产品工业 | 资本品工业 | 消费品工业 |
| 1955 | 第四季 | 195.4 | 181.8 | 243.3 | 182.9 |
| 1956 | 第一季 | 197.2 | 176.1 | 263.2 | 187.5 |
| | 第二季 | 216.9 | 202.0 | 285.7 | 195.6 |
| | 第三季 | 211.8 | 199.3 | 266.4 | 195.2 |
| | 第四季 | 226.2** | 196.2** | 282.2** | 221.6** |

* 不包括建筑业。

** 1956 年第四季度的数据为预估。

资料来源:联邦统计局。

**表二　资本市场的重建销售额**(单位:百万马克)

| 时　　期 | (甲)固定利率证券 | | (乙)股　　票 | | 货币改革以后(甲)与(乙)之总　额 |
|---|---|---|---|---|---|
| | 每年总额 | 货币改革以后之总额 | 每年总额 | 货币改革以后之总额 | |
| 1948(6.21—12.31) | 18.6 | 18.6 | 0.5 | 0.5 | 19.1 |
| 1949 | 770.1 | 788.7 | 41.3 | 41.8 | 830.5 |
| 1950 | 676.5 | 1,465.2 | 51.2 | 93.0 | 1,558.2 |
| 1951 | 747.4 | 2,212.6 | 164.7 | 257.7 | 2,470.3 |
| 1952 | 1,557.7 | 3,770.3 | 259.3 | 517.0 | 4,287.3 |
| 1953 | 2,901.9 | 6,672.2 | 268.7 | 785.7 | 7,457.9 |
| 1954 | 4,691.0 | 11,363.2 | 453.0 | 1,238.7 | 12,601.9 |
| 1955 | 3,680.7 | 15,043.9 | 1,554.8 | 2,793.5 | 17,837.4 |
| 1956(11—12) | 2,378.0 | 17,421.9 | 1,699.6 | 4,493.1 | 21,915.0 |

资料来源:联邦统计局。

**表三　三种最主要的物价指数**

| | | 中等消费品<br>生活费指数<br>1950 年 = 100 | 工　业　品<br>成本价指数<br>1950 年 = 100 | 农　产　品<br>成本价指数<br>1950/1951 年 = 100 |
|---|---|---|---|---|
| 1948 | 7 月 | 102 | 103 | 104 |
| 1949 | 1 月 | 110 | 106 | 121 |
| | 7 月 | 106 | 102 | 118 |
| 1950 | 1 月 | 102 | 100 | 107 |
| | 7 月 | 99 | 98 | 101 |
| 1951 | 1 月 | 102 | 111 | 103 |
| | 7 月 | 108 | 118 | 113 |
| 1952 | 1 月 | 112 | 123 | 120 |
| | 7 月 | 109 | 121 | 118 |
| 1953 | 1 月 | 110 | 120 | 114 |
| | 7 月 | 108 | 118 | 114 |
| 1954 | 1 月 | 107 | 116 | 115 |
| | 7 月 | 108 | 116 | 124 |
| 1955 | 1 月 | 110 | 118 | 120 |
| | 7 月 | 111 | 119 | 122 |
| 1956 | 1 月 | 112 | 120 | 124 |
| | 7 月 | 113 | 120 | 127 |
| | 12 月 | 114 | 123* | 127* |

* 11 月。

资料来源:联邦统计局。

**图书在版编目(CIP)数据**

大众福利/(德)路德维希·艾哈德著;祝世康,穆家骥译.—北京:商务印书馆,2024
(汉译世界学术名著丛书:120年纪念版:珍藏本:增订本)
ISBN 978-7-100-23822-9

Ⅰ.①大… Ⅱ.①路…②祝…③穆… Ⅲ.①经济政策—德国 Ⅳ.①F151.60

中国国家版本馆 CIP 数据核字(2024)第 079268 号



汉译世界学术名著丛书
(120 年纪念版·珍藏本·增订本)
**大众福利**
〔德〕路德维希·艾哈德 著
〔德〕沃尔夫拉姆·朗格 校注
祝世康 穆家骥 译

商务印书馆出版
(北京王府井大街 36 号 邮政编码 100710)
商务印书馆发行
北京新华印刷有限公司印刷
ISBN 978-7-100-23822-9

2024 年 5 月第 1 版　　开本 710×1000 1/16
2024 年 5 月北京第 1 次印刷　　印张 21½
定价:118.00 元